中国共产党百年奋进研究丛书

国家出版基金项目
NATIONAL PUBLICATION FOUNDATION

上海市哲学社会科学规划办公室
上海市中国特色社会主义理论体系研究中心　组编

中国国家治理现代化的探索与实践

罗峰 李琪 汪仲启 孔磊 著

上海人民出版社

丛书前言

"领导我们事业的核心力量是中国共产党。"自中国共产党诞生以来，中国大地经历了翻天覆地的历史性变化。中国人民选择了中国共产党，并在党的领导下选择了社会主义。经过长期艰苦卓绝的奋斗，完成了新民主主义革命和社会主义革命，实现了中华民族从"任列强欺凌"到站起来的伟大飞跃；新中国成立以来，特别是改革开放以来，中国共产党带领人民建设中国特色社会主义，使中国大踏步赶上时代，实现了中华民族从站起来到富起来的伟大飞跃；在新时代，中国共产党团结带领人民坚持和发展中国特色社会主义，推动中华民族伟大复兴取得历史性成就，迎来了从富起来到强起来的伟大飞跃。正是中国共产党的领导，中国人民走社会主义道路，从根本上解决了中华民族复兴和中国现代化面临的历史性课题。有了中国共产党，中国人民就有了思想上、政治上的"主心骨"，就有了团结奋斗、勇往直前的指路明灯、核心力量。各族人民跟着中国共产党就能凝聚成不可战胜的磅礴力量，朝着中华民族伟大复兴的奋斗目标奋勇前进。100 年来，中国共产党为了实现中华民族伟大复兴的历史使命，无论是顺境还是逆境，无论是弱小还是强大，都初心不改，矢志不渝。历史和现实雄辩地证明，没有中国共产党就没有中国劳苦大众的翻身解放，就没有社会主义新中国，就没有中华民族的伟大复兴。一百年来，中国共产党为实现国家富强、民族振兴、人民幸福和人类文明进步事业作出的伟大历史贡献永远铭记史册。

　　站在历史的交汇点，中国共产党带领中国各族人民以习近平新时代中国特色社会主义思想为指导，统筹社会革命和自我革命，始终坚持马克思主义在意识形态领域的指导地位、勇担民族复兴历史大任、扎根广大人民群众、坚持以人民为中心、依靠人民从容应对面临的复杂严峻的挑战和问题。在带领人民进行伟大社会革命的同时，不断进行伟大的自我革命，引导党自身在具有许多新的历史特点的伟大斗争中经受住执政考验、改革开放考验、市场经济考验和外部环境考验，化解精神懈怠、能力不足、脱离群众、消极腐败的危险，始终保持党的先进性和纯洁性，始终与人民心连心，始终走在时代前列，赢得新时代执政党自我净化、自我完善、自我革新、自我提高的新胜利，再次创造出人类发展史上划时代的发展奇迹。

　　为隆重庆祝中国共产党成立100周年，表达上海理论界对中国共产党领导人民创造的丰功伟绩和宝贵精神财富的高度认同，以及对中国共产党无比深厚的情感；为帮助广大干部群众深入学习中国共产党历史，深入学习贯彻中国共产党宝贵历史经验，深入学习领会中国共产党人不倦探索取得的理论创新成果，在中共上海市委宣传部领导下、上海市哲学社会科学规划办公室以委托课题方式，与上海市中国特色社会主义理论体系研究中心联合组织了"人民至上·中国共产党百年奋进研究丛书"（以下简称"丛书"）的研究和撰写。参加"丛书"研究撰写的是本市哲学社会科学相关领域的著名专家学者。"丛书"由上海人民出版社编辑出版。

　　"丛书"围绕的主题是系统研究、深刻阐释、正确总结中国共产党领导中国人民百年奋斗历程、伟大成就、历史经验和光辉思想。"丛书"分领域、分战线总结论述中国共产党在领导中国人民夺取新民主主义革命胜利、建立新中国，进行"一化三改造"、建立社会主义经济制度和社会主义赖以发展的物质基础，实行改革开放，开创、坚持和发展中国特色社会主义，全面建成小康社会、开启全面建设社会主义现代化国家新征程形成的理论、路线、重大方针政策和重大战略部署。其中涉及中国共产党的现代化建设思想、治国理政思想、法治思想、制度建设思想、统一战线理论、宣传思想、理论创新、革命精神、群众观和群众路线，涉及党的经济建设思想、政治建设思想、文化建设思想、社会建设思想、生态文明建设思想、科学技术思想、教育思想、"三农"思想、军队和国防建设思想、自身建设思想、国际观等。"丛书"主要有以下特点：

第一，注重以史为据、史论紧密结合，论从史出。"丛书"的每一部论著研究的历史跨度都是百年，每一部论著都努力把历史思维贯彻在整个研究撰写工作中，力求呈现厚重的历史感，做到真正熟悉并实事求是对待所承担研究撰写领域的党的百年历史。研究者首先致力于学习历史、熟悉历史、梳理历史，钻研党的理论、方针、政策的发展史，广泛收集和整理文献，大量地、充分地掌握历史资料，认真总结百年取得的弥足珍贵的历史经验，把握历史进程和规律。在对历史的认真学习、梳理中，去做好中国共产党百年研究系列课题这篇大文章。

第二，注重阐释中国共产党所坚守的以人民为中心的根本立场。中国共产党为人民而生、因人民而兴，始终坚持以人民为中心，把为中国人民谋幸福、为中华民族谋复兴作为初心使命，坚持全心全意为人民服务的根本宗旨，始终代表最广大人民利益。"丛书"作者牢记人民立场是马克思主义的根本政治立场。人民至上、一切为了人民、一切依靠人民是中国共产党的价值理念和认识世界、改造世界的根本要求。可以说，"丛书"的每一种，都致力于揭示中国共产党之所以能历经百年始终保持先进性、始终走在时代前列、团结带领人民创造历史伟业的真谛，这就是中国共产党始终把人民立场作为根本立场，把为人民谋幸福作为根本使命，坚持全心全意为人民服务的根本宗旨，始终保持同人民群众的血肉联系。无论是革命、建设，还是改革，奋进新时代，归根到底都是为了让人民过上好日子。正如习近平总书记强调："为人民谋幸福，是中国共产党人的初心。我们要时刻不忘这个初心，永远把人民对美好生活的向往作为奋斗目标。"研究、撰写"丛书"的专家学者领悟了这一精神，紧紧把握中国共产党全心全意为人民服务的根本宗旨，致力于生动诠释中国共产党的使命之所在、价值之所在、生命之所在，生动诠释新时代中国共产党领导人民建设中国特色社会主义的根本追求。

第三，注重历史逻辑与理论逻辑相统一、思想性与现实针对性相统一。以高度的理论自觉和理论自信研究分析中国共产党百年历史，自觉把习近平新时代中国特色社会主义思想引领贯穿于研究撰写的全过程，用马克思主义立场观点方法观察和解读中国共产党百年历史各种现象，回应现实提出的重大理论和实践问题，揭示蕴含其中的规律，从总结、提炼与升华历史经验中加深对中国共产党理论创新成果的认识，对中国革命、建设、改革的规律性认识，对中国共产党坚持真理、修正错误的政治思想品格的认识。坚持问题导向，立足解决今天的问题去回顾总结历史，注入新的认识、新的观点、新的内容。在理论逻辑与历史逻辑相统一、思想性与现实针对性相统一上进行新探索，取得新成绩。

第四，注重把握时代需求、聆听时代声音、回应时代呼唤。"丛书"坚持问题导向，认真研究相关领域中国共产党执政面临的重大而紧迫的理论和实践问题，用联系的发展的眼光看历史、看现实、看问题，增强时代性、战略性、系统性思维。历史是时代的产物，百年系列研究的成果也是时代产物，"丛书"的研究撰写不是就历史讲历史，不是停留在历史叙述层面，而是努力体现新时代的新要求，回答新问题。

第五，注重以宽广的世界眼光观察研究中国共产党百年发展历史。百年来，中国共产党的每个时期都与世界有千丝万缕的关系，都是在特定的国际环境和国际形势下的历史活动。因此，"丛书"每一种的研究撰写都力求体现宽广的世界眼光，都力求紧密联系特定历史时期世界形势和变化特点研究并展示中国共产党的思想及实践。特别是世界正经历百年未有之大变局，"丛书"作者研究中国共产党百年历史经验，力求放在中国共产党历史活动的世界背景中分析考察。

在这方面，"丛书"做出了可喜的努力。

第六，注重追求读者喜欢的呈现形式。从众多鲜活的事实以及历史和现实的比较中，把中国共产党在领导革命、建设和改革历史长河中为中国人民谋幸福、为中华民族谋复兴、为人类社会谋大同的马克思主义政党品格和初心使命写充分，使其跃然纸上。以"观点鲜明、逻辑严谨、文风朴实、形式清新"的风格，呈现思想，贡献智慧，也是"丛书"努力的方向和探索解决的问题。理论读物如何在保证内容正确的前提下写得清新活泼，吸引广大读者，使广大读者看得懂、用得上，"丛书"研究撰写在这方面也进行了有益的尝试。

"丛书"组织者、作者满怀对中国共产党的无限深情，深刻认识到，中国共产党百年来，领导人民创造了伟大历史，铸就了伟大精神，形成了宝贵经验，创造了中华民族发展史的伟大奇迹，开辟了人类社会进步史上的新纪元，伟大成就举世瞩目，无与伦比。他们把写好"丛书"看成是一种崇高的责任，表示要笔力奋起，写出充分反映中国从站起来、富起来迈向强起来这一历史进程中中国共产党坚强领导的绚丽书篇，为以史明理、以史增信、以史崇德、以史育人、以史咨政做有益的工作。帮助读者深刻认识历史和人民选择中国共产党、选择社会主义道路、选择改革开放、选择马克思主义的客观必然性；深刻认识坚持党的全面领导、坚持和发展中国特色社会主义的极端重要性；深刻认识中国共产党坚持马克思主义在我国意识形态领域指导地位的极端重要性；深刻认识中国共产党百年之后的历史方位、历史使命和对世界历史发展的重要作用，为庆祝中国共产党百年华诞留下浓墨重彩的一笔。

"丛书"的问世，离不开中共上海市委常委、宣传部部长，上海市习近平新时代中国特色社会主义思想研究中心主任，上海市中国特色社会主义理论体系研究中心主任周慧琳的关心和支持；离不开市委宣传部副部长、上海市习近平新时代中国特色社会主义思想研究中心常务副主任、上海市中国特色社会主义理论体系研究中心常务副主任徐炯的具体指导。市委宣传部理论处陈殷华、薛建华、俞厚未，上海市哲学社会科学规划办公室李安方、吴诤、王云飞、徐逸伦、张师慧、徐冲、董卫国，上海市中国特色社会主义理论体系研究中心李明灿等具体策划、组织；上海人民出版社政治与理论读物编辑中心鲍静、罗俊等同志为"丛书"出版付出了辛勤劳动。

"现在，我们比历史上任何时期都更接近中华民族伟大复兴的目标，比历史上任何时期都更有信心、有能力实现这个目标。"希望"丛书"的问世，能够使广大读者对领导我们事业前进的核心力量中国共产党，对我们正在推进的中国特色社会主义伟大事业，对指导我们思想的理论基础马克思主义，对新中国创造彪炳史册的人间奇迹、大踏步赶上时代的壮丽史诗，对我们生活的时代和世界，认识得更加深入，领悟得更加准确，更加坚定道路自信、制度自信、理论自信、文化自信。这是"丛书"组织者、作者的心愿。

目　录

目 录

第一章　导论

中国共产党的诞生，在近代中国乃至在中华民族数千年的历史上都是一件开天辟地的大事件。晚清以降，古老中国面临"数千年未有之大变局"，立足于自给自足封建小农经济基础之上的君主官僚体制"超稳定结构"被外来的坚船利炮所打破，曾经的康乾盛世转眼间沦为半殖民地半封建社会。觉醒的志士仁人左冲右突，纷纷寻找挽救民族危亡、实现国强民富的道路。但经历了洋务运动、维新变法、辛亥革命的不断尝试，中国始终未能摆脱积贫积弱、受人欺凌的悲惨命运。转折点出现在1921年。正如毛泽东所说："自从有了中国共产党，中国革命的面目就焕然一新了。"① 其根本原因在于，中国共产党诞生后，中国人的精神面貌就由被动转为了主动，中国共产党带领中国人民高举马克思主义的旗帜，推翻三座大山，成立新中国，开创中国特色社会主义伟大事业。2021年，中国共产党即将迎来百年华诞，建党百年以来，不仅中国共产党自身从一个只有50多人的小党，发展成为拥有9100多万党员的大党，而且中国人民和中华民族的命运也发生了天翻地覆的巨大变化。一百年来，在中国共产党的带领下，14亿中国人民正昂首阔步走在从"站起来""富起来"到"强起来"的康庄大道上。作为一个文明古国的马克思主义百年大党，中国共产党的治国理政

①《毛泽东选集》第4卷，人民出版社1991年版，第1357页。

思想不仅是我们认识这个伟大政党的密码，也是我们解开中国何以能从近代遭外强欺凌、积贫积弱的边缘走向现代化强国的一把钥匙。

第一节　在比较中把握中国共产党的特殊属性

政党是一个近现代的政治事物。一般认为，近代政党的雏形是17—18世纪出现在英国的辉格党和托利党。但严格意义上的现代政党出现在资产阶级革命胜利后的19世纪。法国政治学家迪韦尔热（Duverger）认为，在1850年，世界上除美国外还没有一个真正意义上的现代政党，但是到了1950年，"政党却已在大部分文明国家中活动了"[①]。可见，相对于漫长的人类政治文明史而言，政党是一个十足的新事物，传统社会不乏各种各样的宗派和团体，但现代政党的产生是同现代国家的产生密不可分的。现代民族国家最初诞生于完成资本主义革命之后的欧美，因此现代政党的有关实践和理论也最初发生于欧美国家。

美国学者拉帕隆巴拉（J. LaPalombara）和韦纳（M. Weiner）认为，存在于17—18世纪英法等国的政治党派具有夺取或控制政治权力的目的，从而具备了现代政党的最显著特征之一。然而，通常而言，现代意义的政党，还必须具备以下几个特点：一是具有组织的延续性，即组织的预期寿命不再取决于现任领导人的寿命；二是存在明显而且可能具有长期性的地方组织，在地方组织和全国性组织之间存在定期沟通和其他联系；三是在国家和地方各级，领导者能自觉地决定单独或与他人联合获得和保持决策权，而不仅仅是对行使权力施加

---

① M. Duverger，*Political Parties：Their Organization and Activity in the Modern State*，London：Methuen，1964，p.xxiii.

影响；四是关注组织在寻求选举的支持者或以某种方式争取大众支持方面的作用。[1] 在一般意义上，中国共产党符合上述有关政党特征的大部分描述。但实际上，中国共产党同西方国家的政党在许多方面有着根本的不同。理解中西方政党的差异性是理解中国共产党治国理政思想的前提。

一、作为部分的政党和作为整体的政党

政党是一个"舶来品"，不仅近代中国的政党实践参考了日本、欧美和苏联的政党实践，政党一词也是自外部输入。从词源上来说，英语"政党"（party）一词来自拉丁语"partire"，其含义是"分开"。因此，政党从其词源学意义上来说，其根本含义是指"部分"（part/sect），即某一政党应当且只能是某一"部分"的代表。[2] 乔瓦尼·萨托利（Giovanni Sartori）甚至认为"单一政党就是没有政党"，因为一个整体意义上的政党不仅是为西方人所难以理解的，甚至在逻辑上就是不可能的。对于西方人而言，政党（party）就是"部分"，部分才有可能形成政党，这是不言自明的。但是，中国共产党却是作为一个整体性政党的面貌出现在人类政治文明史上的。马克思主义经典作家反复申明：共产党人没有自己的特殊利益，也就是说共产党作为一个政党，但彻底不同于仅仅代表"部分"的资产阶级政党。共产党的最高目标是通过无产阶级革命，实现共产主义，进而代表全人类的利益，因此共产主义本质上是世界主义的。

中国共产党当然继承了共产党这一普遍主义的特征，但它诞生的环境又是和民族主义革命结合在一起的，故中国共产党的初心使命根本在于追求民族复兴、人民幸福，即在中国共产党诞生后的很长时间里，其主要是作为中国人民和中华民族的整体性代表而存在的。1921年中共一大通过的《中国共产党第

---

[1]　J. LaPalombara and M. Weiner（eds.），*Political Parties and Political Development*，Princeton：Princeton University Press，1966，p.6.

[2]　［美］萨托利著，王明进译：《政党与政党体制》，商务印书馆2006年版，第13—14页。

一个纲领》就申明，党的纲领在于"革命军队必须与无产阶级一起推翻资本家阶级的政权，必须援助工人阶级，直到社会的阶级区分消除为止"①。即中国共产党是工人阶级政党，但最终目标在于消灭阶级、消灭阶级斗争。1945年中共七大党章更是明确规定："中国共产党代表中国民族与中国人民的利益。它在现阶段为实现中国的新民主主义制度而奋斗，它的最终目的，是在中国实现共产主义制度。"②1956年中共八大规定，中国共产党是中国工人阶级的先进部队，其目标在于把中国建设成为一个伟大的、富强的、先进的社会主义国家，并且在这个基础上继续前进，实现人类的最高理想——共产主义。1982年中共十二大、十三大、十四大、十五大党章规定，中国共产党是中国工人阶级的先锋队，是中国各族人民利益的忠实代表，是中国社会主义事业的领导核心。中共十六大以来，党章进一步修改为，中国共产党是中国工人阶级的先锋队，同时是中国人民和中华民族的先锋队，是中国特色社会主义事业的领导核心，代表中国先进生产力的发展要求，代表中国先进文化的前进方向，代表中国最广大人民的根本利益。2021年2月20日，习近平总书记在党史学习教育动员大会上指出，我们党的百年历史，就是一部践行党的初心使命的历史，就是一部党与人民心连心、同呼吸、共命运的历史。历史充分证明，江山就是人民，人民就是江山，人心向背关系党的生死存亡。③很显然，中国共产党自成立伊始就以追求人民幸福、民族复兴为己任，始终将自己作为中国人民和中华民族的整体性的代表。因此，中国共产党治国理政不是为了实现一部分人的利益，而是为了实现全体中国人民和中华民族的整体利益。

① 《中国共产党第一个纲领》，《建党以来重要文献选编（1921—1949）》第一册，中共中央文献研究室　中央档案馆编，中央文献出版社2011年版，第1页。

② 《中国共产党党章汇编》，人民出版社1979年版，第46页。

③ 习近平：《学党史悟思想办实事开新局　以优异成绩迎接建党一百周年》，《人民日报》，2021年2月21日。

二、国家建构的政党和建构国家的政党

西方国家的政党通常是议会制度下的产物，而议会被认为是"人民主权"的实在化。因此，政党的使命通常在于争夺对于议会的控制权，从而完成对于国家政权的控制，上台执政。在迪韦尔热的政党类型学中，根据政党的产生方式，它们可以被分为内生型政党（parties created within the electoral parliamentary framework）和外生型政党（externally created parties）两大类。① 这是一种从政党—国家关系角度来界定政党类型的经典理论。但从迪韦尔热的描述中我们可以清楚地看到，所谓内生型政党和外生型政党的根本区别仅仅在于其是否从议会选举中产生，而对于各类政党都是在议会之下产生和活动的这一点是一致的。可以说，无论是内生型政党还是外生型政党，都是在国家政权"之内"产生的，即先有国家政权，后有政党。但中国共产党的诞生与此有着根本不同。众所周知，在 1921 年中国共产党成立的时候，其是作为一个在地下活动的组织而存在的，因此中共一大先是在法租界举行，受到密探骚扰后又转移到嘉兴南湖。而且在中国共产党成立的 1921 年，中国并无成熟稳定的议会制度，而是处于军阀割据、列强环伺的危险境地。所以，中国共产党不具备在正常的国家环境下诞生的条件，恰恰相反，其一个重要目标就是推翻反动的国民党政府，建立新的国家政权，新政权是中国共产党直接建构的产物。因而可以说，西方政党是国家建构的政党，而中国共产党则是建构国家的政党。也正是基于此，我们才能理解中国共产党能在治国理政过程中发挥着不可替代的中轴作用，不仅建构国家，而且引领中国现代化航船乘风破浪、取得辉煌的业绩。

---

① M. Duverger, *Political Parties：Their Organization and Activity in the Modern State*，London：Methuen，1964，p.XXX.

三、追逐权力的政党和运用权力的政党

政党作为一个政治组织，夺取并行使执政权是其普遍特征。但在政党—权力关系上，中国共产党同西方国家的资本主义政党有着本质的不同。资本主义政党是以追逐权力为目标，即政党不再以追求人民的普遍幸福和公共利益为鹄，政治权力本身反而成了政党的目标，这不可避免地会导致政党的庸俗化和势利化。对此，约瑟夫·熊彼特（Joseph Alois Schumpeter）等人有着非常清晰的论述，在他们看来民主就是"那种为作出政治决定而实行的制度安排，在这种安排中，某些人通过争取人民选票取得做决定的权力"①。但共产党人从来不将追逐权力作为目标，恰恰相反，共产党人夺取政权的目标在于最终消灭阶级、消灭国家，进而消灭政治权力。也就是说，政治权力是共产党人追求人类解放、自由和幸福的重要手段，而非目的。中国共产党治国理政绝非为了占有政治权力本身，而是要通过掌握和运用政治权力实现民族复兴、人民幸福，最终实现共产主义的崇高目标。针对西方政党组织和活动方式的新变化，爱尔兰学者梅尔（P. Mair）和美国学者卡茨（R. Katz）提出了卡特尔政党（Cartel Party）的概念，卡特尔政党的主要特点是：（1）作为国家与社会联系纽带的政党逐渐远离社会而融入国家，成为"准"国家机构；（2）争夺国家权力的各政党之间，政策差异日益缩小，竞选的主要目的在于挑选更合适的公职人员，而不是具体政策；（3）政党活动经费主要来自国家财政拨款，而不再依赖党员个人的支持；（4）各大党在相互竞争的同时，达成某种默契，以利于自身生存，并排斥新的政治力量的介入。② 从中国"党政一体""党国同构"的关系来看，似乎中

---

① ［美］约瑟夫·熊彼特：《资本主义、社会主义与民主》，吴良健译，商务印书馆1999年版，第396页。

② R.S. Katz and P. Mair, "Changing Models of Party Organization and Party Democracy", *Party Politics*, Vol.1, No.1, pp.5—28.

国共产党也具有某些"卡特尔政党"的特征，但其中根本不同之处在于中国共产党意识形态、组织结构和活动方式的国家化，其目标在于使得中国共产党的崇高目标具有国家机器支撑的现实基础，即西方资产阶级政党是为了追逐权力而追逐权力，中国共产党运用权力治国理政则是为了人民的共同利益。

就政党—国家关系的研究而言，西方国家的经典理论主要是国家中心主义的视角，这些理论普遍强调的是"国家治理"，即强调国家治理中的多元主体之间的参与、协同与合作，在国家治理理论中，政党只是国家治理多元主体中的一元，并无任何特殊地位。而在中国政治语境下，对于二者关系则强调"治国理政"，这一概念表述实际上隐含了主体——中国共产党。可以说，谈治国理政，实际上就必然强调政党中心主义，即中国共产党治国理政。在中国，中国共产党不仅具有代表功能，更重要的是具有领导、整合和治理功能，政党不仅可以在意识形态层面凝聚社会共识，引导社会发展方向，而且可以在现实政治层面实现利益表达和利益聚合，并主导政策制定和政策执行，从而将政党的意志加以贯彻。总而言之，政党在国家政治生活中居于中心地位，发挥核心作用，整个国家治理体系由政党创建，并以政党为中轴而运转，国家政权和国家机器由政党创设，国家治理过程由政党主导而展开。[①] 因此，中国共产党治国理政基于新中国独特的建国历程和政党—国家关系，体现了传统中国"大一统"精神的现代投射，表达了马克思主义中国化的现代气质，充分反映了中国共产党作为中国国家的领导核心和组织轴心的特殊地位。

总而言之，中国共产党是一个现代政党，具有许多同于西方国家政党的一般性特征，例如中国共产党具有强大的组织完整性和组织延续性，注重中央组织和地方组织之间的沟通与配合，注重政治权力的运用，关注人民群众的支持等；而且，中国共产党不仅是国家与社会之间联系的纽带，还具有"党国同构"

---

① 参见郭定平：《政党中心的国家治理：中国的经验》，《政治学研究》2019 年第 3 期。

的鲜明特征。但同时，我们不能简单基于西方国家的政党理论来看待中国共产党，因为中国共产党在发生学上、价值理念上、政党—国家—社会关系上等许多方面都有同西方国家政党根本不同的特征。我们只有深刻理解了这些特征，才能从根本上把握中国共产党治国理政思想的逻辑性、历史性和独特性。

第二节　中国共产党治国理政思想及百年演进

一、中国共产党治国理政思想及其特征

"中国共产党百年治国理政思想"本身就是一个极具内涵和可拆解性的命题。我们认为，这一命题的基本要素包括如下方面。一是主体层面，我们研究的是中国共产党，因此我们不仅要关注党的历代中央领导人的治国理政思想，而且要关注中国共产党作为一个整体的治国理政思想。所以，除历届中央领导人的有关文献外，党的历史上的其他重要文献理所当然也应当为我们所关注。二是时间跨度，我们关注中国共产党自 1921 年诞生以来百年治国理政思想的完整谱系，因此对于新中国成立之前甚至党的早期领导人的有关思想，我们也应当有所关注。三是治国理政，在 1921—1949 年期间，中国共产党不是严格意义上的执政党，也并无国家可"治"，但自革命根据地建立以来，中国共产党成立了苏维埃政权等，就已经有政可"理"了。四是对象维度，我们研究的主要是中国共产党治国理政的思想，即侧重于观念而非实践维度，因此即使是在中国共产党建立根据地、成立苏维埃政权之前，也已经产生了有关国家建设的思想。因此，"中国共产党治国理政思想"贯穿中国共产党百年历程，在逻辑和事实上是可以成立的。

从规范意义上讲，中国共产党治国理政思想是党的价值理念、路线方针、

战略设计以及行动方略等在革命、建设、改革等时期的具体践行、探索与实践在理论和思想上的结晶，是中国共产党作为主体对周遭社会环境对象化的产物，只不过这种产品不是以物化的形式存在，而是以思想观念、理论价值等非物化的形式存在的。1921—2021 年，中国共产党历经革命、建设和改革的不同时空，随着时代命题特别是社会环境不断发生变化的情况下，中国共产党的治国理政思想也不断变化，但这并不意味着其在观念层面没有规律可循。也就是说，百年来，中国共产党的治国理政思想尽管在不同时期呈现出差异化的特点，如革命的逻辑与建设和改革的逻辑就有很大的不同，但这里面还是有很多规律可循。可以说，这些特征具有跨越时空的历史与现实意义，是中国共产党治国理政之所以能够取得辉煌成就的价值密码。具体而言，百年来中国共产党治国理政思想中至少蕴含了以下四个方面的特征。

（一）坚持以马克思主义理论指导。十月革命一声炮响，给中国送来了马克思主义。从此，中国在构建现代化国家的过程中，在争得主权独立、赢得民族解放和实现从站起来到富起来再到强起来的现代化征程中，就有了强大的理论武器作为指导。中国共产党诞生百年以来，不管时代的风云如何变幻，马克思主义的伟大旗帜始终被中国共产党人、中国人民高高举起，在革命、建设、改革的不同历史时期与中国的具体实践紧密结合，形成了毛泽东思想、邓小平理论、"三个代表"重要思想、科学发展观和习近平新时代中国特色社会主义思想，设计了不同时期关于治国理政的战略方针、政策安排和制度供给。这些成果都是以马克思主义理论作为指导的，是马克思主义中国化的思想结晶。正是基于此，习近平总书记在纪念马克思诞辰 200 周年的讲话中指出："实践还证明，马克思主义为中国革命、建设、改革提供了强大思想武器，使中国这个古老的东方大国创造了人类历史上前所未有的发展奇迹。"①

----

① 习近平：《在纪念马克思诞辰 200 周年大会上的讲话》，《人民日报》，2018 年 5 月 4 日。

（二）坚持实事求是的思想路线。实事求是是马克思主义唯物史观的必然反应，也是共产党人在治国理政过程中必须遵循的思想方法，是马克思主义中国化理论得以产生的逻辑前提。中国共产党引领中国这艘航船在驶向现代化彼岸的征程中，并不是一帆风顺的。无论是土地革命时期的"左"倾错误路线，还是新中国成立初期的反右派斗争扩大化，抑或是发生了影响中国现代化全局的十年内乱，都昭示了中国共产党百年治国理政道路的曲折，也说明背离实事求是思想路线后必然要付出一定的代价。尽管如此，一代又一代的中国共产党人并没有被一时的困难所吓倒而裹足不前，并没有停留在马克思主义经典作家或前人的思想成果上，相反，中国共产党人实事求是的精神品格经过一再磨砺，更加注重从时下的境况中吸纳、整合、提炼出符合实际的治国理政方略及其相应的理论成果。"实事求是，是无产阶级世界观的基础，是马克思主义的思想基础。过去我们搞革命所取得的一切胜利，是靠实事求是；现在我们要实现四个现代化，同样要靠实事求是。"[①] 中国共产党百年治国理政的辉煌成就昭示着实事求是思想路线在实践过程的全面统领与核心地位。

（三）坚持调动最广大人民群众积极性的行动方略。在中国共产党的百年风雨历程中，无论是革命、建设还是改革，都是一场触及全社会的宏大的集体行动。这就要求党组织要以自身为原点来组织社会，即根据中国在不同历史阶段所面临的任务和矛盾，将社会中其他可以团结的阶级、阶层、团体等方面的力量聚合起来，汇成革命斗争的洪流，这就是党团结、整合社会的统一战线的行动方略。从规范层面上说，党组织社会有两种路径，一是党依靠自身的组织和党员个体的力量直接深入社会，宣传党的主张，动员和组织民众围绕着设定的现实目标形成革命的集体行动；二是党组织依靠其他组织化的力量，如其他党

---

① 邓小平：《解放思想　实事求是，团结一致向前看》，中央文献研究室编：《三中全会以来重要文献选编》（上），中央文献出版社 2011 年版，第 20 页。

派、阶级、阶层和团体等，去影响、动员和组织它们所联系的群众的力量，形成革命、建设和改革行动的各组织主体间的大联合。在某种意义上，统一战线建立、运作的过程就是扩大朋友圈、减少前进征程上的组织化阻力的过程。毛泽东在《中国社会各阶级的分析》中指出："谁是我们的敌人？谁是我们的朋友？这个问题是革命的首要问题。中国过去一切革命斗争成效甚少，其基本原因就是不能团结真正的朋友，以攻击真正的敌人。"① 对于中国共产党而言，不仅是革命时期，而且在建设与改革时期，坚持调动最广大人民群众积极性是其一贯的行动方略。

（四）坚持以党的全面领导作为政治保障。中国共产党百年治国理政的辉煌业绩蕴含着两大现实逻辑：党全面领导的逻辑与党领导有效性的逻辑。党全面领导的逻辑是党全面嵌入周遭环境中，即对与党相对应的所有组织主体或非组织主体实施领导。即便是在革命战争年代，党的这种全面领导也体现在革命根据地的政权建设中。中共十九届四中全会将这种全面领导表述为："必须坚持党政军民学、东西南北中，党是领导一切的""把党的领导落实到国家治理各领域各方面各环节"。② 党的全面领导，不是党对领导客体的全面"掌控"，而是通过价值导引和先锋模范作用的发挥，对中国社会进行带领和引导。在革命战争年代将一盘散沙的中国社会组织起来，在建设与改革时期将政权、社会、市场等组织体黏合、连接起来，从而为大规模的革命、建设和改革的集体行动奠定组织基础。中国共产党之所以能担此大任，是由党的价值使命所决定的，是由其先锋队的性质定位所决定的；同时党不断健全的组织网络又为党的全面领导提供了结构支撑。而党有效领导的逻辑，是说明在党的全面领导下，中国实现了由站起来到富起来再到强起来的历史飞跃，人民的生活水平、民众的文明程

---

① 《毛泽东选集》第 1 卷，人民出版社 1991 年版，第 3 页。

② 《〈中共中央关于坚持和完善中国特色社会主义制度、推进国家治理体系和治理能力现代化若干重大问题的决定〉辅导读本》，人民出版社 2019 年版，第 6 页。

度以及国家的综合实力和世界影响力等在不断提升，中国以前所未有的新姿态屹立在世界的东方。党全面领导的逻辑与党有效领导的逻辑相互支撑、相互赋能，前者是后者的基础，后者是前者的保证。这两大逻辑是中国共产党百年治国理政实践中的双重变奏。

二、中国共产党治国理政思想的百年演进

建立一个什么样的国家，是近代以来中国面临的一个基本的历史性课题。鸦片战争以后，无数思想先驱和仁人志士为寻求改变中国前途命运的道路进行了艰苦探索与不懈努力，经历了反复探索，尝试了多种制度模式，但都以失败告终。中国共产党自 1921 年成立以来就致力于建立人民当家作主的新国家，并带领人民追求民族复兴、人民幸福。为此，不仅提出了关于未来国家制度和治国理政的主张，而且带领人民长期为之奋斗。在这一过程中，中国共产党创造了伟大的治国理政实际成就，也形成了丰富的关于治国理政的思想结晶。

早在 20 世纪初，李大钊、陈独秀等建党先驱就在马克思列宁主义国家思想的基础上提出了关于建设人民新国家的思想，对社会主义中国的国家建设理论进行了初步探索，奠定了国家发展的基本理想。革命战争时期，中国共产党逐步发展起"武装斗争""党指挥枪""农村包围城市""建立根据地政权""打土豪分田地""三三制""统一战线""群众路线""民主集中制"等国家建设和政权建设的基本方法和重要法宝，积累了在局部地区执政的宝贵经验。毛泽东在中共七届二中全会上阐明了人民代表会议制度，指出资产阶级共和国的国会制度不符合中国情况；随后在《论人民民主专政》一文中明确指出："总结我们的经验，集中到一点，就是工人阶级（经过共产党）领导的以工农联盟为基础的人民民主专政。"这为新中国国家制度的构建和发展作了充分的理论准备。新中国成立后，确立人民民主专政为新中国国体、人民代表大会制度为新中国

政体，还确立民族区域自治制度、中国共产党领导的多党合作和政治协商制度等基本政治制度，为党在新中国治国理政奠定了制度基础。社会主义改造过程中，基本完成了生产资料公有制建设，奠定了社会主义国家的所有制基础。1978 年，中共十一届三中全会开启了改革开放新的历史时期，党的治国理政思想也进入重要的改革期、调整期。邓小平关于《解放思想，实事求是，团结一致向前看》的重要讲话提出了把全党工作的重心转到实现四个现代化上来的根本指导方针，特别是提出"要真正实行无产阶级的民主集中制""为了保障人民民主，必须加强法制。必须使民主制度化、法律化，使这种制度和法律不因领导人的改变而改变，不因领导人的看法和注意力的改变而改变"等重大命题。随着《关于党内政治生活的若干准则》《关于建立老干部退休制度的规定》等一大批党内规章通过，新的《宪法》《城市居民委员会组织法》《村民委员会组织法》《选举法》等一系列重要法律法规通过，党治国理政的制度基础更加牢固，党的治国理政开始走上正轨。中共十五大以来，提出依法治国与以德治国相结合、社会主义政治文明建设等治国理政新观点。中共十六大以来，提出"十个相结合""和谐社会""科学发展、以人为本"等思想，党的治国理政思想得到进一步完善。中共十八大以来，党的治国理政思想走向成熟。以习近平同志为核心的党中央在党的十八届三中全会《中共中央关于全面深化改革若干重大问题的决定》中明确提出，全面深化改革的总目标是完善和发展中国特色社会主义制度，推进国家治理体系和治理能力现代化。中共十九届四中全会《决定》正式提出："到我们党成立一百年时，在各方面制度更加成熟更加定型上取得明显成效；到 2035 年，各方面制度更加完善，基本实现国家治理体系和治理能力现代化；到新中国成立一百年时，全面实现国家治理体系和治理能力现代化，使中国特色社会主义制度更加巩固、优越性充分展现。"

第三节　研究现状述评

中国共产党的治国理政思想不仅经历了百年历史，而且涉及方方面面。学术界目前的研究，有的是着眼于治国理政思想的某一方面进行专题研究。例如，坚持和加强党的全面领导研究；[①] 中国共产党提出"建设社会主义法治国家"是一种历史性跨越，是对建国以来党探索治国理政历史经验的科学总结；[②] 中国共产党的法制（法治）思想和实践研究；[③] 中国共产党共享理念发展变化研究；[④] 五大发展理念的思想基础和发展历史及现实意义研究。[⑤] 刘靖北从全面从严治党角度总结新时期治国理政战略思想；[⑥] 鞠华对中国共产党成立 95 年以来的治国理政能力建设进行历程回顾。[⑦]

有的是针对党的领导人的治国理政思想进行专门研究。例如，毛泽东治国理政思想的现实启示研究；[⑧] 毛泽东的人民观在治国理政方面的实践研究；[⑨] 邓小平治国理政的历史经验及其启示；[⑩] 江泽民治国理政的鲜明

---

① 曾峻：《坚持和加强党的全面领导研究》，上海人民出版社 2019 年版。

② 李瑜青：《中国共产党治国理政思想历史地位分析》，《北京行政学院学报》2011 年第 5 期。

③ 蒋传光：《马克思主义法学理论在当代中国的新发展》，译林出版社 2017 年版。

④ 刘玉安、玄理：《从"让一部人分先富起来"到"共享发展"——中国共产党共享理念发展变化研究》，《当代世界社会主义问题》，2016 年第 3 期。

⑤ 谭晓旭、李群山：《中国共产党发展理念的三重逻辑与实践路径》，《淮北师范大学学报（哲学社会科学版）》，2016 年第 5 期。

⑥ 刘靖北：《为人类对更好社会制度的探索提供中国方案——论中国特色社会主义的基本特征及其世界意义》，《中国浦东干部学院学报》2017 年第 4 期。

⑦ 鞠华：《中国共产党治国理政能力建设历程回顾及经验启示》，《北京教育（高教）》，2016 年 Z1。

⑧ 季春芳、李正华：《新中国成立初期毛泽东探索国家治理现代化的路径探析》，《党的文献》2019 年第 3 期。

⑨ 王向清：《毛泽东的人民观在治国理政方面的实践》，《湖南社会科学》2019 年第 3 期。

⑩ 刘伟、陈锡喜：《邓小平治国理政的历史经验及其启示——基于社会主义意识形态建设的视角》，《邓小平研究》2015 年第 2 期。

特征；① 江泽民的法德并治思想。② 韩庆祥从学理和学术上梳理和解读了新一届中央领导集体治国理政的总体思路、总体框架和基本思想；③ 其他学者的研究还有对中共十八大以来党中央治国理政新理念新思想新战略深度解析；④ 习近平治国理政战略体系初探；⑤ 习近平治国理政的系统思维、历史思维研究；⑥ 习近平治国理政的伦理思想。⑦

还有从历史发展的角度对党治国理政思想进行总体性研究。包括对中国共产党治国理政思想的历史变迁、思想渊源、理论体系、制度建设以及历史地位分析等问题进行梳理，展示了具有中国特色的治国理政思想观点的发展与演变；⑧ 总结当代中国治国理政方略形成的思想脉络、科学内涵、逻辑关系、立论依据、哲学意蕴、保障条件、重要特征、根本要求、历史定位等重大问题；⑨ 研究中国特色社会主义道路形成的时代背景、历史进程、实践基础、历史意义等，以及当今中国深化改革和创新发展所取得的成果以及未来发展的建议。改革开放 40 年中国共产党治国理政思想形成的历史条件；⑩ 新中国成立以来中国共产党治国理政的历程、经验与启示。⑪

---

① 黄宝玲：《论江泽民治国理政的鲜明特征》，《社会科学家》2004 年第 4 期。

② 张忠良、李莉：《论江泽民的法德并治思想》，《湖湘论坛》2008 年第 2 期。

③ 韩庆祥、张健：《破解难题—建构秩序—唱响中国——简析新一届中央领导集体治国理政的脉络与方略》，《毛泽东邓小平理论研究》2015 年第 2 期。

④ 冯国权、刘军民：《正圆中国梦：十八大以来党中央治国理政新理念新思想新战略深度解析》，《全国新书目》2016 年第 8 期。

⑤ 陈蓉蓉：《习近平治国理政战略体系初探》，《太原理工大学学报（社会科学版）》2019 年第 1 期。

⑥ 姜华有：《习近平治国理政的历史思维研究》，《科学社会主义》2019 年第 5 期。

⑦ 周中之、高岚：《习近平治国理政的伦理思想》，《马克思主义研究》2018 年第 5 期。

⑧ 李瑜青：《中国共产党治国理政思想历史地位分析》，《北京行政学院学报》2011 年第 5 期。

⑨ 王钰鑫：《习近平治国理政思想是马克思主义中国化的新发展》，《广西社会科学》2016 年第 6 期。

⑩ 刘玉春、赵绪莹：《改革开放 40 年中国共产党治国理政思想形成的历史条件》，《赤峰学院学报（汉文哲学社会科学版）》2019 年第 9 期。

⑪ 黄亦君：《新中国成立 70 年中国共产党治国理政的历程、经验与启示》，《学习论坛》2019 年第 8 期。

　　除了上述以历程总结和文件梳理为主的研究以外，有部分研究成果开始从理论比较的高度总结中国共产党治国理政的新模式。如蔡冬婷从"三大规律"辩证法视阈出发，从党的理论基础、历史逻辑与实践经验多个维度，全面系统地审视中国共产党治国理政的价值意蕴、逻辑理论与实践路径。[1]郭定平从比较政治的角度提出，中国共产党治国理政展现出独特的优势，如党政一体，执政能力更强；党际合作，利益代表更广；党群关系和谐，政治支持更高；管党治党，政治纪律更严。[2]唐亚林提出，中国共产党治国理政新型体制的建构经历了从党建国体制到党治国体制再到党兴国体制的发展变迁，创造性地发展体现执政党主体理性、工具理性和价值理性"三结合"的新型政党理论，开创建设"使命型政党"与"使命型政治"的新路。[3]

　　总的来说，目前围绕中国共产党治国理政思想的研究成果数量不少，但大多是针对专题或领导人专人的研究，着眼于中国共产党成立百年治理思想的相关研究成果极为少见。并且，既有研究主要是对历史过程和有关文件的梳理总结，学术性、学理性有待进一步拓展。本书有利于系统回顾和总结中国共产党成立以来治国理政思想的背景、历程、主题和特点，从而揭示中国共产党治国理政思想百年发展的内在规律，凸显中国治理的独特优势，增强中国特色社会主义道路自信、理论自信、制度自信和文化自信。在实践上，深入分析中国共产党百年治国理政思想，有助于认识和理解中国特色社会主义的独特优势，有利于提高党的长期执政能力，有利于更好地推动国家发展。

---

　　[1]　蔡冬婷：《中国共产党治国理政思想与实践演进脉络探析——"三大规律"辩证法视阈下的逻辑考量》，《人民论坛·学术前沿》2018 年第 6 期。

　　[2]　郭定平：《论中国共产党治国理政的比较优势与国际贡献》，《湖北社会科学》2018 年第 6 期。

　　[3]　唐亚林：《从党建国体制到党治国体制再到党兴国体制：中国共产党治国理政新型体制的建构》，《行政论坛》2017 年第 5 期。

第四节　本书的主要内容、基本思路和创新之处

一、本书的主要内容

（1）聚焦李大钊、陈独秀等建党先驱关于建设人民新国家的思想，探讨革命先驱对马克思主义国家治理思想的阐发，研究中国共产党治国理政思想的萌芽期。（2）聚焦中国共产党在革命根据地的政治治理、经济治理和社会治理思想，探讨中国共产党局部执政时期的政党治理、政体建设、民主治理和军队治理等问题，研究中国共产党治国理政思想的探索期。（3）聚焦新中国成立后的重要文献和党的领导人关于新中国国家建设的有关文献，探讨新中国成立后的政权建设、经济建设、治安建设、现代化建设等问题，研究中国共产党治国理政思想的奠基期。（4）聚焦中共十一届三中全会以来的重要文件，特别是邓小平的治国理政思想，探讨党的领导体制和领导方式建设、民主建设、法制建设、经济建设、军队建设、对外开放战略等问题，研究中国共产党治国理政思想的改革期。（5）聚焦党的十四大以来的重要文献，特别是江泽民同志和胡锦涛同志的治理思想，探讨依法治国战略、政治文明建设、"三个代表"重要思想、和谐社会建设、科学发展观思想等，研究中国共产党治国理政思想的完善期。（6）聚焦中共十八大以来的重要文献，特别是习近平总书记的治国理政思想，探讨"四个全面""五位一体"重大议题，紧扣中共十八届三中全会《决定》和中共十九届四中全会《决定》，研究中国共产党治国理政思想的成熟期。

二、基本思路和方法

本书紧扣"中国共产党百年治国理政思想"这一主题，以中国共产党成立

一百周年（1921—2021 年）为历史跨度，着眼于治国理政这一中心议题，聚焦思想层面的历史背景、发展阶段、主要特点和内在规律。基本思路在于从发展历程上，将中国共产党百年治国理政思想分为萌芽期、探索期、奠基期、改革期、完善期、成熟期六个阶段，梳理总结中国共产党百年治国理政思想的发展演变过程。以党的历次全会为基础，以党的重要领导人思想为主干，深刻揭示中国共产党治国理政的价值目标、战略内涵、发展流变、具体抓手等。具体而言，梳理从中国共产党一大到十九届四中全会，有关治国理政的重要文献；梳理从李大钊、陈独秀等建党先驱，到毛泽东、刘少奇等党的早期领导人，再到邓小平、江泽民、胡锦涛、习近平等党的历届中央最高领导人的重要讲话、文章、批示等，系统梳理历次党的重要会议有关治国理政的思想表述和战略表达，试图从中国共产党治国理政思想的内涵和发展角度，揭示其内在规律。

本书采用的主要研究方法包括以下几种。（1）历史归纳方法。通过系统梳理、总结、回顾建党百年的历史，试图归纳中国共产党治国理政思想的发展脉络和内在规律。（2）比较分析方法。通过对比中外治理思想和治理实践之间的关系，凸显中国共产党治国理政思想的特殊价值及其重大意义；通过对比建党百年来党的治国理政思想，说明党的治国理政思想不断发展完善、走向成熟与定型的客观历史过程，以及新时代党治国理政思想的新发展与新特点。（3）文献分析方法。系统梳理历次党的全会和党的重要领导人关于治国理政思想的重要论述，深入阐释其中学理贡献与实践要求。同时整理国内外现有研究成果，吸收其中合理因素，澄清其中不合理因素。（4）调查研究方法。运用个别访谈，通过研讨会进行焦点群体座谈等方法，较为深入地把握与探讨党的治国理政思想发展的现状、特点与规律。

三、主要观点及创新之处

中国共产党百年治国理政思想是一个宏大命题，研究的难度很大。（1）历史跨度大。需要梳理总结建党百年来有关治国理政思想的发展过程、阶段特点和内在规律，要求有宏大的历史视野。（2）涉及内容多。建党百年来，中国共产党共举行了数十次重要全会，党的历届领导人关于治国理政思想进行了多方面的论述和表达，需要全面、系统、深入总结，要求有扎实的文献基础。（3）分析框架复杂。党的治国理政思想涉及许多方面的重要概念、分析框架、学理概括，要求有丰富的学理基础。（4）历史性和现实性强。建党百年的治国理政思想不仅是重大历史议题，需要处理不同历史阶段的发展模式，需要将党的全部历史纳入分析框架；而且是重大现实议题，直接涉及治国理政的主要对象和领域应解决的问题、具体实现方式和方法，以及进一步治理现代化的理论思考与政策建议。

基于本书的设计思路，我们可以总结以下几点。（1）中国共产党建党百年来的治国理政思想具有完整、清晰的历史脉络和理论脉络。从建党先驱接续对马克思列宁主义的国家观、阐释建设人民新国家的思想，到中共十九届四中全会确立制度成熟、制度定型以及治理现代化的总体框架，党的领导、人民民主的核心主线是一以贯之的。（2）中国共产党建党百年来的治国理政思想具有历史递进、接续发展的历史特点和实践支撑。党的领导制度不断完善，民主集中制不断健全，法治建设不断发展，经济社会治理不断创新。中国共产党的治国理政思想从萌芽到成熟，从简单到复杂，从单一维度到综合维度，经历了历届中央领导集体带领全党上下的不懈探索。（3）从历史分期而言，中国共产党建党百年来的治国理政思想可以分为萌芽期、奠基期、改革期、完善期、成熟期五个阶段。（4）中国共产党建党百年来的治国理政思想主要通过党的历次全会和党的历届主要领导人加以呈现和表达，研究中国共产党建党百年来的治国理政思想的发展变迁和内在规律，应紧扣上述两方面的文献。（5）中国共产党建党百年来的治国理政思想具有鲜明的中国特色、中国气派，体现出巨大的道义优势、理论优势和实践优势。

第二章　萌芽期（1921—1927 年）

　　中国共产党的治国理政思想，萌生于革命战争年代，发展、完善于建设与改革时期。尽管在大革命时期，初生的中国共产党并没有掌握国家政权，但其在萌芽时期对国家建设理想目标的追寻、对国家制度设计的构想和对推进社会革命路径的思考等反映或折射出了中国共产党人初期的治国理政思想，它们为后面共产党人接续奋斗提供了路径依赖，直接影响国家治理、政权建设的制度安排、政策设计和行动策略。可以说，中国共产党人从建党伊始到大革命前夕（1921—1927 年）这一段时间对治国理政的思考与探索，构成了百年党治国理政思想的起点。

　　在萌芽期，伴随着中国共产党的诞生，在内忧外患的环境下，以人民的幸福、国家的富强和民族的独立为己任的早期中国共产党人在共产国际的帮助下，联合国内的进步力量，掀起了一场轰轰烈烈的国民革命风暴，"打倒列强，除军阀"的口号响彻云霄，革命运动席卷全国，历史步入大革命时期。为了推倒军阀、变革现状和救民于水火，一大批先进的中国人组织了起来、联合了起来、行动了起来，投入革命的洪流中去。尽管当时的中国共产党成立不久，但是它以其理论的先进性、对时局和现实把握的精确性和其本身所具有的理论创新品格，分析了中国社会各阶级状态和革命态度，指出了农民革命之于中国革命的意义，这些理论推动了国民革命联合战线的建立和工农运动的蓬勃展开。在萌芽期，早期中国共产党人在对时局把握的前提下，通过引入科学的革命理论、建立统一战线和推进党的建设，使这些有效的革命行动蕴含了党治国理政的初期思想，在某种意义上，它们成了党治国理政思想的基因性要素，直接影响到后面革命、建设与改革的政策设计与制度安排。

具体来说，20世纪20年代，中国共产党人针对当时社会面临的整合性危机的现实，意识到通过新型政党组织整合社会的意义和价值；通过对当时基层社会的经济现状进行分析，认为中国革命的问题归根结底是农民问题，这种强烈的现实关怀和问题意识实际上就是实事求是思想路线的萌生，直接影响到中国共产党人后面的治国理政实践；十月革命一声炮响，给中国送来了马列主义，为新型政党的出场提供了理论营养，同时也为中国革命提供了阶级分析工具，马列主义从而为政党发展、治国理政提供了最基本的理论遵循，构成了中国共产党人从事革命、建设和改革的理论原点。面对着中国存在的民族、民权和民生问题，中国共产党人要战胜强大的国内外敌人，不能不同包括国民党的组织力量结成统一战线，吸纳革命力量，凝聚国内人心；后来无论时局如何变化，团结一切可以团结的力量都成为中国共产党在治国理政中必须遵循的基本原则。在革命过程中，要联合革命力量、打击国内外反动派，中国共产党必须始终以

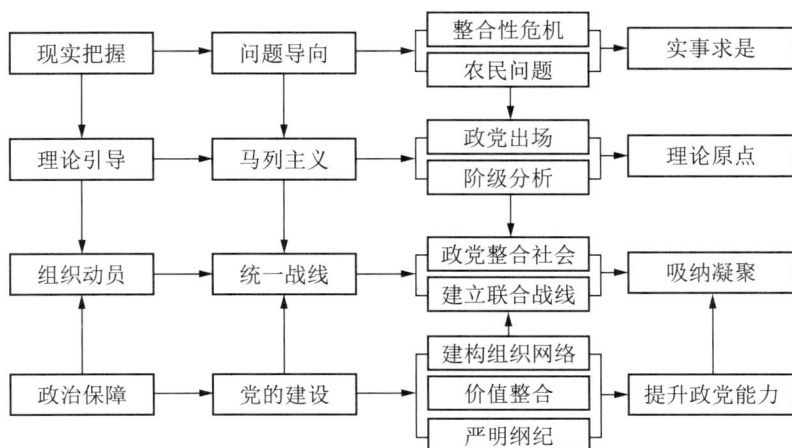

图2.1　萌芽期党的治国理政思想逻辑图

人民的利益为依归，坚持对革命队伍进行马列主义思想改造，从而在党内推进价值整合；必须严明纲纪、不断提高党组织的战斗力。所有这些提升政党自身能力的举措构成了党治国理政的重要政治保障，即打铁还须自身硬，这也是中国共产党在任何环境下治国理政必须坚守的原则。

第一节 现实把握——问题导向

在 20 世纪 20 年代，在某种意义上，中国共产党的诞生是因应资本全球性扩展、社会主要矛盾累积而生的必然产物，为在积贫积弱的中国推进伟大的社会革命提供了组织化的政治力量。同时，中国共产党一经成立，其对现实国家的方位判定与问题归纳、对革命目标与行动方略的设定以及对分散社会的组织与动员等，都来自对现实问题综合后的政治回应，具有强烈的问题导向。这种问题导向一方面体现在国内外环境的判定上，即当时中国社会面临着整合性的危机；另一方面也体现在对革命首要问题的判定上，即对农民问题是中国革命的中心问题的认定上。强烈的问题意识与现实关怀伴随着中国共产党百年奋进的始终，无论是在革命时期，还是在建设与改革年代，中国共产党始终在正视与解决现实问题的过程中不断前行、发展壮大和走向辉煌。

一、整合危机

近代中国，在主权不独立、民权不伸张的现实背景下，要实现现代化，必须完成重组中国社会的革命任务。无数仁人志士为中国摆脱内忧外患的局面而殚精竭虑。但由于中国民族资产阶级的不成熟和软弱性、现代化过程中对传统文化的强烈冲击与消解，特别是在主权没有独立的情况下所采取的种种救国方案和制度设计，最后中国现代化受挫，中国的社会陷入深刻的整合性危机之中。

这种整合性危机为中国共产党的诞生提供了现实背景，萌芽期党治国理政方面的设想也正是基于这些问题而被触发。

（一）主权上的不独立。中国现代化开启的时候正是资本主义向海外扩张和殖民的时期，国土的沦丧、势力范围的划分和强制性的资源汲取等不仅破坏了中国民族工业的正常发展进程，而且使社会关系处在紧张的状态之中。因而，由主权危机所引发的社会整合问题，不仅体现在国土的支离破碎、内政被列强所染指上，更体现在由此所引发的社会反抗的风起云涌，使社会处于一种动荡不安的状态。陈独秀在描述列强瓜分中国时指出："各国驻扎北京的钦差，私下里商议起来，大打算把我们几千年祖宗相倚的好中国，当作切瓜一般，你一块，我一块，大家分分，这明目就叫做'瓜分中国'。"[1] 列强的强行介入与利益索取冲击了传统中国的超稳定结构，引发了民众对统治体系的信任危机及其带来的社会反抗；同时，由于主权上的不独立和在反抗列强的军事征服过程中的一再败北，一部分知识分子对传统文化产生怀疑和动摇，从而影响文化整合的效度。总之，主权上的不独立所引发的社会整合上的危机与难题呼唤着能够凝聚全民族力量的社会整合器的出现，这构成了新型政党出场的国际背景。

（二）政权上的分割。毛泽东在《外力、军阀与革命》一文中，分析了20世纪20年代的中国所面临的形势："我们从内外政治经济的情势上，可以断定中国目前及最近之将来，必然是反动军阀支配的天下。这个期内是外力和军阀勾结为恶，是必然成功一种极反动极混乱的政治的。"[2] 在这种极混乱的政治下，传统的大一统体制面临着国内外分割的新局面：一是国内军阀的分割，它主要表现为军阀的割据，使国内大量资源耗费在军阀混战之中；二是国外列强的分割，分立的军阀势力为外国资本的强势介入提供了机会与空间，也就是国内分割的军事集团被外国势力所操控，产生了列强的"代理人"，形成了所谓的"国

---

① 《陈独秀文集》第 1 卷，人民出版社 2013 年版，第 10 页。
② 《毛泽东文集》第 1 卷，人民出版社 1993 年版，第 12 页。

中之国"。这两种分割互为因果、相互强化。在国家政权处于这种分割的局面下，中国要完成民族民主革命就必须唤起与组织民众，以形成有效的集体行动；而要唤起与组织民众，就需要一种组织性的力量来设定目标框架、集中优势资源和推进有效行动，进而进行一场广泛而深刻的社会革命。"我们早已看透了中国的病根是由于帝国主义的列强之剥削操纵及国内军阀之扰乱，非人民起来以革命的手段，外而反抗列强，内而解除军阀之政权及武装，别的方法都是药不对症，白费力气。"① 也就是说，国家政权上的分割让传统的以国家政权来充当社会整合器的社会整合模式失效，在十月革命胜利的强烈示范下，有着严明组织纪律的新型政党就应运而生了。

近代中国，由于现实上存在着主权不独立、政权上的分割和文化认同上的迷失等问题，传统的政权组织不可能担当起唤起民众、整合破碎的中国社会的重任。这些构成了新型的整合性政治组织，即中国共产党诞生的结构性条件。中国要走出这种结构性困局，就必须有一种整合性的组织力量将社会组织起来，以完成民族民主革命。早期的共产党人恽代英指出："我们必须靠团体才有力量，必须靠社会，靠党，不然，我们将永远屈服于黑暗势力之下。自然，一个社会或党的中间，一定亦有许多使我们脑疼心烦的事情，然而我要有团体的力量，才可以打倒恶势力，改造恶环境，才可以自救而且救人。"②

二、农民问题是革命的中心问题

在内外交困的背景下，早期的中国共产党人分析了中国社会阶级关系现状和社会利益格局，要解决那时面临的民族、民权和民生问题，就必须进行伟大

---

① 《中国共产党第三次对于时局宣言》（一九二四年九月十日），《建党以来重要文献选编（1921—1949）》第二册，中央文献出版社2011年版，第109页。
② 恽代英：《造党》，《建党以来重要文献选编》（1921—1949）第二册，中央文献出版社2011年版，第24页。

的社会革命。而要保证社会革命的顺利进行，除了需要党的有效领导以外，必须要找到中国革命最主要的依靠力量，将人数最多的中国农民组织起来，形成推进、保证中国革命胜利的磅礴力量。将农民问题确定为中国革命的中心问题，保证了革命源源不断的人力资源供给。对这一问题的确认，源于对农民所处的外在环境、制度和政策等的理性分析。正是环境中一些政治力量、经济主体对其的经济压榨与盘剥，才使整个农民阶级在经济上陷于困苦的状态，在政治关系上处于一种依附的地位；也正是现实中的这种经济地位，使农民产生革命意识，形成改变革命现状的声势浩大的革命行动。所以，农民问题专家乔尔·米格代尔（Joel S. Migdal）强调："农村与它所处的社会政治环境间的互动关系，认为农民的行为和农村的制度至少在某种程度上是对来自外部世界的压力所做出的反应。"[1]

（一）农民的经济地位。农民首先要生存，因而对农民的定义与分析就有所谓的经济标准，也即其经济地位，这是对农民问题进行分析的首要标准。毛泽东在《湖南农民运动考察报告》中说："据长沙的调查：乡村人口中，贫农占百分之七十，中农占百分之二十，地主和富农占百分之十。百分之七十的贫农中，又分赤贫、次贫二类。全然无业，即既无土地，又无资金，完全失去生活依据，不得不出外当兵，或出去做工，或打流当乞丐的，都是'赤贫'，占百分之二十。半无业，即略有土地，或略有资金，但吃的多，收的少，终年在劳碌愁苦中过生活的，如手工工人、佃农（富佃除外）、半自耕农等，都是'次贫'，占百分之五十。"[2] 这样一种经济状况必然会导致农民生活资源的匮乏；在生存难以保障的情况下，要想农民对当时的社会状况满意、对当时的社会制度认同，无疑是痴人说梦。所以，农民的反抗或革命行为，并不是天生的，而是外在环

---

[1] ［美］J. 米格代尔：《农民、政治与革命——第三世界政治与社会变革的压力》，中央编译出版社 1996 年版，第 9 页。

[2] 《毛泽东选集》第 1 卷，人民出版社 1991 年版，第 20—21 页。

境及社会制度引发的。"千百万人是不会听别人指使去进行革命的，只有在人民困苦不堪，再也无法生存，千百万人的压力和决心可以粉碎一切旧的障碍并真正能够创造新的生活的时候，他们才会起来革命。"①

（二）乡村社会的政治关系。看一个社会是不是农民社会，不仅要看农民在整个社会中所占的数量，更要看支撑其运转的政治关系。中国社会是一个农村人口占据多数的农业、农民社会，这一点毫无疑义。在半封闭的农业社会形态下，其经济本来是自给自足的自然经济，但是农村不平等政治关系的存在，即地主阶级对农民的压榨，导致了这个经济的解体：农民要么无地可种，流离失所；要么忍受、承认其对自身的劳动剩余的占有，农民的自给自足难以实现；同时，由于军阀的统治需要从农村社会抽取资源，特别是兵源上的补充和物质上的供应，连年征战所付出的伤亡代价由农村千千万万家庭承受，战争所需的粮草也需要农村来供给和支撑；更可怕的是，农民在连年征战中看不到国家统一的希望；另外，帝国主义的入侵更加深了中国乡村的苦难，正是它们对军阀的各自支持在某种程度上肢解了中国，而它们在支持中所获得的好处最后又不得不由中国农民来支付。从这个意义上说，各路军阀、帝国主义就像是一台台马力强大的抽水机，像一个个吞噬农村资源的黑洞，它们对中国的各种资源垂涎三尺，竞相搜刮、盘剥，中国乡村就是在这种无尽的资源盘剥中日益走向破败、凋零。对于这个问题，毛泽东作了精辟的分析。他在《国民革命与农民运动》一文中指出，在经济落后的半殖民地进行革命，"最大的对象是乡村宗法封建阶级（地主阶级）"，他们是国内统治阶级、国外帝国主义的唯一坚实基础。不动摇这个基础，就不能动摇这个基础的上层建筑。根据这一分析，毛泽东认为若无农民从乡村中奋起打倒地主阶级之特权，军阀和帝国主义的势力就不会从根本上倒塌。他号召："跑到你那熟悉的或不熟悉的乡村中间去，夏天晒着酷

---

① 《列宁全集》第 24 卷，人民出版社 1957 年版，第 462 页。

热的太阳，冬天冒着严寒的风雪，挽着农民的手，问他们痛苦些甚么，问他们要些甚么。从他们的痛苦与需要中，引导他们组织起来；引导他们向土豪劣绅争斗；引导他们与城市的工人学生中小商人合作，建立起联合战线；引导他们参加反帝国主义反军阀的国民革命运动。"① 所以，建立革命联合战线，不仅是国共间的合作，还应把农民引入其中。尽管这一主张当时并没有在国共两党内获得普遍的认同，但确实为后面土地革命时期党对农民的组织动员策略奠定了基础。

（三）共产党人的动员和引导。乡村的农民在军阀和帝国主义的超经济掠夺下所萌生的反抗和革命意识的唤醒、聚集和综合离不开共产党人卓有成效的工作。农民处在非常困苦的生活状态，也有一定的反抗意识或行为；但是，如果离开了外在的启蒙、动员，对于仍是"文盲"或"半文盲"知识状态下的大多数农民，他们很难知晓自己的阶级地位和所受压迫的阶级根源，更无法形成超村落、跨地域的革命的集体行动。而先进的中国共产党人，无论是从其理论素养，还是眼界、境界等方面，都可以担当起这种对广大农民进行启蒙和动员的工作。按照费正清的说法："中共在农村工作中的角色只应该是一个向导者或催化剂，而不是一个全知全能者。党的工作者必须密切考察农民的需求和苦处、希望和畏惧。只有那时，党才能表达农民的要求，团结最大多数，尽可能缩小打击目标，作为革命进程的最后一个步骤。"② 斯诺在《毛泽东印象记》中说："这人有一种特殊的东西从异样的程度中产生出来，他综合着、表现着千千万万中国人民，尤其是农民的迫切的要求——这些人，是贫困的、营养不良的、被榨取的、文盲，然而是善良的、慷慨的、英勇的，而且简直是革命的，占全中国人口的广大多数的人类。"③ 在《湖南农民运动考察报告》中，毛泽东以赞赏的笔调写了农会在政治宣传和动员中起的作用："开一万个法政学校，能不能在这

①　转引自逄先知、金冲及主编：《毛泽东传》（一），中央文献出版社 2011 年版，第 120 页。

②　［美］费正清：《伟大的中国革命》（1800—1985 年），世界知识出版社 2000 年版，第 278 页。

③　斯诺等：《早年毛泽东：传记、史料与回忆》，三联书店 2011 年版，第 447 页。

样短时间内普及政治教育于穷乡僻壤的男女老少，像现在农会所做的政治教育一样呢？我想不能吧。打倒帝国主义，打倒军阀，打倒贪官污吏，打倒土豪劣绅，这几个政治口号，真是不翼而飞，飞到无数乡村的青年壮年老头子小孩子妇女们的面前，一直钻到他们的脑子里去，又从他们的脑子里流到了他们的嘴上。""政治宣传的普及乡村，全是共产党和农民协会的功绩。"①

所以，农民问题在中国革命中占据着中心位置，其最根本的原因是农民阶级所处的经济地位及其革命诉求，前者具有决定性的意义。中国共产党人通过各种方式进行政治宣传、播撒其价值主张，从而让乡村社会的广大民众明白自己所处的阶级地位和所受剥削的根源，这种阶级分析与阶级动员的方法让民众更明白自身的处境和阶级使命，从而把千千万万个"泥腿子"组织起来，汇成声势浩大的革命洪流。没有这种革命洪流，革命的高潮不可能到来，革命也不可能最终走向胜利。

第二节　理论引导——马列主义

在 20 世纪 20 年代，马列主义对中国治国理政的意义不仅体现在对新生政治力量——中国共产党的理论哺育上，也体现在对革命经济动因的揭示上，还体现在对阶级分析的引入上。费正清认为："在政治层面上，列宁主义提供了一种更加严密的新型政党组织方法和一种夺取政权、利用政权发动群众、重建社会的领导艺术。""列宁主义向个人展示了一条自我约束并为爱国主义目的而献身的道路。"② 在某种意义上，马列主义对早期党治国理政的意义在于：一方面

---

① 《毛泽东选集》第 1 卷，人民出版社 1991 年版，第 34—35 页。

② ［美］费正清：《中国：传统与变迁》，世界知识出版社 2002 年版，第 523 页。

通过接受这种先进的理论，为党的纲领、路线的确定奠定理论基础；另一方面，通过党对大革命的领导，为革命目标的形成及其方法的选择提供理论工具。无论是从本体论还是工具论层面的意义，马列主义都直接影响到党其后的治国理政思想。

一、政党出场的理论哺育

作为一种人群的集合体，要产生有效的集体行动，必须要壮大队伍、吸纳资源和设计制度等；同时，组织一经存在，也有一个有效激励的问题。因而，对一个组织而言，无论是解决发展中的资源吸纳，还是解决对组织成员的有效激励，都离不开组织愿景、组织目标的设定。对一个新型政党而言，其纲领、路线是其所接受的某种理论的具体化，是其区别于其他政党、政治力量的标识，也是壮大队伍、产生权威性影响力的深层要素。列宁指出："没有革命理论，就不会有坚强的社会党，因为革命理论能使一切社会党人团结起来，他们从革命理论中能取得一切信念，他们能运用革命理论来确定斗争方式和活动方式。"[1]列宁不仅指出理论之于政党、革命的意义，而且还指出了理论的作用域与有效方式。恩格斯则指出了党纲的形成与变迁背后的物质因素："新的党必须有一个明确的积极的纲领，这个纲领在细节上可以因环境的改变和党本身的发展而改动，但是在每一个时期内都必须为全党所赞同。"[2]也正是这些物质因素决定了党纲的形成要立足社会现实，要聚合全党的意志。中国共产党人在建党伊始就认识到理论、"主义"之于新生的政党及其领导的革命的重要意义。1920 年 11 月，毛泽东指出新民学会"不可徒然做人的聚集，感情的结合，要变为主义的结合才好"，"主义譬如一面旗子，旗子立起来了，大家才有所指望，才知所趋

---

① 《列宁专题文集·论马克思主义》，人民出版社 2009 年版，第 95 页。
② 《马克思恩格斯选集》第 4 卷，人民出版社 1995 年版，第 389 页。

附"。① 这里的"主义的结合"实际上就指出中国革命必须得到科学的理论指导，这种理论的科学性体现在它接通了科学的世界观，即辩证唯物主义和历史唯物主义。共产党人的理论原理"不过是现存的阶级斗争，我们眼前的历史运动的真实关系的一般表现"②。所以，立足中国大地的现实物质运动和阶级关系，新型政党的主义确定与纲领选择就要反映中国所处的民族民主革命的新的发展阶段，进而反映中华民族整体的最高利益，即通过新民主主义革命谋国族之解放、求民众之幸福。也正是在这个意义上，毛泽东指出："我们的党从它一开始，就是一个以马克思列宁主义的理论为基础的党，这是因为这个主义是全世界无产阶级的最正确最革命的科学思想的结晶。马克思列宁主义的普遍真理一经和中国革命的具体实践相结合，就使中国革命的面目为之一新，产生了新民主主义的整个历史阶段。"③

二、革命经济动因的揭示

陈独秀说道："我们以为中国还在'造国'时代，还在政治战争时代。""时局真正的要求，是在用政治战争的手段创造一个真正独立的中华民国。"④ 革命高潮的到来、革命行动的发生不是当时人们的主观臆想，而是扎根于当时的经济与社会。只有对当时的社会进行经济上的解读才能够发现基层社会的主要问题及其蕴含的主要矛盾。"中国的深刻问题，不是简单地发展和更广泛地应用早就孕育在中国古老社会和它的对外交往中的城市生活方式和贸易制度。相反，农村中的问题是延续还是中断的问题，是如何重新塑造传统秩序以求重视现代技术、现代平等主义和参政问题。如同我们看到的那样，这是一个社会改造和

---

① 《毛泽东早期文稿》，湖南出版社 1990 年版，第 508 页。

② 《马克思恩格斯选集》第 1 卷，人民出版社 2012 年版，第 414 页。

③ 《毛泽东选集》第 3 卷，人民出版社 1991 年版，第 1093 页。

④ 陈独秀：《造国论——以真正国民军，创造真正民国》，《建党以来重要文献选编（1921—1949）》第一册，中央文献出版社 2011 年版，第 185 页。

再生的问题；归根结蒂，是一个革命的问题。"[①] 关于革命发生的条件及其物质基础，马克思有着精辟的论述。他认为："社会的物质生产力发展到一定阶段，便同它们一直在其中运动的现存生产关系或财产关系（这只是生产关系的法律用语）发生矛盾。于是这些关系便由生产力发展形式变成生产力的桎梏。那时社会革命的时代就到来了。"[②] 以毛泽东为代表的中国共产党人就是运用这种革命发生的唯物论，深入中国农村社会，分析社会的生产力状况和各阶级的经济条件，判断其革命意识与意志，从而找到中国革命真正的依靠力量。如毛泽东在分析中国无产阶级之所以能成为革命运动的领导力量时这样写道："第一个原因是集中。无论是哪种人都不如他们的集中。第二个原因是经济地位低下。他们失了生产手段，剩下两手，绝了发财的望，又受着帝国主义、军阀、资产阶级的极残酷的待遇，所以他们特别能战斗。"[③] 这种对革命同盟军和革命对象的唯物主义解读为中国革命找到动员的对象和靶子，它不同于某些人单纯的书斋式的空谈与臆想，它们是保证革命顺利进行最终走向胜利的前提条件。

三、阶级分析方法的引入

对社会的解读，涉及方法的选择问题。早期的中国共产党人运用唯物主义方法，找到了革命的对象和革命的同盟军。革命的行动需要一个个主体的积极参与，最后才能汇成革命的潮流。从这个意义上说，革命既是个体的行为，又是一种集体行动。对革命的组织者来说，他要动员社会千千万万个革命者参与革命，这就不仅是一个技术层面的问题，更是一个纲领和战略层面上的问题。早期的中国共产党人通过其纲领中标示自己的奋斗目标，来凝聚群众和社会；

---

① ［美］费正清：《中国历史中的沿海和大陆》，费正清编：《剑桥中华民国史 1912—1949》（上卷），中国社会科学出版社 1994 年版，第 31 页。

② 《马克思恩格斯选集》第 2 卷，人民出版社 2012 年版，第 2—3 页。

③ 《毛泽东选集》第 1 卷，人民出版社 1991 年版，第 8 页。

同时，超越方法论上的个人主义，借助马克思主义的阶级分析方法，用阶级的视角来解读中国社会。阶级的观点和阶级分析的方法是马克思主义看待和分析社会的基本方法。恩格斯指出："以往的全部历史，除原始状态外，都是阶级斗争的历史；这些相互斗争的社会阶级在任何时候都是生产关系和交换关系的产物，一句话，都是自己时代的经济关系的产物。"[①] 只有用阶级的方法来分析和解读中国社会，才能最广泛动员中国社会的革命力量。所以，《中国社会各阶级的分析》这篇光辉的文献超越了单纯的行为主义分析路线，以经济地位为基础，把中国社会划分为各个阶级，从而解决了中国革命的依靠力量和革命动员的指向。用阶级来动员社会，因其既看到了社会上的经济差异，又看到了社会上的经济一致（指经济状况与地位），特别是后者，它省略了阶级内个体间的差异，因而极大地降低了革命动员与组织成本，有利于形成声势浩大的革命运动。在《湖南农民运动考察报告》中，毛泽东就看到了这个阶级工具之于革命的强大力量，他写道："这个贫农大群众，合共占乡村人口百分之七十，乃是农民协会的中坚，打倒封建势力的先锋，成就那多年未曾成就的革命大业的元勋。"[②]

第三节　凝心聚力——统一战线

在萌芽期，早期中国共产党人的治国理政行为一方面体现在其纲领路线中，另一方面更体现在具体的行动上。而要保证革命行动的有效性，必然要将原子化的中国社会整合起来，团结一切可以团结的力量，从而汇成革命的强大洪流。在这种过程中，统一战线的构想及其政策也就应运而生。在整合社会的过程中，由于政党本身就是社会的整合器，其整合作用一方面体现在通过对社会的吸纳

---

① 《马克思恩格斯选集》第 3 卷，人民出版社 2012 年版，第 796 页。

② 《毛泽东选集》第 1 卷，人民出版社 1991 年版，第 21 页。

进行整合，即扩大党员队伍、完善组织网络；另一方面通过对组织间的互动，在政党之间、政党与社会团体之间建立起密切联系，结成革命过程中的统一战线。这些体现在现实层面就是国共第一次合作。萌生于大革命时期的统一战线思想及其实践的有效展开，是中国共产党整合社会、调动最广泛积极性的过程，社会的凝心聚力带来的是社会力量的强大，这不仅是革命行动有效性的保证，也是建设与改革时期必不可少的支撑性要素。

一、政党整合社会

在殖民地半殖民地时期的中国，主权的独立、人民的解放必须要在能凝聚全民族力量的中国共产党的领导下，通过民族民主革命才能达到。要保证革命成功，就必须整合、动员全社会的资源与力量。对中国来说，就是要把一盘散沙的社会组织起来。梁启超在 1921 年的《政治运动之意义及价值》中指出："欲共和基础巩固，欲国民事业发展，总以养成国民协同之习惯为第一要义"，"大规模的协同动作，实以政治运动为最"。[①] 梁启超在这里也提出了组织中国社会的命题。对于中国共产党而言，需要完成双重组织的任务。一方面组织自身，作为革命的领导者、引领者，就要拒绝毛泽东所说的"关门主义"，提升党在全社会的吸纳能力，将认同党纲领的先进分子吸纳进党组织，使党组织网络能延伸至整个中国社会，从而为党组织在全国影响力的扩散提供组织基础和人力资源供给；另一方面，党组织要以自身为原点组织社会，即根据中国在不同历史阶段所面临的任务和矛盾，将社会中其他可以团结的阶级、阶层、团体等方面的力量聚合起来，汇成革命斗争的洪流，这就是党团结、整合社会的统一战线的行动方略。从规范层面上说，党组织社会有两种路径，一是党依靠自身的组织和党员个体的力量直接深入社会，宣传党的主张，动员和组织民众围绕

---

① 《梁启超全集》第 11 卷，北京出版社 1999 年版，第 3335 页。

着革命的目标形成革命的集体行动；二是党组织依靠其他组织化的力量，如其他党派、阶级、阶层和团体等，去影响、动员和组织它们所联系的群众的力量，形成革命行动的各组织主体间的大联合。在某种意义上，统一战线建立、行动的过程就是扩大革命朋友圈、减少革命征程上的组织化阻力的过程。毛泽东在《中国社会各阶级的分析》中指出："谁是我们的敌人？谁是我们的朋友？这个问题是革命的首要问题。中国过去一切革命斗争成效甚少，其基本原因就是不能团结真正的朋友，以攻击真正的敌人。"[①] 但是，扩大朋友圈、建立统一战线的过程并不是自动形成的，这离不开党自身的有效行动，这种行动的有效性源于党对中国社会利益矛盾、阶级关系的正确分析，据此提出的合作项目、合作路线能得到革命同盟者的认同支持与积极响应的。在《〈共产党人〉发刊词》一文中，毛泽东归纳了从党成立到 1939 年统一战线建立过程中的六条基本规律，指出了既要反对忽视同资产阶级建立统一战线的"左"倾关门主义，又要反对忽略资产阶级可能叛变革命的右倾机会主义，[②] 并且指出："中国共产党的政治路线的重要一部分，就是同资产阶级联合又同它斗争的政治路线。中国共产党的党的建设的重要一部分，就是在同资产阶级联合又同它斗争的中间发展起来好锻炼出来的。"[③] 毛泽东在这里直接指出了统一战线的形成过程，就是党的建设、党自身的锻造过程。可以说，统一战线的形成、更新与运作，取决于共产党对中国社会性质、社会问题的科学把握，取决于共产党科学化纲领的提出与有效推行，在此过程中，新型政党也不断得到锻造，其制度化水平也越来越高。

二、建立革命联合战线

中共二大通过大会宣言，提出了自己的奋斗目标："消除内乱，打倒军阀，

---

① 《毛泽东选集》第 1 卷，人民出版社 1991 年版，第 3 页。
② 《毛泽东选集》第 2 卷，人民出版社 1991 年版，第 606—608 页。
③ 《毛泽东选集》第 2 卷，人民出版社 1991 年版，第 608 页。

建设国内和平"，"推翻国际帝国主义压迫，达到中华民族完全独立"。在国内外敌人如此强大的情况下要实现这些目标谈何容易，当时的共产党人考虑的是，一方面是发展、壮大自己，另一方面是团结更多的朋友，组成革命联合战线。毛泽东早在 1923 年就撰文指出："打倒军阀并打倒和军阀狼狈为奸的外国帝国主义"，只有"建立严密的联合阵线，这个革命才可以成功"。[①] "中国共产党的方法，是要邀请国民党等革命的民主派及革命的社会主义的联合战线，向封建式的军阀继续战争；因为这种联合战争，是解放我们中国人受列强和军阀两重压迫的战争，是中国目前必要的不可免的战争。"[②] 建立革命联合战线，是党对工人运动反思的结果，是党对当时国民党的理性分析。

（一）对工人运动的反思。中共二大第一次提出了反帝反封建的民主革命纲领，确立了先进行民主革命再进行社会主义革命的战略纲领，这实际上就提出了党的最低纲领与最高纲领的问题。不进行民主革命，就不可能挽狂澜于既倒、救民于水火，这种战略目标的分层、分步是党对中国实际、时局认识的升华。为了扎实推进民主革命，党把其主要精力放在了工人运动的发动上，其标志就是成立了中国劳动组合书记部，作为工人运动的统一领导机关。在党组织的发动和领导下，从 1922 年 1 月到 1923 年 2 月，香港的海员大罢工、江西萍乡的安源路矿工人大罢工、开滦五矿工人大罢工和京汉铁路工人大罢工相继开展，爆发罢工斗争达 100 余次，参加罢工工人达 30 万人以上。这些罢工给军阀势力、帝国主义以沉重打击，展示了工人阶级的伟大力量，巩固了党的阶级基础。但是，由于党成立不久，尚缺乏革命斗争经验，在策略上不善于把公开斗争和秘密斗争结合起来，在组织上对发展新党员的标准和要求过高，以致在京

[①] 毛泽东：《北京政变与商人》，《向导》周刊，1923 年 7 月 1 日；转引自逄先知、金冲及主编：《毛泽东传》(一)，中央文献出版社 2011 年版，第 93 页。

[②] 中国共产党中央执行委员会：《中国共产党对于时局的主张》，《建党以来重要文献选编（1921—1949）》第一册，中央文献出版社 2011 年版，第 98 页。

汉铁路工人罢工爆发时，全路共产党员还不到 50 人，因而难以在基层形成坚强有力的领导核心，等等。正是由于存在着这样或那样的问题，以及反动势力的异常强大，在工人运动中，我们付出了惨重的代价。特别是在京汉铁路工人大罢工中，还遭遇了震惊中外的二七惨案：在江岸，工人纠察团副团长曾玉良等 36 人被杀，共产党员林祥谦被敌人残忍枭首，慷慨成仁；在长辛店，纠察队副队长葛树贵等 6 人被打死，等等。这时期一系列工人运动给党提供了重要的教训：在国内外敌人如此强大的情况下，不能仅仅依靠工人阶级，必须尽可能争取一切同盟者；在工人缺乏合法利益表达渠道的情况下，没有革命的武装斗争就不可能取得革命的胜利。建立国民革命的统一战线问题就这样急迫地摆在了当时的中国共产党人面前。

（二）对国民党的理性分析。要寻找革命的同盟军，在当时的政治力量中，中国共产党人首先想到的是国民党。尽管国民党内部成分复杂、内耗严重；但当时的国民党掌握着革命所需要的重要资源。首先，其领袖孙中山先生在中国社会有极高的声望，推翻帝制的伟大历史功绩是其合法性的重要来源，这是动员革命力量的旗帜；其次，当时的国民党在广东有一块革命地，它是共产党可资利用的革命大本营；最后，在国民党内有一批政治精英，除孙中山以外，还有宋庆龄、廖仲恺等人，他们坚决主张民族、民主革命，并且愿意同共产党合作。更为重要的是，在当时的政治力量中，只有国民党是革命的民主派，这是国共合作的重要思想基础。中国共产党人的这种观点，集中体现在《对于时局的主张》中。"真的民主派，必须有两种证据表现于人民面前：（一）他的党纲和政策必须不违背民主主义的原则。（二）他的行动必须始终拥护民主主义与军阀奋斗。在这一点看起来，中国现存的各政党，只有国民党比较是革命的民主派，比较是真的民主派。"① 在中共三大上，这种观点进一步得到阐发，"中国

---

① 《中国共产党对于时局的主张》，《先驱》第 9 号，1922 年 6 月 20 日；转引自金冲及：《二十世纪中国史纲》（第一卷），社会科学文献出版社 2009 年版，第 245 页。

现有的党，只有国民党比较是一个国民革命的党"；但是，同国民党合作，不能仅是共产党的一厢情愿，国民党也应该有合作愿望与诚意才行。1922 年陈炯明的叛乱，是孙中山所遭受的一次最痛苦的失败，同时他从美、英、日等国得到援助的幻想也宣告破灭，因而，当时的国民党也在找寻革命的同盟者；并且，同共产党合作、建立国民革命联合战线也有利于国民党的成长，例如，有利于其民族民主纲领的制定、推动广东工农运动的发展、独立军队的训练，也能促进其组织发展，这些都被日后的实践所证明。

第四节　党的建设——政治保障

在中国现代化征程中，中国共产党在领导人民获得新民主主义革命和社会主义革命胜利的过程中，在构建现代国家、驱动经济社会发展的过程中，也实现了对自身的革命化锻造，党的自组织能力及其马克思主义中国化水平得到不断跃升。在某种意义上，前述的两个方面都同党的建设密切关联：马列主义作为一种先进理论，是党对外吸纳社会先进分子、对内推行组织内价值整合的思想武器；同时，统一战线的构建过程，也是党不断成长、壮大的过程。毛泽东直接将党的建设与统一战线、武装斗争联系起来："我们今天要怎样建设我们的党……这个问题，考察一下我们党的历史，就会懂得；把党的建设问题同统一战线问题、同武装斗争问题联系起来看一下。"[1]从规范层面说，在萌芽期，党的建设主要包括三个层面的问题：一是党的组织网络在中国社会的延伸、覆盖的问题，也即毛泽东所说的要将党建成"全国范围内的、广大群众性的"政党；二是对党组织中部分成员进行价值灌输与思想改造的问题；三是

---

[1] 《毛泽东选集》第 2 卷，人民出版社 1991 年版，第 613—614 页。

严明纲纪，强调党的组织纪律的问题。萌芽时期，中国共产党在这三个方面的着力，塑造了强大的组织能力，从而为革命的顺利推进提供了强大的组织保障。

一、建立组织网络

在革命初期，中国共产党的一个非常重要的任务就是要扩大自己阶级队伍、建立组织网络，只有将党建设成为一个扎根中国基层社会、能反映群众利益诉求的政党，也就是将党建成一个能影响全国的"广大群众性"的政党，才能吸纳和动员更多的民众参与到革命的洪流中去。"在大产业的工人里扩大我们的党，是现时的根本职任之一。"[①]中共四大进一步提出，"组织问题为吾党生存和发展之一个最重要的问题"，并决定设立中央组织部；"为着吸收工人和贫民一般的革命分子入党起见"，大会决定"有三人以上既可组织支部"；[②]为了"在群众中巩固我们党的势力"，"对于革命的工人、学生、农民，免除入党手续上的繁重形式，工人农民候补期一月，智识分子三个月"；不仅如此，我们党也注意在社会团体中延伸自身的组织网络，即强调"在一切工人组织、农民协会及革命的智识阶级团体里，组织我们的支部和党团"[③]。为了保证吸纳新党员和构建组织网络的有效性，这就要求党组织及其行动者要同广大民众的实际需求相贯通，以满足他们的利益诉求。1924 年，恽代英在《农村运动》一文中指出："研究宣传农民最合当的材料——详细而切实的研究农民真正的痛苦与要求，以谋发现农村运动最有力的口号。""去结交农民！去团结农民！去教育农民！而且最

---

① 《党内组织及宣传教育问题议决案》（1924 年 5 月），《建党以来重要文献选编（1921—1949）》第二册，中央文献出版社 2011 年版，第 73 页。

② 《对于组织问题之议决案》（1925 年 1 月），《建党以来重要文献选编（1921—1949）》第二册，中央文献出版社 2011 年版，第 258—260 页。

③ 《组织问题议决案》（1925 年 10 月），《建党以来重要文献选编（1921—1949）》第二册，中央文献出版社 2011 年版，第 524 页。

重要的去研究农民！这是中国革命最重要而且必要的预备！"[①]1927 年 4 月，毛泽东在土地委员会第一次扩大会议上的发言指出："要增加生力军保护革命，非解决土地问题不可。其作用，在解决土地问题后即能够解决财政问题及兵士问题。兵士能否永久参加革命，亦即在土地问题解决，因农民要保护他们的土地，必须勇敢作战。"[②]只有解决了当时农民最关切的利益诉求，即土地问题，只有找寻到农民的苦痛与诉求，党的宣传动员活动才能有效，其在基层才能有稳固的社会基础，其权威性影响力才能不断扩散。政党规模的扩大、组织网络的延伸甚至是军队的扩充及其战斗力问题都与此密切相连。抓住民众的真正需求并采取切实有效的行动予以回应，这是中国共产党在大革命时期践行马克思主义政党"以人民为中心"的价值属性的具体行动，具有跨越时空的意义，影响至今。

二、党内的价值整合

对党员进行教育和思想改造，就是用共产主义信仰、无产阶级思想来激发党员、红军战士为广大中国人民谋幸福奋斗的内在动力，从而超越狭隘的个人利益、团体利益和阶级利益。之所以要对党员进行思想上的引领与改造，这与党内的阶级构成有关，即党内有不少人来自非无产阶级，其思想难免会受到资产阶级、小资产阶级和小农思想的影响。"中国共产党是无产阶级的政党。无产阶级里头出了那样一部分比较先进的人，组织成一个政治性质的团体，叫共产党。共产党里当然还有别的成分，有别的阶级如农民、小资产阶级出身的人，有别的阶级出身的知识分子。但出身是一回事，进党又是一回事，出身是非无产阶级，进党后是无产阶级，他的思想、他的行为要变成无产阶级的。"[③]将其思

[①]　恽代英：《农村运动》，《建党以来重要文献选编（1921—1949）》第二册，中央文献出版社 2011 年版，第 91 页。

[②]　《毛泽东文集》第 1 卷，人民出版社 1993 年版，第 43 页。

[③]　《毛泽东文集》第 3 卷，人民出版社 1996 年版，第 305—306 页。

想变为无产阶级的，就是毛泽东所说的给他们"以无产阶级的思想领导"[1]。通过党内组织生活、组织建设，将马克思主义的思想元素注入党组织成员的头脑中，抑制或消除了党内的非无产阶级思想，也在党内完成了以马克思主义思想为统领的思想动员与价值整合，从而为后面有效的革命的集体行动奠定了思想基础。

三、严明纲纪

马克思主义经典作家非常强调组织纪律和制度规范对政党发展、政党战斗力建设的重要作用。1859 年 5 月 18 日，马克思在致恩格斯的信中明确指出："我们现在必须绝对保持党的纪律，否则将一事无成。"[2] 恩格斯也认为，在无产阶级革命斗争中，"胜利的首要条件是严格遵守法律，而一切革命的高调和喧嚷都不可避免地会导致失败。这种纪律是一个有成效的和坚强的组织的首要条件，是资产阶级最害怕的"[3]。列宁在论述布尔什维克成功的基本条件时指出："如果我们党没有极严格的真正铁的纪律，如果我们党没有得到整个工人阶级全心全意的拥护，……那么布尔什维克别说把政权保持两年半，就是两个半月也保持不住。""无产阶级实现无条件集中和极严格的纪律，是战胜资产阶级的基本条件之一。"[4] 中国共产党从成立之日起就遵照无产阶级政党的建党原则，始终坚持以民主集中制为根本组织制度和领导制度，坚持用严格的纪律和规矩立党。1920 年 9 月，蔡和森在建党前夕写给毛泽东的信中，首次提出"党的纪律为铁

---

[1] 《毛泽东选集》第 1 卷，人民出版社 1991 年版，第 77 页。

[2] 《马克思恩格斯全集》第 29 卷，人民出版社 1972 年版，第 413 页。

[3] 《马克思恩格斯全集》第 29 卷，人民出版社 1972 年版，第 540 页。在另一个地方，恩格斯也强调了组织纪律之于党组织战斗力的重要性："没有任何党的纪律，没有任何力量在一点的集中，没有任何斗争的武器，那末未来社会的原型会变成什么呢？简而言之，我们采用这种新的组织会得到什么呢？会得到个早期基督徒那样的萎缩胆怯的而又阿谀奉承的组织。"见《马克思恩格斯全集》第 17 卷，人民出版社 1963 年版，第 519 页。

[4] 《列宁选集》第 4 卷，人民出版社 1995 年版，第 134—135 页。

的纪律，必如此才能养成少数极觉悟极有组织的分子，适应战争时代及担负偌大的改造事业"[①]。强调党的组织纪律，这是马克思主义政党同西方松散的选举意义的政党相比的又一重大差异，而之所以如此，是由马克思主义政党的本质属性所决定的。无论是在以推翻政权为主要任务的革命年代，还是在执政国家政权的建设时期，新型政党都以维护最大多数人的利益为最终目标，而要完成这一任务，就离不开对自身以及社会的高度动员与组织，要求把党组织建成坚强的"战斗堡垒"。而在提升自身的战斗力、组织力的过程中，需要严格的组织纪律：一方面通过思想建设、组织建设等纯洁党员队伍，来激发党组织成员为理想、目标奋斗的内在动力；另一方面需要通过制度规范，理顺组织间关系，规范党员行为，以形成有利于党组织目标实现的有效的集体行动，从而提升党组织的执行力。

总之，中国共产党在萌芽期的探索，无论是把握现实，还是引入马列主义、构建统一战线，抑或是加强党的建设，这些都构成了党治国理政思想的基础性要素：把握现实，蕴含了党治国理政过程中实事求是的基因，无论是革命、建设与改革，都要找寻到当时中国的"时代之问"，都要找准中国的真正问题，并要在把握客观规律的基础上引领国家与社会的发展；引入马列主义，并根据时代、社会的变迁不断推进马克思主义中国化，形成指导中国治国理政实践的有效的理论武器；构建统一战线，针对革命、建设和改革的不同时代命题，通过整合社会、搭建合作平台和推动有序参与等来形成推进事业发展的有效的集体行动；加强党的建设，不断加强党自身的组织力建设，为治国理政提供坚实的政治保障。中国共产党在萌芽时期的这些探索与实践，具有超越时空的意义，时代的变迁、问题的置换会导致具体政策和行动策略的改变，但遮蔽不了这些基础性要素所蕴含的价值理性的光芒。

---

① 蔡和森：《蔡和森关于中国革命问题给毛泽东的两封信》，《建党以来重要文献选编（1921—1949）》第一册，中央文献出版社 2011 年版，第 458 页。

第三章　奠基期（1927—1978年）

中共十九大通过的《中国共产党章程（修正案）》明确指出："以毛泽东同志为主要代表的中国共产党人，把马克思列宁主义的基本原理同中国革命的具体实践结合起来，创立了毛泽东思想。毛泽东思想是马克思列宁主义在中国的运用和发展，是被实践证明了的关于中国革命和建设的正确的理论原则和经验总结，是中国共产党集体智慧的结晶。在毛泽东思想指引下，中国共产党领导全国各族人民，经过长期的反对帝国主义、封建主义、官僚资本主义的革命斗争，取得了新民主主义革命的胜利，建立了人民民主专政的中华人民共和国；新中国成立以后，顺利地进行了社会主义改造，完成了从新民主主义到社会主义的过渡，确立了社会主义基本制度，发展了社会主义的经济、政治和文化。"毛泽东思想是一个完整的科学思想体系，在新民主主义革命、社会主义革命和社会主义建设、革命军队的建设和军事战略、党的建设和思想政治工作、群众路线和群众工作、人民民主专政新型国家建设和治理、党和政府工作的政策和策略等方面，以独创性的理论丰富和发展了马克思列宁主义。毛泽东思想的活的灵魂，是贯穿于这一科学体系各个方面的立场、观点和方法。毛泽东思想成功指导实现了中国最深刻最伟大的社会变革，为当代中国一切发展进步奠定了根本政治前提和制度基础，为新的历史时期开创中国特色社会主义提供了宝贵经验、理论准备与物质基础。毛泽东的国家治理思想是毛泽东思想的重要组成部分，继承于马克思、恩格斯、列宁的国家治理思想，是与中国实际相结合的国家治理思想，是从开辟井冈山根据地到建立新中国、从新民主主义革命胜利到社会主义基本制度确立这一段宏伟的历史进程中不断探索发展、不断完善壮大起来的具有中国特色的独创性理论成果。

从历史演进来看，毛泽东国家治理思想经过了中华苏维埃共和国时期的孕育，到陕甘宁边区政府时期的探索，到新中国成立后从新民主主义向社会主义转变的过渡时期的发展，再到 1956 年社会主义改造基本结束后的完善，为新的历史时期在中国推进国家治理体系和治理能力的现代化提供了基础的理论框架参考和丰富的经验借鉴。

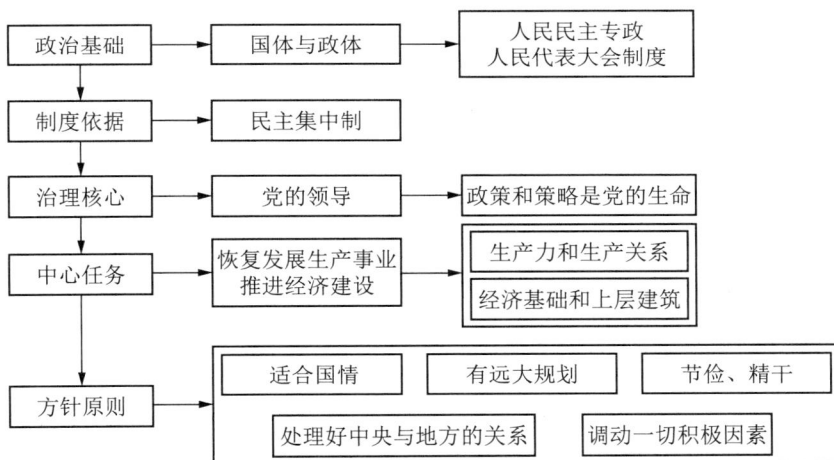

图 3.1 奠基期党的治国理政思想逻辑图

本章将从政治基础、制度依据、治理核心、中心任务和方针原则五个方面，分别就国体与政体、民主集中制、人民民主专政、党是领导核心、政策和策略是党的生命、恢复发展生产事业推进经济建设、处理好生产力和生产关系及经济基础和上层建筑辩证关系、适合国情、有远大规划、节俭与精干、处理好中央与地方的关系、调动一切积极因素十二个核心问题对于毛泽东国家治理思想进行学理上的深入探讨，意图以发展的观点来阐述毛泽东国家治理思想的内涵与要义。

第一节　国体与政体的基本涵义

马克思主义关于国家管理和治理的一个重要观点是：国家政权是政治的核心问题。中国共产党自诞生之日起领导人民群众进行 28 年的浴血奋斗，就是为了建立一个人民民主的国家政权。这里涉及国家政权的实质内容和基本形式问题，即国体与政体诸方面的问题，这也是毛泽东关于国家治理思想的核心内容。

毛泽东在《新民主主义论》一文中指出，"国体"问题实质上就是社会各阶级在国家中的地位问题。"国体——各革命阶级联合专政。政体——民主集中制。这就是新民主主义的政治，这就是新民主主义的共和国，这就是抗日统一战线的共和国。"① 毛泽东认为，"新民主主义共和国"是在一定历史阶段中所采取的过渡模式，确切地说是由半殖民地半封建社会向社会主义社会转变的过渡的国家形式，但又是一个不可移易的必要的形式，并且在一个长时段里对我们是完全必要和完全合理的。

在 1945 年中共七大上，毛泽东又对新民主主义的政治作了进一步阐述：新民主主义的政权组织，应该采取民主集中制，由各级人民代表大会决定大政方针，选举政府。这是一个真正适合中国人口中最大多数要求的国家制度。在这里可以看到，毛泽东已经开始注意将政体的内涵表述从"民主集中制"过渡到"各级人民代表大会"。

1948 年 9 月，毛泽东在中央政治局会议的报告中提出，以后"要建立无产阶级领导的以工农联盟为基础的人民民主专政"，并说"我们政权的阶级性是这

---

① 《毛泽东选集》第 2 卷，人民出版社 1991 年版，第 677 页。

样：无产阶级领导的，以工农联盟为基础，但不是仅仅工农，还有资产阶级民主分子参加的人民民主专政"。毛泽东第一次明确提出新中国的国体是"无产阶级领导的以工农联盟为基础的人民民主专政"①。同时，还明确界定政权的内涵是国家的权力；各阶级或社会集团的政治活动，归根结底都是为了实现和维护自身的根本利益，而实现和维护自身根本利益的关键在于掌握国家政权。

在谈到政体问题时，毛泽东认为："那是指的政权构成的形式问题，指的一定的社会阶级取何种形式去组织那反对敌人保护自己的政权机关。没有适当形式的政权机关，就不能代表国家。中国可以采取全国人民代表大会、省人民代表大会、县人民代表大会、区人民代表大会直到乡人民代表大会的系统，并由各级代表大会选举政府。但必须实行无男女、信仰、财产、教育等差别的真正普遍平等的选举制，才能适合于各革命阶级在国家中的地位，适合于表现民意和指挥革命斗争，适合于新民主主义的精神。这种制度即是民主集中制。"②

"无产阶级领导的以工农联盟为基础的人民民主专政，要求我们党去认真地团结全体工人阶级、全体农民阶级和广大的革命知识分子，这些是这个专政的领导力量和基础力量。……同时也要求我们党去团结尽可能多的能够同我们合作的城市小资产阶级和民族资产阶级的代表人物，它们的知识分子和政治派别，以便在革命时期使反革命势力陷于孤立，彻底地打倒国内的反革命势力和帝国主义势力。"③

1949 年 6 月 30 日，毛泽东关于构建新中国"四梁八柱"基本政治框架问题的奠基之作《论人民民主专政》一文正式发表。毛泽东在文中总结了中国共产党领导的无产阶级革命的政治公式、主要经验和主要纲领："总结我们的经验，集中到一点，就是工人阶级（经过共产党）领导的以工农联盟为基础的人

---

① 《毛泽东文集》第 5 卷，人民出版社 1996 年版，第 135 页。
② 《毛泽东选集》第 2 卷，人民出版社 1991 年版，第 677 页。
③ 《毛泽东选集》第 4 卷，人民出版社 1991 年版，第 1436—1437 页。

民民主专政。这个专政必须和国际革命力量团结一致。这就是我们的公式，这就是我们的主要经验，这就是我们的主要纲领。"①

1954 年 9 月 15 日，第一届全国人民代表大会制定并通过了《中华人民共和国宪法》，确立了我国的国体是人民民主专政的社会主义国家。2018 年修正的《宪法》第一条规定：中华人民共和国是工人阶级领导的、以工农联盟为基础的人民民主专政的社会主义国家。社会主义制度是中华人民共和国的根本制度。中国共产党领导是中国特色社会主义最本质的特征。禁止任何组织或者个人破坏社会主义制度。

综上所述，毛泽东在抗日战争时期萌发的关于新中国国体和政体的理念，经过解放战争时期的深邃思考和探索，逐渐形成了成熟、明确的思想理论，即新中国的国体是工人阶级（经过共产党）领导的以工农联盟为基础的人民民主专政。新中国的政体是各级人民代表大会。毛泽东还阐析了这一全新的国体和政体的作用在于"把在人民内部实行民主和对反动派实行专政这两者有机结合起来"。"毛泽东从当时中国的实际出发，创造性地发展了马列主义关于无产阶级专政的国家学说，提出了异于资产阶级专政和无产阶级专政的形式，即采取几个阶级联合专政的形式，为的是团结一切力量建设社会主义，同时不放弃专政，对破坏社会主义事业的敌对分子进行打击。"②

第二节　民主集中制是新中国国家治理的制度依据

新民主主义的政权组织实行民主集中制，这是一种"在民主基础上的集中，

---

① 《毛泽东选集》第 4 卷，人民出版社 1991 年版，第 1480 页。

② 谢思熠：《社会主义建设初期毛泽东国家治理思想探析》，《佳木斯大学社会科学学报》，2017 年第 3 期。

在集中指导下的民主"。人民代表大会制度的政体形成方式、体制机制的运行模式，以民主集中制为根本原则和核心要义。

一、民主集中制是根本组织制度和原则

毛泽东对新中国的国体和政体的组织形式、组织原则、制度与治理模式也进行了深度探索和论析。他认为："只有民主集中制的政府，才能充分地发挥一切革命人民的意志，也才能最有力量地去反对革命的敌人。'非少数人所得而私'的精神，必须表现在政府和军队的组成中，如果没有真正的民主制度，就不能达到这个目的，就叫做政体和国体不相适应。"[①] "新民主主义的政权组织，应该采取民主集中制，由各级人民代表大会决定大政方针，选举政府。它是民主的，又是集中的，就是说，在民主基础上的集中，在集中指导下的民主。只有这个制度，才既能表现广泛的民主，使各级人民代表大会有高度的权力；又能集中处理国事，使各级政府能集中地处理被各级人民代表大会所委托的一切事务，并保障人民的一切必要的民主活动。"[②]

二、民主和集中的辩证统一

民主集中制本身是寓含着民主和集中两方面辩证统一的制度与治理模式。毛泽东认为，在社会主义国家的治理活动中，不能没有民主，也不能没有集中。没有民主，不可能有正确的集中，因为意见分歧、众说纷纭，认识不统一，集中制就建立不起来。所谓集中，首先是要集中正确的意见。在集中正确意见的基础上，做到统一认识，统一政策，统一计划，统一指挥，统一行动，这就是集中统一。没有民主，就不可能正确地总结经验。没有民主，意见不是从群众

[①] 《毛泽东选集》第 2 卷，人民出版社 1991 年版，第 677 页。

[②] 《毛泽东选集》第 3 卷，人民出版社 1991 年版，第 1057 页。

中来，就不可能制定出好的路线、方针、政策和办法。①

1962 年，毛泽东在扩大的中央工作会议上进一步论析了民主和集中之间的有机统一关系。他指出，如果不充分发扬人民民主和党内民主，不充分实行无产阶级的民主制，就不可能有真正的无产阶级的集中制。没有高度的民主，不可能有高度的集中，而没有高度的集中，就不可能建立社会主义经济。②

第三节　人民民主专政的基本要义和基本任务

新中国的国体是人民民主专政，是工人阶级领导的，以工农联盟为基础的人民民主政权，坚持对人民民主和对敌专政相统一。人民民主专政理论既全面继承马克思主义关于无产阶级专政的学说，又是中国共产党根据中国实际所创造的一种新型的专政形式。

一、人民民主专政国家性质的首要标志和阶级基础

毛泽东在《论人民民主专政》一文中论证了在中国建立人民民主专政的历史必然性，阐明了人民民主专政的基本任务、民主和专政的关系以及各阶级在人民民主专政政权中的地位等问题，系统地形成了人民民主专政的理论，揭示了国家和社会之间关系的秘密。人民民主专政是工人阶级领导的，以工农联盟为基础的人民民主政权。毛泽东明确指出，在中国，在现阶段，人民是指工人阶级、农民阶级、城市小资产阶级和民族资产阶级。这些阶级在工人阶级和共产党领导之下，团结起来组成自己的国家，选举自己的政府，向着帝国主义的

---

① 《毛泽东文集》第 8 卷，人民出版社 1996 年版，第 294 页。
② 《毛泽东文集》第 8 卷，人民出版社 1996 年版，第 296—297 页。

走狗即地主阶级和官僚资产阶级以及代表这些阶级的国民党反动派及其帮凶们实行专政。工人阶级的领导是我国人民民主专政国家性质的首要标志。工农联盟是我国人民民主专政国家政权的阶级基础。人民民主专政具有极为广泛的社会基础。

二、人民民主专政是民主和专政的统一

人民民主专政是人民民主和对敌专政的统一。我国人民民主专政的最大特点，就在于它是占全国人口绝大多数的人民掌握国家政权，在人民内部实行民主；对极少数敌视和破坏社会主义事业的敌对分子实行专政。人民民主专政的本质是人民当家作主。国家一切权力属于人民，全体人民都是国家和社会的主人，他们平等地享有管理国家和社会事务的权利。我们的这个社会主义的民主是任何资产阶级国家所不可比拟的最广大的民主。

民主和专政是人民民主专政本身所具有的两方面职能。表面上看这两种职能似乎是对立的，而实际上却是辩证统一、不可分离的，两者是同一问题的两个方面。"对人民内部的民主方面和对反动派的专政方面，互相结合起来，就是人民民主专政。"①

人民民主专政的国家政权，对人民内部的各个阶级和阶层实行广泛的民主。人民享有言论、集会、结社、选举等各项政治权利。在人民内部按民主原则办事，实行民主集中制。对人民内部的问题只能用民主的说服方法加以解决，而不是强迫的方法。在人民内部实行民主制度，是由工人阶级团结全体有公民权的人民，首先是农民，向着反动阶级、反动派和反抗社会主义改造和社会主义建设的分子实行专政。所谓公民权，在政治方面来说就是有自由和民主的权利。但这不是无政府状态下的民主和自由，这个自由是有领导的自由，这个民主是

① 《毛泽东选集》第 4 卷，人民出版社 1991 年版，第 1475 页。

集中指导下的民主，无政府状态不符合人民的利益和愿望。人民犯了法就要受处罚，也要坐班房。但这是若干个别的情形，和对于反动阶级当作一个阶级的专政来说，有原则的区别。在这个国家中，各个阶级之间仍然是有矛盾的，有一些不同的要求，例如劳资之间的矛盾，就是显著的一种。但这种矛盾和不同的要求，可以获得调解。在整个新民主主义阶段上，不会也不应该使之发展到超过共同要求之上。

对于人民的敌人，对于反动阶级，人民民主专政的国家政权则实行专政。这就是剥夺他们的民主自由权利，只许他们规规矩矩，不许他们乱说乱动。如果乱说乱动，立即取缔，予以制裁。这是巩固国家政权的需要，也是保护人民利益的需要。"对于胜利了的人民，这是如同布帛菽粟一样地不可以须臾离开的东西。这是一个很好的东西，是一个护身的法宝，是一个传家的法宝，直到国外的帝国主义和国内的阶级被彻底地干净地消灭之日，这个法宝是万万不可以弃置不用的。"[1]

毛泽东在中国共产党第七届中央委员会第二次全体会议上作报告时强调，我们实行的是在无产阶级领导下的以工农联盟为基础的人民民主专政，这就要求中国共产党必须认真地团结全体工人阶级、农民阶级和广大的革命知识分子，认识到他们是人民民主专政的领导力量和基础力量。党必须清醒了解缺少了这种团结，人民民主专政就得不到巩固。党必须认真地团结尽可能多的能够同我们党合作的城市小资产阶级和民族资产阶级的代表人物，尤其是知识分子和政治派别，这样才能"在革命时期使反革命势力陷于孤立，彻底地打倒国内的反革命势力和帝国主义势力；在革命胜利以后，迅速地恢复和发展生产，对付国外的帝国主义，使中国稳步地由农业国转变为工业国，把中国建设成一个伟大的社会主义国家"[2]。

---

① 《毛泽东选集》第4卷，人民出版社1991年版，第1502—1503页。

② 《毛泽东选集》第4卷，人民出版社1991年版，第1437页。

只有实行了人民民主专政，人民的国家才能更好地保护自己的人民。有了人民的国家，人民也才有可能在全国范围内和全体规模上，用民主的方法教育自己和改造自己，改造那些从旧社会得来的坏习惯和坏思想，使自己脱离内外反动派的影响。通常来说，这种影响将会长期存在，无法被很快地消灭；通过教育和改造，人民将避免走入反动派指引的错误道路上去，并继续沿着正确的方向，向着社会主义社会和共产主义社会前进。

关于人民民主专政依靠力量的问题，毛泽东经过长期的调查研究和认真深入的分析思考，明确提出了人民民主专政的基础是工人阶级、农民阶级和城市小资产阶级的联盟，而主要是工人和农民的联盟的观点，不仅仅因为工人阶级和农民阶级占了当时中国人口的百分之八十到九十，也因为他深刻认识到"推翻帝国主义和国民党反动派，主要是这两个阶级的力量。由新民主主义到社会主义，主要依靠这两个阶级的联盟"[1]。

毛泽东指出，人民民主专政必须要置于工人阶级的领导之下。革命实践证明，在帝国主义时代，任何国家的其他任何阶级，都无法领导任何真正的革命取得成功；在中国，小资产阶级和民族资产阶级曾经多次领导过革命，但结果都失败了。"因为只有工人阶级最有远见，大公无私，最富于革命的彻底性。整个革命历史证明，没有工人阶级的领导，革命就要失败，有了工人阶级的领导，革命就胜利了。"[2]

三、人民民主专政的基本任务

我国实行的是工人阶级领导的以工农联盟为基础的人民民主专政。毛泽东在《论人民民主专政》一文中阐明了人民民主专政的基本任务。除了对内镇压敌对阶级的反抗，对外抵御敌人的侵略，用民主的方法教育人民，实现向社会

---

① 《毛泽东选集》第 4 卷，人民出版社 1991 年版，第 1478—1479 页。
② 《毛泽东选集》第 4 卷，人民出版社 1991 年版，第 1479 页。

主义的过渡以外，毛泽东还指出，人民民主专政的国家必须有步骤地解决国家工业化的问题，使中国有可能在工人阶级和共产党的领导之下稳步地由农业国进到工业国。这就明确了人民民主专政的政权必须重视发展社会生产力的思想。

人民民主专政理论，全面继承了马克思关于无产阶级专政的学说，但又是中国共产党根据中国实际所创造的一种新型的专政形式。与无产阶级专政相比，两者既有相同之处，又有很大的不同。其相同之处主要是：都是由无产阶级领导的，强调以工农联盟为基础。不同之处主要有以下两点。第一，人民民主的范围不同。在无产阶级专政条件下，人民不包括资产阶级。在人民民主专政条件下，人民不仅包括工人阶级、农民阶级、小资产阶级，而且包括民族资产阶级。第二，专政的对象不同。在无产阶级专政条件下，资产阶级是专政的对象。在人民民主专政条件下，专政的对象是反动派或敌人，民族资产阶级不是专政的对象。即使在社会主义改造中，资本主义工商业已经成了改造的对象，民族资产阶级仍然是人民。消灭资产阶级是把资产阶级分子改造成为自食其力的劳动者。这个理论的提出，为以后革命性质的转变、社会治理的现代化留下了广阔的余地。"同旧政权相比，正是由于新中国打倒了土豪劣绅、买办资本、官僚资本等利益集团，才有可能在农村实现土地革命，在城乡实现生产资料公有制，构建了一个比较公平的社会基础，从而为真正的'民众的大联合'奠定前提。这个原理具有普遍性，一切走上社会主义道路的发展中国家，都应如此。"①

毛泽东认为人民民主专政有两大作用。第一个作用，就是压迫国内的反动阶级、反动派和反抗社会主义革命的剥削者，以及那些对于社会主义建设的破坏者，就是为了解决国家内部敌我之间的矛盾。第二个作用，就是防御国家外部敌人的颠覆活动和可能的侵略，在出现这种情况时，人民民主专政就担负着对外解决敌我之间矛盾的任务。毛泽东指出，人民民主专政的目的是为了保卫

---

① 江宇：《国家治理的中国道路：毛泽东的探索》，《马克思主义研究》，2016 年第 7 期。

全体人民进行和平劳动，是为了将我国建设成为一个具有现代工业、现代农业和现代科学文化的社会主义国家。毛泽东强调，人民民主专政必须掌握在工人阶级和其领导下的人民手中，专政的制度不适用于人民内部。人民自己不能向自己专政，不能由一部分人民去压迫另一部分人民。人民中间的犯法分子要受到法律的制裁，但是，这和对压迫人民的敌人的专政是有原则区别的。在人民内部实行的是民主集中制，对此我国的宪法有明确的规定：中华人民共和国公民有言论、出版、集会、结社、游行、示威、宗教信仰等等自由；国家机关实行民主集中制，国家机关必须依靠人民群众，国家机关工作人员必须为人民服务。

第四节　党是领导核心

中国共产党是领导中国人民推进实现民族复兴、人民幸福伟大事业的坚强核心与中流砥柱。党政军民学、东西南北中，党是领导一切的。

一、领导我们事业的核心力量是中国共产党

1954 年，毛泽东在第一届全国人民代表大会上庄严宣告：“领导我们事业的核心力量是中国共产党。”[1] 无论是在战争年代，还是和平时期，毛泽东始终坚持和发展这一重大政治论断，而中国革命的实践发展历程也一次又一次地验证了这个论断的正确性，从 1927 年毛泽东率领秋收起义部队到达江西省永新县三湾村进行改编，首次提出“支部建在连上”，到 1962 年毛泽东在扩大的中央工作会议上讲话时强调“工、农、商、学、兵、政、党这七个方面，党是领导

---

① 《毛泽东文集》第 6 卷，人民出版社 1999 年版，第 350 页。

一切的"①。

中国共产党之所以能够成为领导核心，就在于没有中国共产党的长期不懈努力，没有中国共产党人做中国人民的中流砥柱，中国的独立和解放就不可能实现，中国的现代化建设也就不可能取得成功。"铁肩担道义"，为民谋福祉。通过中国近现代历史发展的轨迹，我们可以清晰地看到，要彻底地取得中国新民主主义革命和社会主义革命这样两个伟大革命的胜利，除了中国共产党以外，是没有任何一个别的政党能够承担得了这个领导职责的。中国共产党自建党的第一天起，就把这样的重担放在自己的双肩之上。

中国共产党之所以能够成为领导核心，还在于全党上下具有强大的组织力、凝聚力和战斗力。党的最高权力在中央，全党都要同中央保持一致，都应坚决服从中央，自觉维护中央权威。1945年毛泽东在中共七大预备会议上作报告时特别强调："一个队伍经常是不大整齐的，所以就要常常喊看齐，向左看齐，向右看齐，向中看齐。我们要向中央基准看齐，向大会基准看齐。看齐是原则，有偏差是实际生活，有了偏差，就喊看齐。"②

二、党是领导一切的

毛泽东指出："领导的阶级和政党，要实现自己对于被领导的阶级、阶层、政党和人民团体的领导，必须具备两个条件：（甲）率领被领导者（同盟者）向着共同敌人作坚决的斗争，并取得胜利；（乙）对被领导者给以物质福利，至少不损害其利益，同时对被领导者给以政治教育。没有这两个条件或两个条件缺一，就不能实现领导。"③毛泽东认为，所谓领导权，不是一天到晚作为口号去高喊的，也不是盛气凌人地要别人来服从我们，而是以党的正确政策和自己的

---

① 《毛泽东文集》第 8 卷，人民出版社 1996 年版，第 305 页。
② 《毛泽东文集》第 3 卷，人民出版社 1996 年版，第 297—298 页。
③ 《毛泽东选集》第 4 卷，人民出版社 1991 年版，第 1273 页。

模范工作，说服和教育党外人士，使他们愿意接受我们的建议，愿意接受我们的领导。长期以来，正是秉持这样的理念，中国共产党才能把自身的命运与中国人民和中华民族的命运牢牢联系在一起，才能在敌人的重重压迫之下，锻炼自己的能力，壮大自己的力量，树立自己的威信，才能团结带领全国人民经过艰苦卓绝的斗争，打败了日本帝国主义，推翻了国民党反动统治，完成了新民主主义革命，建立了新中国。没有共产党就没有新中国，中国人民之所以在波诡云谲的历史发展进程中选择了共产党，是因为只有共产党才有志向、才有能力领导人民推翻三座大山和实现当家作主，共产党是全心全意为民族、为人民谋利益的政党，本身决无私利可图，它来自人民，又完全扎根于人民，服务于人民，从不高高在上，它自觉接受人民的监督，从不违背人民的意旨。

中国共产党的领导地位，是中国人民在近代以来民族危机空前深重、社会发展沧桑巨变的进程中产生历史觉醒的基础上所作出的必然选择。正是基于这种深刻的体认，也是基于党领导人民胼手胝足、艰苦奋斗所取得历史性的伟大成就，1955 年 7 月 31 日，毛泽东在中共中央召集的省委、市委、自治区党委书记会议上明确强调，"我们必须相信：（1）广大农民是愿意在党的领导下逐步地走上社会主义道路的；（2）党是能够领导农民走上社会主义道路的"①。

新中国建立之初，毛泽东对于党的核心领导地位的坚持，在巩固党的执政地位、促进社会安定团结以及推动党和国家各项事业的顺利开展等方面发挥了极其重要的作用，也为当下中国推进国家治理体系和治理能力现代化工作提供了宝贵经验和重要启示。在国家治理体系中，必须始终坚持中国共产党是全中国人民的领导核心，是实现国家有效治理的中流砥柱这一根本原则，在工业、农业、商业、文化、教育、军队和政府等各个领域、各个方面都必须自觉坚持党的领导。必须清醒认识到，没有中国共产党这样一个核心，我们的事业就不能取得胜利。

---

① 《毛泽东文集》第 6 卷，人民出版社 1999 年版，第 430—431 页。

当前，我们应充分认识到：坚持党的全面领导是推进国家治理现代化的核心要义与政治前提，也是实现国家治理体系和治理能力现代化的根本保证。党的领导是中国特色社会主义最本质的特征，是中国特色社会主义制度的最大优势，党是最高政治领导力量。必须坚持党政军民学、东西南北中，党是领导一切的，坚决维护党中央权威，健全总揽全局、协调各方的党的领导制度体系，把党的领导落实到国家治理各领域各方面各环节。中国国家治理现代化不是以发达资本主义国家现代化为模本，而是在党的领导下、在不断完善和发展中国特色社会主义制度的前提下，积极推进国家治理体系和治理能力现代化。

在国家治理现代化进程中，唯有坚持党的全面领导才能形成统一的认识、统一的意志、统一的部署，统筹各方面工作、协调各种利益、理顺重大关系，防止出现碎片化、短期行为、政出多门以及部门主义和地方主义的问题，有效应对重大挑战、抵御重大风险、克服重大阻力、解决重大矛盾；唯有健全党的全面领导制度，完善党领导人大、政府、政协、监察机关、审判机关、检察机关、武装力量、人民团体、企事业单位、基层群众自治组织、社会组织等制度，健全各级党委（党组）工作制度，确保党在各种组织中发挥好总揽全局、协调各方的领导核心作用。完善党领导各项事业的具体制度，把党的领导落实到统筹推进"五位一体"总体布局、协调推进"四个全面"战略布局各方面。完善党和国家机构职能体系，把党的领导贯彻到党和国家所有机构履行职责全过程，推动各方面协调行动、增强合力。

第五节　政策和策略是党的生命

政策和策略是党领导革命、建设和国家治理的根本方式，系乎我们党和国家事业的盛衰成败。毛泽东认为，"政策和策略是党的生命，各级领导同志务必充分注意，万万不可粗心大意"①。毛泽东这一思想论断，是针对 1948 年党的土地改革工作中"左"的错误倾向越来越严重的情况，通过在党内开展政策检讨，再经过深入调查研究和理论探索得出来的，他深刻揭示了政治就是"把自己的人搞得多多的，把敌人的人搞得少少的"，而政策问题的核心就是"扩大团结面、缩小打击面"。1960 年，毛泽东在接见来访的阿尔及利亚临时政府总理弗尔哈特·阿巴斯时谈道："我们打了二十二年，曾经吃过大败仗，三十万军队剩下了二万多，后来转变了，这主要是个政策问题，与其说我们打的是军事战，还不如说打的是政治战。因而，注意政策问题很必要。"②

一、政策是革命政党一切实际行动的出发点

毛泽东认为，共产党的基本任务"就在于了解情况和掌握政策两件大事，前一件事就是所谓认识世界，后一件事就是所谓改造世界"③。

马克思主义国家学说认为，政策是革命政党一切实际行动的出发点，并且表现于行动的过程和归宿。一个革命政党的任何行动都是实行政策，不是实行正确的政策，就是实行错误的政策；不是自觉的实行某种政策，就是盲目的实行某种政策。因而正确的政策和策略，是我们的事业取得胜利的根本保证。

1941 年 11 月，毛泽东在陕甘宁边区参议会上发表演说时指出："所有这些，都是为了团结全国人民合力抗日。这样的政策我们叫做新民主主义的政策。这是真正适合现在中国国情的政策。我们希望不但在陕甘宁边区实行，不但在敌后各抗日根据地实行，并且在全国也实行起来。"④

在革命战争年代，以毛泽东同志为核心的党中央高度关注各野战军、各军

---

① 《毛泽东选集》第 4 卷，人民出版社 1991 年版，第 1298 页。
② 《毛泽东著作专题摘编》（下），中央文献出版社 2003 年版，第 1704 页。
③ 《毛泽东选集》第 3 卷，人民出版社 1991 年版，第 802 页。
④ 《毛泽东选集》第 3 卷，人民出版社 1991 年版，第 808 页。

区领导是否抓紧推行党的政策与策略的工作。如果没有抓紧或抓而不紧，则必须从前敌委员会与军区领导层方面加以检讨。"须知政策与策略，是我党我军的生命。不注重政策与策略的教育，不使这种教育贯彻到底，使全体指战员充分明了，不加检查，让单纯军事观点占了统治地位，不尖锐全面彻底地反对单纯军事观点，向这种错误观点让步妥协或者隐瞒这些现象不向前委或军区反映，而前委或军区则不向或少向中央反映，只将战绩向上级及中央反映，如果是这样，那就是不对的，是离开了或多少离开了党的路线的，必须认为是极端严重的现象，应当立即加以检讨。"[①]

我们党对中国革命的总路线和总政策作了明确的规定，又对各项具体工作路线和各项具体政策作了详细的规定。但是在实际工作中，许多同志往往只记住具体的个别的工作路线和政策，忘记了总路线和总政策。而如果真正忘记了我们党的总路线和总政策，"我们就将是一个盲目的不完全的不清醒的革命者，在我们执行具体工作路线和具体政策的时候，就会迷失方向，就会左右摇摆，就会贻误我们的工作"[②]。

毛泽东认为，工农商学兵政和党组织这七个方面的工作，都应当好好地总结经验，制定一整套的方针、政策和办法，使它们在正确的轨道上前进。有了总路线还不够，还必须在总路线指导之下，在各个方面、各个领域都有一整套适合实际情况的具体方针、政策和办法，"才有可能说服群众和干部，并且把这些当作教材去教育他们，使他们有一个统一的认识和统一的行动，然后才有可能取得革命事业和建设事业的胜利，否则是不可能的"[③]。

政策的正确与否，必须在党领导人民群众开展的生机勃勃的伟大实践中经受检验。人们的实践，特别是革命政党和革命群众的实践，没有不同这种或那

① 《毛泽东文集》第5卷，人民出版社1996年版，第83页。
② 《毛泽东选集》第4卷，人民出版社1991年版，第1316页。
③ 《毛泽东文集》第8卷，人民出版社1999年版，第304页。

种政策相联系的。"因此，在每一行动之前，必须向党员和群众讲明我们按情况规定的政策。否则，党员和群众就会脱离我们政策的领导而盲目行动，执行错误的政策。"①

二、政策和策略应做到界限分明

毛泽东指出："无论做什么事，凡关涉群众的，都应有界限分明的政策。"②当着某一件事情（任何事情都是一样）要做，但是还没有方针、方法、计划或政策的时候，确定方针、方法、计划或政策，也就是主要的决定的东西。当着政治文化等等上层建筑阻碍着经济基础的发展的时候，对于政治上和文化上的革新就成为主要的决定的东西了。③解放战争年间，以毛泽东同志为核心的党中央针对各解放区在政策制定和实施过程中所出现的一些偏差和失误，敏锐地提出问题主要在于"领导机关所规定的政策缺乏明确性，未将许可做的事和不许可做的事公开明确地分清界限。其所以未能明确分清界限，是由于领导者自己对于所要做的事缺乏充分经验（自己没有执行过某种政策的充分经验），或者对于他人的经验不重视，或者由于不应有的疏忽以致未能分清政策的界限。其次，是由于领导者虽然知道划分政策的界限，但只作了简单的说明，没有作系统的说明。根据经验，任何政策，如果只作简单的说明，而不作系统的说明，即不能动员党与群众，从事正确的实践"④。

1948 年，毛泽东要求各解放区在推进土地改革和整党工作的过程中，必须充分讲明关于这两项工作的全部正确政策，将许可做的事和不许可做的事，分清界限。必须将中央颁布的各项重要文件，责成一切从事土地改革工作和整党

---

① 《毛泽东选集》第 4 卷，人民出版社 1991 年版，第 1286 页。
② 《毛泽东文集》第 5 卷，人民出版社 1996 年版，第 74 页。
③ 《毛泽东选集》第 1 卷，人民出版社 1991 年版，第 326 页。
④ 《毛泽东文集》第 5 卷，人民出版社 1996 年版，第 74 页。

工作的干部，认真学习并完全了解，并责成他们全部遵守，不许擅自修改。如有不适合当地情况的部分，可以和应当提出修改意见，但必须取得中央同意，方能实行修改。①

三、制定政策和策略应从群众和实际出发

1942 年 5 月 23 日，毛泽东在延安文艺座谈会上的讲话中指出："我们是马克思主义者，马克思主义叫我们看问题不要从抽象的定义出发，而要从客观存在的事实出发，从分析这些事实中找出方针、政策、办法来。"② 实践经验告诉我们，凡属正确的任务、政策和工作作风，都是和当时当地的群众要求相适合的，都是联系群众的；凡属错误的任务、政策和工作作风，都是和当时当地的群众要求不相适合的，都是脱离群众的。

在谈到政策与经验的关系时，毛泽东提出："似应了解为凡政策之正确与否及正确之程度，均待经验去考证。"③ 任何经验或实践，均是从实行某种政策的过程中得来的，错误的经验是实行了错误政策的结果，正确的经验是实行了正确政策的结果。"把党的方针变为群众的方针，还须要我们长期坚持的、百折不挠的、艰苦卓绝的、耐心而不怕麻烦的努力。没有这样一种努力是一切都不成功的。"④ 我们党的政策，不仅要使领导者知道、干部知道，还要使广大的群众知道。有关政策的问题，一般地都应当在党的报纸上或者刊物上进行宣传。在我们一些地方的领导机关中，那种认为党的政策只要领导人知道就行，不需要让群众知道的思想是错误的。这是我们的有些工作不能做好的基本原因之一。

---

① 《毛泽东选集》第 4 卷，人民出版社 1991 年版，第 1330 页。
② 《毛泽东选集》第 3 卷，人民出版社 1991 年版，第 853 页。
③ 《毛泽东文集》第 5 卷，人民出版社 1996 年版，第 74 页。
④ 《毛泽东选集》第 1 卷，人民出版社 1991 年版，第 279 页。

毛泽东在对《晋绥日报》编辑人员的谈话中指出："善于把党的政策变为群众的行动，善于使我们的每一个运动，每一个斗争，不但领导干部懂得，而且广大的群众都能懂得，都有能掌握，这是一项马克思列宁主义的领导艺术。我们的工作犯不犯错误，其界限也在这里。"①

毛泽东在论述中国革命战争的战略问题时告诫全党，政治上和军事上的正确的政策与策略，不是自然平和地产生和发展起来的，而是从革命斗争实践、大规模的群众实践活动中产生和发展起来的。必须同危害革命和革命战争的"左"倾、右倾的有害倾向作斗争，并且彻底地克服它们。在阐述社会主义建设的政策策略和制度建设问题时，毛泽东批评了一种现象：对于许多规章制度，很多同志不从实际出发去设想有没有另外一种方案，择其合乎中国情况者应用，不合乎者另拟，也不作分析，不动脑筋，不加比较。②

第六节 恢复发展生产事业和推进经济建设是中心任务

历史唯物主义的观点认为，历史进程中的决定性因素归根到底是现实生活的生产和再生产。人们创造社会历史和人类文明的全部活动都是以一定的经济状况为基础的。第二次世界大战以后，新生的社会主义国家所面临的境遇和任务基本上是相同的，即在政治上虽然已经建立起社会主义的新型国家机器和政权组织，但是在经济上，却由于受社会生产力和经济发展的起点较低这一决定性前提条件的制约而处于相对比较落后的状况。因此，社会主义国家必须把大力发展社会生产力作为根本性的任务。新中国是在半殖民地半封建社会的废墟

---

① 《毛泽东选集》第 4 卷，人民出版社 1991 年版，第 1319—1320 页。
② 《毛泽东文集》第 7 卷，人民出版社 1999 年版，第 369 页。

上建立起来的，社会主义经济文化发展状况比当时东欧社会主义各国的状况更加落后，发展社会生产力的任务就显得更为紧迫。

一、一切工作的重点是动员一切力量恢复、发展和保护生产力

根据中国国情的实际，毛泽东明确地指出，夺取全国胜利，只是万里长征走完了第一步，以后党和政府的中心任务是"动员一切力量恢复和发展生产事业，这是一切工作的重点所在"[①]。这项任务更为艰苦，也更为伟大。毛泽东要求全体党政干部必须用极大的努力去学习生产的技术和管理生产的方法，党的组织工作、国家政权机关全部管理活动都要围绕着生产建设这一个中心工作并为这个中心工作服务。

毛泽东反复告诫人们，只有做好了这项中心工作，才能巩固人民政权，才能使国家各项事业的发展有一个坚实的基础。在以毛泽东同志为核心的党中央领导下，人民政府各级干部为完成这一中心任务做了大量卓有成效的组织工作与管理工作。经过艰苦的奋斗，在新中国成立初期很短的一段时间内，便实现了国家财政经济状况的基本好转，完成了国民经济恢复时期的主要任务，为巩固国家政权和开展全面的大规模的社会主义建设奠定了物质基础。"我们的根本任务已经由解放生产力变为在新的生产关系下面保护和发展生产力。"[②] 新中国的国家治理各项活动亦围绕着保护和发展生产力、加快生产建设步伐这一中心工作，走上了有序化运作的轨道。

早在中共七届二中全会上，毛泽东就已强调在全国胜利的局面下，党的工作重心必须由乡村转移到城市，城市工作必须以生产建设为中心。"只有将城市的生产恢复起来和发展起来了，将消费的城市变成生产的城市了，人民政权才

---

① 《毛泽东选集》第4卷，人民出版社1991年版，第1429页。
② 《毛泽东文集》第7卷，人民出版社1999年版，第218页。

能巩固起来。城市中其他的工作，例如党的组织工作，政权机关的工作，工会的工作，其他各种民众团体的工作，文化教育方面的工作，肃反工作，通讯社报纸广播电台的工作，都是围绕着生产建设这一个中心工作并为这个中心工作服务的。"① 如果在生产工作上无知，不能很快地学会生产工作，不能使生产事业尽可能迅速地恢复和发展，获得确实的成绩，首先改善工人群众生活，并使一般人民群众的生活得到改善，那么党就不能维持政权，就会站不住脚。

二、学会组织和领导群众生产的全套本领

毛泽东说，从我们党接管城市的第一天起，眼睛就要盯着这个城市的生产事业的恢复和发展。务须避免盲目地乱抓乱碰，把中心任务忘记了，"以至于占领一个城市好几个月，生产建设的工作还没有上轨道，甚至许多工业陷于停顿状态，引起工人失业，工人生活降低，不满意共产党。这种状态是完全不能容许的"②。"各级党政军机关学校一切领导人员都须学会领导群众生产的一全套本领。凡不注重研究生产的人，不算好的领导者。"③

1945 年 1 月，在抗日战争即将胜利的时段，毛泽东就已经预见到，边区和整个解放区还要有两年至三年工夫，才能学会全部的经济工作。他认为，到了粮食和工业品全部或大部分自种自造自给并有盈余的日子，就是我们全部学会在农村中如何做经济工作的日子。将来从城市赶跑敌人，我们也会做新的经济工作了。中国靠我们来建设，我们必须努力学习。④

1945 年 11 月，我军已解放了一批大中城市，如何掌握这些城市的经济、发展工商业和金融业，成了我党的重要任务。为此，毛泽东又告诫全党："利用一切可用的社会现成人材，说服党员同他们合作，向他们学习技术和管理的方

---

① ② 《毛泽东选集》第 4 卷，人民出版社 1991 年版，第 1428 页。

③ 《毛泽东选集》第 3 卷，人民出版社 1991 年版，第 911 页。

④ 《毛泽东选集》第 3 卷，人民出版社 1991 年版，第 1020 页。

法，非常必要。"①"我们的同志必须用极大的努力去学习生产的技术和管理生产的方法，必须去学习同生产有密切联系的商业工作、银行工作和其他工作。"②

在《论人民民主专政》一文中，毛泽东说："严重的经济建设任务摆在我们面前。我们熟习的东西有些快要闲起来了，我们不熟习的东西正在强迫我们去做。这就是困难。帝国主义者算定我们办不好经济，他们站在一旁看，等待我们的失败。"他要求全党同志必须克服困难，必须学会自己不懂的东西，必须向一切内行的人们（不管什么人）学经济工作。"拜他们做老师，恭恭敬敬地学，老老实实地学。不懂就是不懂，不要装懂。不要摆官僚架子。钻进去，几个月，一年两年，三年五年，总可以学会的。"③

三、学习一切国家生产和管理的好经验好方法

在 1956 年发表的《论十大关系》一文中，毛泽东明确提出，我们党的方针是一切民族、一切国家的长处都要学，政治、经济、科学、技术、文学、艺术的一切真正好的东西都要学。但是，必须有分析有批判地学，不能盲目地学，不能一切照抄、机械搬用，其短处和缺点当然不要学。"自然科学方面，我们比较落后，特别要努力向外国学习。"④但是也不可盲目地学。在技术方面，因为我们现在还没有、还不懂，大部分先要照办，学了比较有利。但是，已经清楚的那一部分，就不要事事照办了。

对于学习国外的东西，毛泽东强调要坚持辩证的观点，去其糟粕、取其精华。对于"外国资产阶级的一切腐败制度和思想作风，我们要坚决抵制和批判。但是，这并不妨碍我们去学习资本主义国家的先进的科学技术和企业管理方法中合乎科学的方面。工业发达国家的企业，用人少，效率高，会做生意，这些

---

① 《毛泽东选集》第 4 卷，人民出版社 1991 年版，第 1173 页。
② 《毛泽东选集》第 4 卷，人民出版社 1991 年版，第 1428 页。
③ 《毛泽东选集》第 4 卷，人民出版社 1991 年版，第 1481 页。
④ 《毛泽东文集》第 7 卷，人民出版社 1999 年版，第 42 页。

都应当有原则地好好学过来，以利于改进我们的工作"①。

第七节 处理好生产力和生产关系、
经济基础和上层建筑的辩证关系

马克思主义认为，社会主义革命的目的是为了解放生产力、发展生产力，社会主义制度是促进生产力发展的政治保证。新生的社会主义国家在国家治理过程中，特别要注重辩证处理好生产力和生产关系、经济基础和上层建筑既相适应又相矛盾的悖论关系。

一、社会主义革命的目的是为了解放生产力

毛泽东在《论联合政府》的报告中说，中国一切政党的政策及其实践在中国人民中所表现的作用的好坏、大小，归根到底看它对于中国人民的生产力的发展是否有帮助及其帮助之大小，看它是束缚生产力的，还是解放生产力的。②这一重要论断充分体现了马克思主义历史唯物论的立场、观点、方法，是我们处理好生产力和生产关系辩证统一问题的指导原则与基本依据。

1944 年 3 月，毛泽东在谈到陕甘宁边区的文化教育问题时强调："妨碍生产力发展的旧政治、旧军事力量不取消，生产力就不能解放，经济就不能发展。因此，第一个任务就是打倒妨碍生产力发展的旧政治、旧军事，而我们搞政治、军事仅仅是为着解放生产力。学过社会科学的同志都懂得这一条，最根本的问题是生产力向上发展的问题。我们搞了多少年政治和军事就是为了这件事。马克思主义社会科学也主要是讲的这件事，讲生产力在历史上是如何发展起来

① 《毛泽东文集》第 7 卷，人民出版社 1999 年版，第 43 页。
② 《毛泽东选集》第 3 卷，人民出版社 1991 年版，第 1079 页。

的。"①如果我们不能解决经济问题，如果我们不能建立新式工业，如果我们不能发展生产力，老百姓就不一定拥护我们。②

中国人民的生产力是应该发展的，中国应该发展成为近代化的国家、丰衣足食的国家、富强的国家。③这就要解放生产力，要推翻束缚中国人民生产力的帝国主义、封建主义、官僚资本主义"三座大山"。唯其如此，中国才能发展和进步，否则中国就有灭亡的危险。

1953年，毛泽东在论及党的过渡时期路线方针政策问题时，强调要使生产资料的社会主义所有制成为我国国家和社会的唯一的经济基础。所以必须这样做，是因为只有完成了由生产资料的私人所有制到社会主义所有制的过渡，才有利于社会生产力的迅速向前发展，才有利于在技术上兴起一个革命，使我国从当时社会经济发展主要使用简单落后的工具农具的状况，转变为使用各类机器直至最先进的机器的状况，"借以达到大规模地出产各种工业和农业产品，满足人民日益增长的需要，提高人民的生活水平，确有把握地增强国防力量，反对帝国主义的侵略，以及最后地巩固人民政权，防止反革命复辟这些目的"④。

毛泽东认为，社会主义革命的目的是为了解放生产力。农业和手工业由个体的所有制变为社会主义的集体所有制，私营工商业由资本主义所有制变为社会主义所有制，必然使生产力大大地获得解放。这样就为大大地发展工业和农业的生产创造了社会条件。⑤"旧的制度不行了，新的制度就要起来代替。生产力总要向前发展，同生产关系发生矛盾，这就推动着社会不断前进。"⑥

---

① 《毛泽东文集》第3卷，人民出版社1996年版，第108—109页。
② 《毛泽东文集》第3卷，人民出版社1996年版，第147页。
③ 《毛泽东文集》第3卷，人民出版社1996年版，第432页。
④ 《毛泽东文集》第6卷，人民出版社1999年版，第316页。
⑤ 《毛泽东文集》第7卷，人民出版社1999年版，第1页。
⑥ 《毛泽东文集》第6卷，人民出版社1999年版，第490页。

二、社会主义制度促进了生产力突飞猛进的发展

1957 年 2 月，毛泽东在谈到如何正确处理人民内部矛盾的问题时指出，在社会主义社会中，基本的矛盾仍然是生产关系和生产力之间的矛盾，上层建筑和经济基础之间的矛盾。但是社会主义社会的这些矛盾，同旧社会的生产关系和生产力的矛盾、上层建筑和经济基础的矛盾，具有根本不同的性质和情况。我们国家现在的社会制度比旧时代的社会制度要优胜得多，如果不优胜，旧制度就不会被推翻，新制度就不可能建立。所谓社会主义生产关系比旧时代生产关系更能够适合生产力发展的性质，就是指能够容许生产力以旧社会所没有的速度迅速发展，因而生产可以不断扩大，使人民不断增长的需要能够逐步得到满足。旧中国在帝国主义、封建主义和官僚资本主义"三座大山"的统治下，生产力的发展一直是非常缓慢的。"解放前五十多年间，全国除东北外，钢的生产一直只有几万吨；加上东北，全国的最高年产量也不过是九十多万吨。在一九四九年，全国钢产量只有十几万吨。但是全国解放不过七年，钢的生产便已达到四百几十万吨。旧中国几乎没有机器制造业，更没有汽车制造业和飞机制造业，而这些现在都建立起来了。"毛泽东在对新旧时代生产力状况作了客观对比之后，进一步提出："当人民推翻了帝国主义、封建主义和官僚资本主义的统治之后，中国要向哪里去？向资本主义，还是向社会主义？有许多人在这个问题上的思想是不清楚的。事实已经回答了这个问题：只有社会主义能够救中国。社会主义制度促进了我国生产力的突飞猛进的发展，这一点，甚至连国外的敌人也不能不承认了。"[①]

三、处理好"双重悖论"的关系问题

从新中国初期我国经济恢复发展的实践过程来看，由于历经长期外患内乱、

---

① 《毛泽东文集》第 7 卷，人民出版社 1999 年版，第 214 页。

战争创伤，要在"一穷二白"的底子上建立起一个现代化的工业基础和现代化的农业基础，是非常艰巨的历史任务。1957 年，毛泽东在形势分析中谈到，还要经过十年至十五年的社会生产力的比较充分的发展，我国的社会主义的经济制度和政治制度，才算获得比较充分的物质基础，我们国家的上层建筑才算充分巩固，社会主义社会才算从根本上建成了。[①]

对于人民当家作主的新国家建设和治理中的经济基础与上层建筑这一根本问题，毛泽东早在 1937 年就进行了深入思考和探索。在《矛盾论》中，他从辩证唯物论和历史唯物论的视角透析经济基础与上层建筑的问题："生产力、实践、经济基础，一般地表现为主要的决定的作用，谁不承认这一点，谁就不是唯物论者。然而，生产关系、理论、上层建筑这些方面，在一定条件之下，又转过来表现其为主要的决定的作用，这也是必须承认的。……当着政治文化等等上层建筑阻碍着经济基础的发展的时候，对于政治上和文化上的革新就成为主要的决定的东西了。"[②]

及至 20 世纪 50 年代中后期"一化三改造"完成以后，社会主义国家建设与治理又开始面临"双重悖论"关系，即生产关系和生产力发展既相适应又相矛盾、上层建筑和经济基础既相适应又相矛盾。毛泽东认为："人民民主专政的国家制度和法律，以马克思列宁主义为指导的社会主义意识形态，这些上层建筑对于我国社会主义改造的胜利和社会主义劳动组织的建立起了积极的推动作用，它是和社会主义的经济基础即社会主义的生产关系相适应的；但是，资产阶级意识形态的存在，国家机构中某些官僚主义作风的存在，国家制度中某些环节上缺陷的存在，又是和社会主义的经济基础相矛盾的。我们今后必须按照具体的情况，继续解决上述的各种矛盾。当然，在解决这些矛盾以后，又会出

---

① 《毛泽东著作专题摘编》(上)，中央文献出版社 2003 年版，第 913—914 页。
② 《毛泽东选集》第 1 卷，人民出版社 1991 年版，第 325—326 页。

现新的问题，新的矛盾，又需要人们去解决。"① 上层建筑一定要适合经济基础和生产力发展的需要。政府各部门所制定的各种规章制度是上层建筑的一部分。八年来积累起来的规章制度许多还是适用的，但是有相当一部分已经成为进一步提高群众积极性和发展生产力的障碍，必须加以修改，或者废除。② 同时，毛泽东还认为，法律也是上层建筑的一部分。我们的法律是劳动人民自己制定的，是维护革命秩序、保护劳动人民利益、保护社会主义经济基础、保护生产力的。一定要守法，不要破坏革命的法制。③

第八节　中国革命、建设与国家治理要适合国情

毛泽东等老一辈无产阶级革命家，在为实现中华民族伟大复兴而奋斗的长期革命斗争生涯中，始终强调要认清中国国情实际，一切从国情实际出发。

一、认清中国国情是认清一切革命问题的基本根据

1930 年 5 月，毛泽东在《反对本本主义》的文章中提出，"中国革命斗争的胜利要靠中国同志了解中国情况"④，不能依靠外国同志了解中国情形，或者是依靠外国同志帮助我们打胜仗。1939 年 12 月，在《中国革命和中国共产党》一文中，毛泽东进一步深刻阐析了认清国情的重要性和必要性："认清中国社会的性质，就是说，认清中国的国情，乃是认清一切革命问题的基本的根据。"⑤

---

① 《毛泽东文集》第 7 卷，人民出版社 1999 年版，第 215 页。
② 《毛泽东文集》第 7 卷，人民出版社 1999 年版，第 353 页。
③ 《毛泽东文集》第 7 卷，人民出版社 1999 年版，第 197 页。
④ 《毛泽东选集》第 1 卷，人民出版社 1991 年版，第 115 页。
⑤ 《毛泽东选集》第 2 卷，人民出版社 1991 年版，第 633 页。

1943 年，国际共运发展史上发生了一个重大的事件：根据形势的发展，共产国际面临解散。毛泽东代表中共中央提交了《关于共产国际解散问题的报告》。报告指出："因为各国内部以及各国之间的情况，都比过去更为复杂，其变化也更为迅速，统一的国际组织已无法适应这种非常复杂而且变化迅速的情况。正确的领导需要从仔细研究本国情况出发，这就更加要由各国共产党自己来做。"① 在中共七大召开之际，抗日战争胜利的曙光业已展现。毛泽东进一步提出："所以思想这个东西很怪，要去掉那一部分坏的东西，不适合于马列主义的东西，不适合中国情况的东西，就要经过一定的阶段，就要有经验，单靠讲是讲不通的。列宁说'要在经验中来教育人民'，因为人民是只信经验不信讲话的。"②

1963 年 9 月，毛泽东在同由中央委员会主席迪帕·努桑塔拉·艾地（Dipa Nusantara Aidit）率领的印度尼西亚共产党代表团座谈时指出，中国共产党人认识中国国情花了几十年时间，中国人不懂中国情况怎么行？中国共产党人真正懂得独立自主是从遵义会议开始的，这次会议批判了教条主义。"教条主义者说苏联一切都对，不把苏联的经验同中国的实际相结合。马列主义普遍真理与中国具体实践相结合，这个口号就是在延安整风时提出的。这个口号写进了一九五七年莫斯科宣言，那里面说马列主义普遍真理要与各国的具体实践相结合。外国经验，不管是哪一个国家的，只能供参考。"③

二、立足中国国情学习和借鉴国外的长处

在强调一切从国情实际出发的前提下，毛泽东始终注重"洋为中用""古为今用"。他认为学习有两种态度：一种是教条主义的态度，不管我国情况是适用

---

① 《毛泽东文集》第 3 卷，人民出版社 1996 年版，第 20 页。
② 《毛泽东文集》第 3 卷，人民出版社 1996 年版，第 313 页。
③ 《毛泽东文集》第 8 卷，人民出版社 1999 年版，第 339 页。

的还是不适用的，一起搬来，这种态度不好；另一种态度那就是学习的时候开动脑筋想一下，学那些和我国情况相适合的东西，即吸取对我们有益的经验，我们需要的是这样一种态度。① 我们接受外国的长处，会使我们自己的东西有一个跃进。中国的和外国的要有机地结合，而不是套用外国的东西。"学外国织帽子的方法，要织中国的帽子。外国有用的东西都要学到，用来改进和发扬中国的东西，创造中国独特的新东西。搬要搬一些，但要以自己的东西为主。中国的面貌，无论是政治、经济、文化，都不应该是旧的，都应该改变，但中国的特点要保存。应该是在中国的基础上面，吸取外国的东西，批判地吸收西洋有用的成分，把外国的东西变成中国的。"②

1962 年，针对我国社会主义建设进程中所经历的各种曲折和困难，毛泽东认识到，社会主义经济对于我们党来说，还有许多未被认识的必然王国，我们还有很大的盲目性。社会主义建设，从全党来说，知识掌握和知识储备都非常不够。我们党应当在今后一段时间内积累经验、努力学习，在实践中逐步地加深对它的认识，弄清楚它的规律。一定要下一番苦功，要切切实实地去调查它，研究它。③

1957 年 2 月，毛泽东指出，经济建设我们还缺乏经验，因为才进行七年，还需要积累经验。对于革命我们开始也没有经验，翻过斤斗，取得了经验，然后才有全国的胜利。我们要求在取得经济建设方面的经验，比较取得革命经验的时间要缩短一些，同时不要花费那么高的代价。代价总是需要的，就是希望不要有革命时期所付的代价那么高。必须懂得，在这个问题上是存在着矛盾的，即社会主义社会经济发展的客观规律和我们主观认识之间的矛盾，这需要在实践中去解决。这个矛盾，也将表现为人同人之间的矛盾，即比较正确地反映客

---

① 《毛泽东文集》第 7 卷，人民出版社 1999 年版，第 242 页。
② 《毛泽东文集》第 7 卷，人民出版社 1999 年版，第 82—83 页。
③ 《毛泽东文集》第 8 卷，人民出版社 1999 年版，第 303 页。

观规律的一些人同比较不正确地反映客观规律的一些人之间的矛盾，因此也是人民内部的矛盾。一切矛盾都是客观存在的，我们的任务在于尽可能正确地反映它和解决它。①

进入改革开放新时代以来，我们党明确提出了"两个百年"奋斗目标，即在中国共产党成立一百年时全面建成小康社会，在新中国成立一百年时建成富强民主文明和谐美丽的社会主义现代化国家。在新中国成立初期的社会主义建设事业的探索发展实践中，毛泽东就对这一伟大奋斗目标进行了富有前瞻意义的构想。他认为，在我国要建设起强大的社会主义经济，估计要花一百多年。"在十七世纪，欧洲的一些国家已经在发展资本主义了，经过三百多年，资本主义的生产力有了现在这个样子。社会主义和资本主义比较，有许多优越性，我们国家经济的发展，会比资本主义国家快得多。"可是，中国的人口多、底子薄，经济落后，要使生产力很大地发展起来，要赶上和超过世界上最先进的资本主义国家，没有一百多年的时间是不行的，也许只要几十年。我们宁肯把困难想得多一点，因而把时间设想得长一点。"三百几十年建设了强大的资本主义经济，在我国，五十年内外到一百年内外，建设起强大的社会主义经济，那又有什么不好呢？从现在起，五十年内外到一百年内外，是世界上社会制度彻底变化的伟大时代，是一个翻天覆地的时代，是过去任何一个历史时代都不能比拟的。处在这样一个时代，我们必须准备进行同过去时代的斗争形式有着许多不同特点的伟大的斗争。为了这个事业，我们必须把马克思列宁主义的普遍真理同中国社会主义建设的具体实际，并且同今后世界革命的具体实际，尽可能好一些地结合起来，从实践中一步一步地认识斗争的客观规律。要准备着由于盲目性而遭受到许多的失败和挫折，从而取得经验，取得最后的胜利。由这点出发，把时间设想得长一点，是有许多好处的，设想得短了反而有害。"②

---

① 《毛泽东文集》第 7 卷，人民出版社 1999 年版，第 241—242 页。
② 《毛泽东文集》第 8 卷，人民出版社 1999 年版，第 302 页。

1956 年 8 月，在同音乐工作者的谈话中，毛泽东强调，我们要熟悉外国的东西，读外国书。但是并不等于中国人要完全照外国办法办事，并不等于中国人写东西要像翻译的一样。中国人还是要以自己的东西为主。地球上有二十七亿人，如果都唱一种曲子是不行的。无论东方西方，各民族都要有自己的东西。西方国家发展了资本主义，在历史上是起了作用的。但是现在世界的注意力正在逐渐转向东方，东方国家不发展自己的东西还行吗？①

第九节　国家治理要有远大规划

"不打无准备的仗，不打无把握的仗。要有把握，就要有准备，而且要有充分的准备。"② 在长期的革命战争年代，无数共产党人用生命和热血换来的这一宝贵经验，被毛泽东创造性地运用到建设社会主义的伟大斗争之中。他指出，中国人民应该有一个远大的规划，要在几十年内，努力改变中国在经济上和科学文化上的落后状况，迅速达到世界上的先进水平。要按照实际情况，拟定全省、全专区、全县、全区和全乡的全面规划，从其中拟定年度规划，并加强领导。针对新中国成立初期以来社会科学领域规划建设与发展相对比较滞后的情况，毛泽东提出："社会科学也要有一个十年规划。社会科学落后了，这回没有搞规划。社会科学也要投一点资。"③ "全面规划，几次检查，年终评比。这是三个重要方法。这样一来，全局和细节都被掌握了；可以及时总结经验，发扬成绩，纠正错误；又可以激励人心，大家奋进。"④

---

① 《毛泽东文集》第 7 卷，人民出版社 1999 年版，第 77 页。
② 《毛泽东文集》第 6 卷，人民出版社 1999 年版，第 425 页。
③ 《毛泽东文集》第 8 卷，人民出版社 1999 年版，第 351 页。
④ 《毛泽东文集》第 7 卷，人民出版社 1999 年版，第 346 页。

1955 年 10 月，毛泽东在《农业合作化的全面规划和加强领导问题》一文中对于农业合作化的全面规划的内容作了详细的阐释。他指出，"全面规划应当包括：第一，合作社的规划；第二，农业生产的规划；第三，全部的经济规划。农村全部的经济规划包括副业，手工业，多种经营，综合经营，短距离的开荒和移民，供销合作，信用合作，银行，技术推广站等等，还有绿化荒山和村庄"①。着眼于中国农村的长期发展，他强调，整个规划里面还要包含文化教育规划，包括识字扫盲，办小学，办适合农村需要的中学，中学里面增加一点农业课程，出版适合农民需要的通俗读物和书籍，发展农村广播网、电影放映队，组织文化娱乐等等，还要有整党建党、整团建团、妇女工作等。

毛泽东从空间和时间两个维度明确提出了关于指导全面规划具体实施的意见，他将规划分解为四种类型："（一）乡村合作社的规划。每个合作社应当有个规划，虽然小也应当有规划，让他们学会搞这一套。（二）全乡的规划。我们全国有二十二万多个乡，搞二十二万多个乡的规划。（三）全县的规划。我们希望每一个县搞一个。现在，有的县已经搞出了很好的规划，看了很有味道。他们思想解放，……没有什么'脚镣手铐'的束缚，规划搞得很生动。（四）全省（或自治区、各市郊区）的规划。这里面着重全乡的规划，全县的规划。要抓住这两个环节，迅速作出一批，比如一个省里面搞三四个县的规划，发出来要各地仿照办理。"他要求，"合作化的规划，要分别不同地区规定发展的速度。分三种地区。第一种多数地区，第二种一部分少数地区，第三种又一部分少数地区。多数地区要有三个浪潮，三个冬春。三个浪潮是：今冬明春，明冬后春，再加一个冬春"②。

关于农业合作化的发展步骤，毛泽东提出采取逐步推进的办法从新中国成立到"三五"计划末（即 1967 年），以十八年的时间完成全面合作化。相应地，

————————
① 《毛泽东文集》第 6 卷，人民出版社 1999 年版，第 475 页。
② 《毛泽东文集》第 6 卷，人民出版社 1999 年版，第 475—476 页。

他对新中国的社会改革和技术改革的进程也作出了规划：在"一五"、"二五"两个五年计划内，农村的改革以社会改革为主，技术改革为辅。"三五"计划时期内，农村的改革将是社会改革和技术改革同时并进。毛泽东认为："中国只有在社会经济制度方面彻底地完成社会主义改造，又在技术方面，在一切能够使用机器操作的部门和地方，统统使用机器操作，才能使社会经济面貌全部改观。"同时，他敏锐地发现囿于经济条件所限，新中国的技术改革的时间会比社会改革的时间要长一些。他估计："在全国范围内基本上完成农业方面的技术改革，大概需要四个至五个五年计划，即二十年至二十五年的时间。"[①]

在农业合作化的发展进程中，毛泽东觉察到在很多的地方，党的领导没有跟上去，出了一些问题，这个时候一些党的地方干部不是去想办法加强领导和加强计划性，而是消极地企图停止运动的前进，没有把整个运动的领导拿到自己的手里来，没有一省一县一区一乡的完整的规划，只是零敲碎打地在那里做，党的干部缺乏一种主动的、积极的、全力以赴的精神。在中国共产党第七届中央委员会扩大的第六次全体会议上，毛泽东要求广大党员干部努力使各方面的工作、工作的速度和质量，都能够和党中央部署规定的任务相适应，并且都要有全面的规划。

第十节 处理好中央与地方的关系

从历史上来看，在国家治理体系中，世界各国都普遍存在着如何划分中央与地方之间职责权限的问题，这一复杂的矛盾常常会造成中央集权与地方分权的对立斗争，从而严重削弱整个国家治理体制的运行效率。如何正确处理中央

---

① 《毛泽东文集》第 6 卷，人民出版社 1999 年版，第 438—439 页。

与地方的关系，如何把中央集权与地方分权协调在一个合理的框架范围内，几十年来也一直是社会主义国家管理活动中的一个重要的理论问题和实践问题。作为一个实行单一制的社会主义大国，我国的国家结构形式，具体体现为以中央国家机关为代表的国家整体和以各地方国家机关为代表的各组成部分之间相互关系的构成形式。从理论意义上来说，这种构成形式符合马克思、恩格斯关于国家结构方式和管理模式的设想。马克思主义经典作家们认为，集中、统一的单一制国家有利于巩固革命政权，保持组织系统的战斗力和组织管理的高效率，并为社会主义经济与文化事业的顺利发展提供了重要的保证。从我国社会主义国家治理的实践来看，由于中央政府集中权力实行自上而下的统一指挥，通过行政权力的杠杆作用使我国有限的资源得到计划性的配置，并能迅速地汇聚起必需的人力、财力和物力，集中"攻关"式地投入于重大经济建设项目的发展，从而能在较短的时间内积累起强大的综合国力。同时，我们也应看到，在中央政府行政权力纵向运行的过程中，传统的中央绝对高度集权体制，钝化了国家治理中许多活跃的成分和因素，不可避免地会引发种种消极现象，诸如管得太杂、统得过紧、运转不灵、人浮于事、效率低下、地方机关和下级部门工作缺乏活力和创意，等等。如何处理和把握好中央与地方之间的关系，确乎成为我国国家管理和治理活动中的一个重要课题和难题。毛泽东等中央领导在他们的领导与决策工作中经常考虑和研究解决这个难题的方式与途径。毛泽东曾多次指出：处理好中央与地方的关系，这对于我们这样的大国大党是一个十分重要的问题。对此，他曾作过许多重要的论述，并运用唯物辩证思维构建了一种中央集权与地方分权的动态调适的框架。

一、正确处理中央和地方关系上的矛盾问题

毛泽东认为，中央和地方的关系是一个矛盾统一体。要解决这个矛盾，就应在巩固中央政府统一领导的前提下，扩大一点地方的权力，给地方更多的独

立性。要强调有中央和地方两个积极性，这比只有一个积极性好得多。不能把什么都集中到中央，把地方卡得太紧，没有一点机动权。中央政府办事情，要同地方政府商量。可以和应当统一的，必须统一；不可以和不应当统一的，不能强求统一。为了建设一个强大的社会主义国家，必须有中央的强有力的统一领导；同时，又必须充分发挥地方的积极性。

毛泽东在《论十大关系》一文中详细阐述道："我们的国家这样大，人口这样多，情况这样复杂。我们不能像苏联那样，把什么都集中到中央，把地方卡得死死的，一点机动权也没有。中央要发展工业，地方也要发展工业。就是中央直属的工业，也还是要靠地方协助。至于农业和商业，更需要依靠地方。总之，要发展社会主义建设，就必须发挥地方的积极性。中央要巩固，就要注意地方的利益。现在几十只手插到地方，使地方的事情不好办。立了一个部就要革命，要革命就要下命令。各部不好向省委、省人民委员会下命令，就同省、市的厅局联成一线，天天给厅局下命令。这些命令虽然党中央不知道，国务院不知道，但都说是中央来的，给地方压力很大。表报之多，闹得泛滥成灾。这种情况，必须纠正。我们要提倡同地方商量办事的作风。党中央办事，总是同地方商量，不同地方商量从来不冒下命令。在这方面，希望中央各部好好注意，凡是同地方有关的事情，都要先同地方商量，商量好了再下命令。"①

二、重点是坚持中央强有力的统一领导

在如何正确处理中央与地方的关系问题上，毛泽东始终强调中央强有力的统一领导对于大规模地推进社会主义国家建设与治理的重要性，强调必须有全国的统一计划和统一纪律。他一直认为，在解决中央和地方、地方和地方的关系问题上，需要坚持研究讨论、不断总结经验，并且每过一个时期就要总结经

---

① 《毛泽东文集》第 7 卷，人民出版社 1999 年版，第 31—32 页。

验、发扬成绩、克服缺点。早在抗战初期，毛泽东就在论析抗日游击战争的战略问题时，对于如何处理好上下级关系进行了方法论上的总结。他指出："一般的方针集中于上级；具体的行动按照具体情况实施之，下级有独立自主之权。上级对下级某些具体行动有意见，可以而且应该作为'训令'提出，但决不应作为不可改变的'命令'。越是地区广大，情况复杂，上下级距离很远，这种具体行动就越应加大其独立自主的权限，越应使之多带地方性，多切合地方情况的要求，以便培养下级和地方人员的独立工作能力，应付复杂的环境。"①

正确处理好中央和地方的关系，从某种意义上来说，实质上还是要不要坚持党的统一领导的问题，还是要不要坚持一切可以集中的权力集中于中央的问题。在革命战争年代，毛泽东就严厉批判过一些典型的现象。

抗日战争时期，面对根据地存在的经济问题和财政问题，毛泽东鲜明地指出："经济和财政工作机构中的不统一、闹独立性、各自为政等恶劣现象，必须克服，而建立统一的、指挥如意的、使政策和制度能贯彻到底的工作系统。这种统一的系统建立后，工作效能就可以增加。"②

解放战争时期，针对解放区的土地改革和整党工作，毛泽东认为："必须坚决地克服许多地方存在着的某些无纪律状态或无政府状态，即擅自修改中央的或上级党委的政策和策略，执行他们自以为是的违背统一意志和统一纪律的极端有害的政策和策略；在工作繁忙的借口之下，采取事前不请示事后不报告的错误态度，将自己管理的地方，看成好像一个独立国。这种状态，给予革命利益的损害，极为巨大。各级党委必须对这一点进行反复讨论，认真克服这种无纪律状态或无政府状态，将一切可能和必须集中的权力，集中于中央和中央代表机关。"③

---

① 《毛泽东选集》第2卷，人民出版社1991年版，第436页。
② 《毛泽东选集》第3卷，人民出版社1991年版，第895—896页。
③ 《毛泽东选集》第4卷，人民出版社1991年版，第1332页。

处理好地方和地方之间的关系，也是正确处理好中央和地方关系的重要基础。毛泽东认为，地方和地方之间"正当的独立性，正当的权利，省、市、地、县、区、乡都应当有，都应当争。这种从全国整体利益出发的争权，不是从本位利益出发的争权，不能叫做地方主义，不能叫做闹独立性。省市和省市之间的关系，也是一种地方和地方的关系，也要处理得好。我们历来的原则，就是提倡顾全大局，互助互让"①。

毛泽东还多次提及要研究西方国家处理中央政府与地方政府关系的经验，特别要研究美国把全国分成 50 个州的管理办法。这些论述对于我们辩证地处理和把握好中央政府与地方政府的关系，推进国家治理结构与功能的现代化，具有重要的指导意义。

第十一节　节俭、精干的治国原则

社会主义国家管理活动的一项重要原则是：力求以最少的管理成本达到最大的管理效能。马克思在总结巴黎公社经验的时候，曾经十分明确地指出，无产阶级掌握政权以后，应当建立一个精干、节约、高效的"廉价政府"。根据这一原则，我们党和政府结合中国的实际，在革命战争年代和社会主义建设时期，曾先后多次进行过"精兵简政"、节省行政工作开支和提高管理工作效能的活动。1934 年 1 月，毛泽东在江西瑞金第二次全国工农代表大会上的报告中指出，红色区域的全体管理人员和工作人员在自己的工作中必须恪守"财政的支出，应该根据节省的方针。应该使一切政府工作人员明白，贪污和浪费是极大的犯罪。反对贪污和浪费的斗争，过去有了些成绩，以后还应用力。节省每一

---

① 《毛泽东文集》第 7 卷，人民出版社 1999 年版，第 33 页。

个铜板为着战争和革命事业，为着我们的经济建设"①。在毛泽东的亲自倡导下，陕甘宁边区政府坚决贯彻精兵简政、节俭高效的方针，以廉洁奉公、艰苦奋斗和高效化工作的模范行政作风，赢得了人民群众和海内外人士的赞誉。

新中国成立以后，人民民主专政的国家机器肩负着巩固和捍卫新生政权、组织国民经济建设的繁重任务，国家治理职能及其作用范围也就相应地日趋扩展。在这种客观情况下，国家治理系统在整体活动运行过程中所耗费的资源与成本会呈现出一种正增长的态势。加上当时的政府工作人员对新型国家管理活动的规律与特色尚缺乏感性经验和理性认识，追求"大机构、大排场"的风气在政府机关里逐渐地滋长起来。毛泽东敏锐地觉察到在国家治理活动中所出现的这种有悖于社会主义国家治理原则的情况，将会阻碍新型国家管理机构的顺利运转。倘若任其发展，旧时代官僚机构的"衙风陋习"就有可能重新蔓延起来。为此，他曾多次专门论述了关于国家机关如何实行精兵简政、如何保持节俭高效的问题。他把节俭和精干视为社会主义国家治理的两个重要原则。

一、关于节俭的原则

毛泽东认为，节减机构经费和坚持勤俭节约办事业是社会主义国家管理的原则，从发展国民经济来增加我们财政的收入，是财政政策的基本方针。在中共七届三中全会上他曾经指出，要获得财政经济情况的根本好转，需要三个条件，其中一个重要的前提条件是对"国家机构所需经费的大量节减"。在《论十大关系》这篇著名的文章中，他又再次谈及中共七届三中全会提出的"精简国家机构、减少军政费用"这一措施具有重要的意义，认为应当继续采取切实的办法降低国家机关费用的比重，多搞经济建设。同时，他在各种场合都强调要提倡勤俭节约。他说，中国是一个大国，但现在还很穷。因此，在所有的管理

---

① 《毛泽东选集》第 1 卷，人民出版社 1991 年版，第 134 页。

工作中，都是"特别要提倡勤俭，特别要注意节约的"。毛泽东强调要"勤俭办工厂，勤俭办商店，勤俭办一切国营事业和合作事业，勤俭办一切其他事业，什么事情都应当执行勤俭的原则。这就是节约的原则，节约是社会主义经济的基本原则之一"①。

无论是抗日战争时期，还是解放战争年代，毛泽东始终强调节约、反对浪费。他提出："节约是一切工作机关都要注意的，经济和财政工作机关尤其要注意。实行节约的结果，可以节省一大批不必要的和浪费性的支出，其数目可以达到几千万元。"②"任何地方必须十分爱惜人力物力，决不可只顾一时，滥用浪费。任何地方必须从开始工作的那一年起，就计算到将来的很多年，计算到长期坚持战争，计算到反攻，计算到赶走敌人之后的建设。一面决不滥用浪费，一面努力发展生产。过去有些地方缺少长期打算，既未注意节省人力物力，又未注意发展生产，吃了大亏。得了这个教训，现在必须引起注意。"③他指出，为了迅速地恢复和发展农业生产和市镇上的工业生产，在消灭封建制度的斗争中，必须注意尽一切努力最大限度地保存一切可用的生产资料和生活资料，采取办法坚决地反对任何人对于生产资料和生活资料的破坏和浪费，反对大吃大喝，注意节约。④

新中国成立初期，要想在一穷二白的基础上进行大规模的建设，是一个非常矛盾的问题，而要解决这个矛盾，毛泽东认为一个重要的方法就是全面地持久地厉行节约。他指出："我们六亿人口都要实行增产节约，反对铺张浪费。这不但在经济上有重大意义，在政治上也有重大意义。要使全体干部和全体人民经常想到我国是一个社会主义的大国，但又是一个经济落后的穷国，这是一个

---

① 《毛泽东文集》第 6 卷，人民出版社 1999 年版，第 447 页。
② 《毛泽东选集》第 3 卷，人民出版社 1991 年版，第 896 页。
③ 《毛泽东选集》第 3 卷，人民出版社 1991 年版，第 1019—1020 页。
④ 《毛泽东选集》第 4 卷，人民出版社 1991 年版，第 1316 页。

很大的矛盾。要使我国富强起来，需要几十年艰苦奋斗的时间，其中包括执行厉行节约、反对浪费这样一个勤俭建国的方针。"①

二、关于精干的原则

毛泽东一贯强调务必注意切实防止机构臃肿、人浮于事的现象。他曾对各省市主要领导提出精简机构的要求，要他们务必控制机关工作人员的数量，"机关工作是需要一点人，但是越少越好。现在国家机构庞大，部门很多，许多人员蹲在机关里头没有事做"。要保证机关工作人员的精干，就必须"减人"。而对于被精简下来的人员则要注意作出适当安排，使他们有切实的归宿。毛泽东的这些论述，明确地提出了我国作为社会主义新型国家的治国理政原则，并用生动的语言对马克思关于无产阶级专政国家机器建设以"廉价"为准则的观点进行了"中国式"的概括、补充和丰富。他对国家治理系统中存在的脱离群众的现象与问题明确提出批评："在我们的许多工作人员中间，现在滋长着一种不愿意和群众同甘苦，喜欢计较个人名利的危险倾向，这是很不好的。我们在增产节约运动中要求精简机关，下放干部，使相当大的一批干部回到生产中去，就是克服这种危险倾向的一个方法。"②

第十二节　调动一切积极因素

社会主义新型国家的建设与治理关系着全社会各个阶层、各个领域，涵盖从政治、经济、文化到生态保护、国防、外交等方方面面。必须把党内党外、国内国外的一切积极的因素，直接的、间接的积极因素，全部调动起来。1957

---

①② 《毛泽东文集》第7卷，人民出版社1999年版，第240页。

年 2 月，毛泽东在阐析《关于正确处理人民内部矛盾的问题》一文中强调，要
"调动一切积极因素，团结一切可能团结的人，并且尽可能地将消极因素转变为
积极因素，为建设社会主义社会这个伟大的事业服务"。毛泽东批评了那种认为
似乎人越少越好，圈子紧缩得越小越好的小圈子主义。他指出："无论粮食问
题，灾荒问题，就业问题，教育问题，知识分子问题，各种爱国力量的统一战
线问题，少数民族问题，以及其他各项问题，都要从对全体人民的统筹兼顾这
个观点出发，就当时当地的实际可能条件，同各方面的人协商，作出各种适当
的安排。决不可以嫌人多，嫌人落后，嫌事情麻烦难办，推出门外了事。"①

毛泽东认为："统一战线有好处，又反帝反封建，又赞成社会主义，为什么
要把人家赶走呢？是人多好些，还是把许多积极因素赶走好些呢？还是把积极
因素团结起来好。要把民族资产阶级、小资产阶级（农村的、城市的）、宗教
家等等都团结起来。团结了更多的人，阻碍就少些，事情就容易办得通。"② 他
指出："在人民内部，对犯错误的人，都用保护他又批评他的方法，这样就很
得人心，就能够团结全国人民，调动六亿人口中的一切积极因素，来建设社会
主义。"③

在对外交往方面，中国共产党一直秉持和平相处的理念。早在抗日战争时
期，毛泽东就强调："中国的外交政策，很明显的，应该是抗日的外交政策。这
个政策以自力更生为主，同时不放弃一切可能争取的外援。"④

新中国成立前，毛泽东在中共七届二中全会上作报告时明确提出："关于同
外国人做生意，那是没有问题的，有生意就得做，并且现在已经开始做，几个
资本主义国家的商人正在互相竞争。我们必须尽可能地首先同社会主义国家和

---

① 《毛泽东文集》第 7 卷，人民出版社 1999 年版，第 228 页。
② 《毛泽东文集》第 6 卷，人民出版社 1999 年版，第 488 页。
③ 《毛泽东著作专题摘编》（下），中央文献出版社 2003 年版，第 1971 页。
④ 《毛泽东选集》第 2 卷，人民出版社 1991 年版，第 600 页。

人民民主国家做生意，同时也要同资本主义国家做生意。"[1] "中国人民愿意同世界各国人民实行友好合作，恢复和发展国际间的通商事业，以利发展生产和繁荣经济。"[2]

1953 年 12 月，周恩来在北京接见印度代表团时，首次系统地提出了和平共处五项原则，即互相尊重主权和领土完整、互不侵犯、互不干涉内政、平等互利、和平共处。1954 年日内瓦会议召开之后，毛泽东在会见来访的英国、印度、缅甸等国领导人时也多次谈到和平共处五项原则，并明确提出应将和平共处五项原则推广到所有国家关系中去。

1956 年 9 月，毛泽东在党的八大开幕致辞时鲜明地指出："我们必须争取同一切愿意和我们和平相处的国家，在互相尊重领土主权和平等互利的基础上，建立正常的外交关系。"[3] 他强调，社会主义国家的政府和人民是和平的新生活的建设者，完全不需要战争，并且坚决反对新的世界大战。他主张，社会主义国家和资本主义国家实行和平竞赛，各国内部的事务由本国人民按照自己的意愿解决。[4]1961 年，毛泽东在同来访的英国陆军元帅蒙哥马利（Bernard Law Montgomery）交谈时向世界郑重宣告："我们是马克思列宁主义者，我们的国家是社会主义国家，不是资本主义国家，因此，一百年，一万年，我们也不会侵略别人。"[5]

---

[1] 《毛泽东选集》第 4 卷，人民出版社 1991 年版，第 1435 页。
[2] 《毛泽东选集》第 4 卷，人民出版社 1991 年版，第 1466 页。
[3] 《毛泽东文集》第 7 卷，人民出版社 1999 年版，第 116 页。
[4] 《毛泽东文集》第 7 卷，人民出版社 1999 年版，第 316 页。
[5] 《毛泽东文集》第 8 卷，人民出版社 1999 年版，第 301 页。

第四章 改革期(1978—1992 年)

1978 年，中共十一届三中全会开启了改革开放新的历史时期，党的治国理政思想也进入重要的改革期、调整期。在中共十一届三中全会上，邓小平关于《解放思想，实事求是，团结一致向前看》的重要讲话提出了把全党工作的重心转到实现四个现代化上来的根本指导方针，特别是提出"要真正实行无产阶级的民主集中制"，"为了保障人民民主，必须加强法制"。邓小平理论贯通哲学、政治经济学、科学社会主义等领域，涵盖经济、政治、科技、教育、文化、民

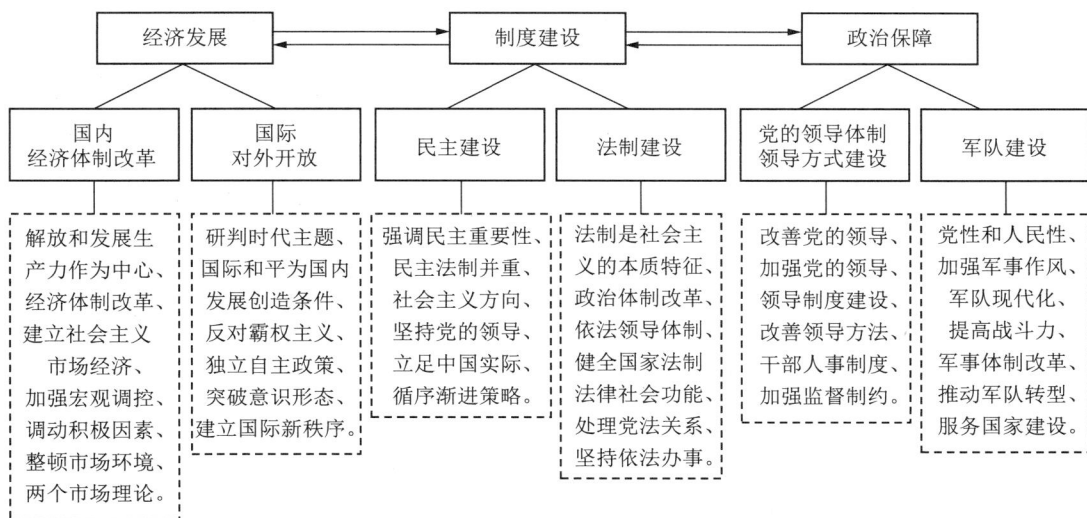

图 4.1 改革期党的治国理政思想逻辑图

族、军事、外交、统一战线、党的建设等各方面的内容。从治国理政思想的角度来说，集中体现在治国理政的制度化、民主化、法制化方面，以及市场经济改革思想、军事现代化思想和对外开放思想六大领域。经过这一时期的发展，党治国理政的思想原则更加清晰合理，制度基础更加牢固完备，内外格局更加平衡协调，党的治国理政实践开始走上正轨，并开启了探索中国特色社会主义制度和治理现代化的新阶段。

第一节　党的领导体制和领导方式建设思想

中国共产党是中国革命的领导核心、中国政治的决策中心和中国社会的组织轴心。党的领导体制和领导方式建设，在中国的治国理政和政治生活中具有中心地位。在长期革命战争年代，中国共产党形成了自上而下的组织体系，树立了"四个服从"的组织原则，[①] 这对于保证党的坚强领导、发挥党的组织优势、夺取新民主主义革命胜利发挥了突出作用。但是，新中国成立以后，党的领导体制的一些弊端逐步表现出来，特别是权力的过分集中酿成了"文化大革命"的内乱，给党和人民的事业造成了巨大损失，如何使党和国家避免重犯这样的历史性错误成为改革开放之初需要考虑的一个重大问题。[②] 邓小平基于长期革命和党内政治生活经验，对党的领导体制和领导方式进行了继承性的探索、改革和发展。这集中表现为以下几个方面。

一是强调在改善党的领导的同时坚持和加强党的领导。基于对历史教训的总结，邓小平明确指出："党和国家现行的一些具体制度中，还存在不少的弊

---

① 即党员个人服从党的组织，少数服从多数，下级组织服从上级组织，全党各个组织和全体党员服从党的全国代表大会和中央委员会。

② 韩强：《论改革开放以来党的领导体制改革》，《党政研究》2018 年第 3 期。

端，妨碍甚至严重妨碍社会主义优越性的发挥。如不认真改革，就很难适应现代化建设的迫切需要，我们就要严重地脱离广大群众。""从党和国家的领导制度、干部制度方面来说，主要的弊端就是官僚主义现象，权力过分集中的现象，家长制现象，干部领导职务终身制现象和形形色色的特权现象。"[1] 但在论及改革党的领导的同时，邓小平反复强调改善党的领导目的是为了坚持和加强党的领导。只有改善党的领导，才能坚持党的领导。而"党要善于领导，不能干预太多，应该从中央开始。干预太多，搞不好倒会削弱党的领导"[2]。因此，改革中国共产党的领导体制和领导方式，绝不是要削弱党的领导，恰恰相反，这是为了更好地坚持和加强党的长期执政能力。实行这些改革，是为了使党委摆脱日常事务，集中力量做好思想政治工作和组织监督工作。邓小平明确提出："这不是削弱党的领导，而是更好地改善党的领导，加强党的领导。"[3] 邓小平多次强调："要建设社会主义，没有共产党的领导是不可能的。"[4] 在中国这样一个大国，没有共产党的统一领导，是不可设想的，"那就只会四分五裂，一事无成。这是全国各族人民在长期的奋斗实践中深刻认识到的真理"[5]。加强和改善党的领导，最主要的是要理顺党政关系，"党的领导是不能动摇的，但党要善于领导，党政要分开，这个问题要提上议事日程"[6]。

二是强调加强党的领导制度建设。邓小平指出："我们过去发生的各种错误，固然与某些领导人的思想、作风有关，但组织制度、工作制度方面的问题更重要。"[7] 他还指出，改革现行制度中的弊端，既要解决思想问题，又要解决

① 《邓小平文选》第 2 卷，人民出版社 1994 年版，第 321 页。
② 《邓小平年谱（1975—1997）》（下），中央文献出版社 2004 年版，第 1026 页。
③ 《邓小平文选》第 2 卷，人民出版社 1994 年版，第 340 页。
④ 《邓小平文选》第 3 卷，人民出版社 1994 年版，第 208 页。
⑤ 《邓小平文选》第 2 卷，人民出版社 1994 年版，第 341—342 页。
⑥ 《邓小平文选》第 3 卷，人民出版社 1994 年版，第 177 页。
⑦ 《邓小平文选》第 2 卷，人民出版社 1994 年版，第 333 页。

制度问题，归根结底是必须从根本上改变那些不合理的制度。改革开放后，邓小平重点强调，从制度上建党是建立社会主义市场经济体制的需要。社会主义市场经济体制的法制性、自主性、趋利性，要求完善党的领导制度，规范党的生活制度，严格党的组织制度。他一贯强调，从制度上建党是发展社会主义民主政治的重要保障。建设社会主义民主是我国社会主义现代化建设的目标之一，也是我国政治体制改革的一个重要内容。1981年，中共十一届六中全会通过的《关于建国以来党的若干历史问题的决议》提出：要把党内民主和国家政治生活中的民主加以制度化、法律化，"必须把我们党建设成为具有健全的民主集中制的党"。1987年召开的中共十三大指出："切实加强党的制度建设，对于党的正确路线的巩固和发展，对于党的决策的民主化和科学化，对于充分发挥各级党组织和党员的积极性、创造性，十分重要。"

三是改善党的领导方法，坚持和贯彻民主集中制。民主基础上的集中和集中指导下的民主相结合的制度，是党的根本组织制度和领导制度，也是马克思主义认识论和群众路线在党的生活和组织建设中的运用。邓小平强调，党正确和有效地发挥领导作用，必须不断改革和改进领导体制、组织形式和活动方式。针对我们党内领导制度中存在权力过分集中、党政不分、以党代政的问题，他提出"党政要分开，解决党如何善于领导的问题。这是关键，要放在第一位"[1]。他认为，除了改革现行政治领导体制外，还要改变党的领导工作状况，改善党的领导工作方法。邓小平始终把健全民主集中制作为党的制度建设的重要任务，积极倡导党的生活民主化、科学化。他特别指出："民主集中制执行得不好，党是可以变质的，国家也是可以变质的，社会主义也是可以变质的。"他要求，要把民主集中制作为正确处理党员与党员之间、党员与组织之间、党的上下级组织之间、党的各级组织同党中央之间关系的基本准则，作为党内各种

---

[1] 《邓小平文选》第3卷，人民出版社1994年版，第177页。

制度中最根本的、带有贯穿性和纲领性的制度。在他的重视和倡导下，民主集中制这一根本制度在改革开放后得到了恢复和坚持。

四是改革干部人事制度。早在 1962 年，邓小平就在《执政党的干部问题》中指出："党要管党，一管党员，二管干部。对执政党来说，党要管党，最关键的是干部问题。"① 中共十一届三中全会后，针对干部工作制度中存在的弊病，邓小平提出要"坚决解放思想，克服重重障碍，打破老框框，勇于改革不合时宜的组织制度、人事制度"。他提出建立退休制度，有步骤地和稳妥地废除干部领导职务终身制，"关键是要健全干部的选举、招考、任免、考核、弹劾、轮换制度，对各级各类领导干部（包括选举产生、委任和聘用的）职务的任期，以及离休、退休，要按照不同情况，作出适当的、明确的规定"②。要改变事实上存在过的"干部领导职务终身制现象"和清除"残存在党内的这种家长制作风"③。同时，要"按照'革命化、年轻化、知识化、专业化'的标准，选拔德才兼备的人进班子"④，"这是保持党和政府正确领导的连续性、稳定性的重大战略措施"⑤，也是始终保持党和国家的活力之关键所在。

五是强调加强对党的监督。早在 1957 年，邓小平就提出，党要接受监督，党员要接受监督，"在中国来说，谁有资格犯大错误？就是中国共产党"⑥。邓小平强调健全党内监督，党员要充分行使各项民主权利，健全并落实党内选举、民主评议领导干部等制度。邓小平还强调要有群众监督制度，让群众和党员监督干部，特别是领导干部。凡是搞特权、特殊化，经过批评教育而又不改的，人民就有权依法进行检举、控告、弹劾、撤换、罢免，要求他们在经济上退赔，并使他们受到法律、纪律处分。对各级干部的职权范围和政治、生活待遇，要

---

① 《邓小平文选》第 1 卷，人民出版社 1994 年版，第 328 页。
②③ 《邓小平文选》第 2 卷，人民出版社 1994 年版，第 331 页。
④ 《邓小平文选》第 3 卷，人民出版社 1993 年版，第 380 页。
⑤ 《邓小平文选》第 2 卷，人民出版社 1994 年版，第 321 页。
⑥ 《邓小平文选》第 1 卷，人民出版社 1994 年版，第 270 页。

制定各种条例，最重要的是要有专门的机构进行铁面无私的监督检查。在强化监督的同时，邓小平强调必须加强对干部的思想教育，提高党员干部的觉悟。他要求，加强党性教育，要使党员、干部认识到，党的性质决定了建立在自觉、主动基础上的党内监督，是我们党实现自我净化、自我发展，从胜利走向胜利的可靠保证。邓小平还十分重视疏通并拓宽党内外民主监督渠道。他指出："无论党内的监督和党外的监督，其关键都在于发展党和国家的民主生活，发扬我们党的传统作风。"他还十分重视舆论监督，认为舆论监督对加强党内监督不可或缺。①

第二节　民主建设思想

中国历史上缺少民主的经验和资源，虽然中国共产党在长期的革命和建设过程中逐步形成了卓有成效的民主集中制，但总体而言，全党全国对于民主政治建设的必要性、重要性长期未能形成稳定的共识；更遑论民主政治建设的具体路径和内容。邓小平在反思"文化大革命"历史教训的时候，深刻感受到民主政治的缺乏是其发生的重要原因，因此对如何更好地建设中国特色社会主义民主进行了深入的思考。

一是强调民主建设的重要性和必要性。1979 年 3 月 30 日，邓小平在党的理论工作务虚会上发表讲话时指出，我们必须坚持无产阶级专政。我们已经作了大量的宣传，说明无产阶级专政对于人民来说就是社会主义民主，是工人、农民、知识分子和其他劳动者所共同享受的民主，是历史上最广泛的民主。在民主的实践方面，我们过去做得不够，并且犯过错误。现在我们已经坚决纠正

---

① 青海省党建研究会：《邓小平党的制度建设思想及其现实意义》，《青海日报》，2014 年 10 月 13 日。

了过去的错误，并且采取各种措施继续努力扩大党内民主和人民民主。邓小平明确提出，没有民主就没有社会主义，就没有社会主义的现代化。同时，他也强调："当然，民主化和现代化一样，也要一步一步地前进。社会主义愈发展，民主也愈发展。这是确定无疑的。"①1980 年 8 月，邓小平进一步指出："我们进行社会主义现代化建设，是要在经济上赶上发达的资本主义国家，在政治上创造比资本主义国家的民主更高更切实的民主，并且造就比这些国家更多更优秀的人才。达到上述三个要求，时间有的可以短些，有的要长些，但是作为一个社会主义大国，我们能够也必须达到。"

　　二是强调民主建设同法制建设的相互依存关系。邓小平认为，民主和法制不可分割，"为了保障人民民主，必须加强法制。必须使民主制度化、法律化，使这种制度和法律不因领导人的改变而改变，不因领导人看法和注意力的改变而改变"②。邓小平把民主政治建设提上了我国现代化的重要议程，并强调必须使民主制度化、法律化，这是他总结国际共产主义运动的经验教训、总结新中国成立以来特别是"文化大革命"的经验教训所得出的论断。这集中体现在邓小平 1980 年 8 月 18 日所作的《党和国家领导制度的改革》这篇著名讲话中。③在这篇重要讲话中，邓小平深刻分析了我国原有政治体制的弊端、根源、实质。他指出："我们过去发生的各种错误，固然与某些领导人的思想、作风有关，但组织制度、工作制度方面的问题更重要。这些方面的制度好可以使坏人无法任意横行，制度不好可以使好人无法充分做好事，甚至会走向反面。"这"不是说个人没有责任，而是说领导制度、组织制度问题更带有根本性、全局性、稳定性和长期性。这种制度问题，关系到党和国家是否改变颜色，必须引起全党的高度重视""如果不坚决改革现行制度中的弊端，过去出现过的一些严重问题

---

①　《邓小平文选》第 2 卷，人民出版社 1994 年版，第 168 页。

②　《邓小平文选》第 2 卷，人民出版社 1994 年版，第 146 页。

③　胡伟：《邓小平制度建设思想与国家治理现代化》，《解放日报》，2014 年 8 月 22 日。

今后就有可能重新出现。"① 在强调民主建设、法制建设的背后，对"文化大革命"的原因和后果的深刻反思是一个重要动因。邓小平明确指出："'文化大革命'的十年浩劫。这个教训是极其深刻的。不是说个人没有责任，而是说领导制度、组织制度问题更带有根本性、全局性、稳定性和长期性。"②

三是强调社会主义民主的方向和党的领导。邓小平一方面痛感民主法制的缺乏，是造成"文化大革命"浩劫的重要原因；另一方面对于中国政治发展的方向性问题十分敏感，高度强调民主政治建设的方向和党的领导问题。1989年2月26日，邓小平在会见美国总统乔治·布什（George Bush）时提出，中国的问题，压倒一切的是需要稳定。因为没有稳定的环境，什么都搞不成，已经取得的成果也会失掉。因此，中国一方面强调改革开放，包括推进民主法制建设和政治体制改革，但另一方面"就一定要有稳定的政治环境"。所谓"稳定的政治环境"就是在"走什么路"的问题上，不能犯颠覆性错误，一定要坚持中国自己的道路。邓小平强调："我们是要发展社会主义民主，但匆匆忙忙地搞不行，搞西方那一套更不行。如果我们现在十亿人搞多党竞选，一定会出现'文化大革命'中那样'全面内战'的混乱局面"；"中国正处在特别需要集中注意力发展经济的进程中。如果追求形式上的民主，结果是既实现不了民主，经济也得不到发展，只会出现国家混乱、人心涣散的局面。"③ "'文化大革命'时搞'大民主'，以为把群众哄起来，就是民主，就能解决问题。实际上一哄起来就打内战。"归根到底，中国需要改革，但改革不能离开社会主义道路，不能没有共产党的领导，"没有共产党的领导，就没有社会主义道路。"④

四是强调发展社会主义民主建设应当从中国实际出发、循序渐进。1987年

---

① 《邓小平文选》第2卷，人民出版社1994年版，第333页。
② 《邓小平文选》第2卷，人民出版社1994年版，第336页。
③ 《邓小平文选》第3卷，人民出版社1993年版，第284—285页。
④ 《邓小平文选》第3卷，人民出版社1993年版，第242页。

6 月 12 日，邓小平会见南斯拉夫共产主义者联盟中央主席团委员斯特凡·科罗舍茨时表示，中国改革的步子要加快，调动积极性，权力下放是最主要的内容。"调动积极性是最大的民主。"至于各种民主形式怎么搞法，要看实际情况。邓小平认为，当前中国在基层搞普选，但是"像我们这样一个大国，人口这么多，地区之间又不平衡，还有这么多民族，高层搞直接选举现在条件还不成熟，首先是文化素质不行"。针对多党竞争问题，邓小平认为，中国实行中国共产党领导的多党合作和政治协商制度有其必要性，像中国这样一个大国，如果没有中国共产党来领导，许多事情很难办，"首先吃饭问题就解决不了"。他强调，政治体制改革要分步骤、有领导、有秩序地进行。邓小平反复强调，中国不能搞"文化大革命"那样的"大民主"。邓小平认为，那实际上是无政府主义。"民主是我们的目标，但国家必须保持稳定。"①

第三节　法制建设思想

在邓小平理论中，有关社会主义法制建设方面的内容占有很大比重，涉及社会主义法制建设的各个领域，并且有着严密的内在联系和逻辑结构，形成了一个完整的邓小平法制思想体系。邓小平结合中国国情和社会主义法治建设实践，不仅为中国法治社会建构勾画了清晰的框架、轮廓，而且指明了我国法治社会的未来走向。②

一是强调法制建设作为社会主义的本质特征之一。法治思想并非中国传统治国理政的主流思想，历史上中国的法家虽然对实际政治影响深远，但中国并

---

① 《邓小平文选》第 3 卷，人民出版社 1993 年版，第 285 页。
② 志平：《法治：邓小平思想的精髓》，《法制日报》，2014 年 8 月 22 日。

没有发展出以限制权力和保障权利为中心的法治思想。新中国成立后很长时间里，虽然在法制建设方面有着重大进步，但始终未能建立健全法治体系。基于对历史教训的反思，邓小平认为民主法制的缺失是造成"文化大革命"十年浩劫的重要原因。邓小平清醒地认识到，民主和法制，这两个方面都应该加强，"过去我们都不足"，"我们好多年实际上没有法，没有可遵循的东西"①。基于此，他提出："没有民主就没有社会主义，就没有社会主义现代化。社会主义愈发展，民主也愈发展。""要靠法制，搞法制靠得住些。"②邓小平经常将"加强社会主义法制"和"发展社会主义民主"放在一起看待和论述。他指出："社会主义民主和社会主义法制是不可分的。""为了保障人民民主，必须加强法制。必须使民主制度化、法律化。"在1980年年底的中央工作会议上，他指出："要继续发展社会主义民主，健全社会主义法制。这是三中全会以来中央坚定不移的基本方针，今后也决不允许有任何动摇。"③这是一个十分重要的论断，将民主法制建设当做社会主义政治建设的重要组成部分，标志着马克思主义中国化的重要发展，也为中国特色社会主义民主和法治道路奠定了重要的思想基础。

二是改革和完善政治体制，建立依法治国的领导机制。邓小平政治体制改革思想的提出最早可以追溯到1978年。他在当年9月15日黑龙江省委常委汇报会上的讲话中指出："我国的体制，包括机构体制等，基本上是从苏联来的，是一种落后的东西，人浮于事，机构重叠，官僚主义发展。"这种体制其症结所在是"不适应现代化建设，上层建筑不适应新的要求"。因此，有好多体制问题需要重新考虑；体制问题不解决不行。④他明确地设定了政治体制改革的总目标："第一，巩固社会主义制度；第二，发展社会主义社会的生产力；第三，发

①《邓小平文选》第2卷，人民出版社1994年版，第189页。
②《邓小平文选》第2卷，人民出版社1994年版，第168页。
③《邓小平文选》第2卷，人民出版社1994年版，第359页。
④《邓小平思想年谱（1975—1997）》，中央文献出版社1998年版，第77页。

扬社会主义民主，调动广大人民的积极性。"① 从中可以看出，政治体制改革的目标是强化而非弱化中国的社会主义性质。在此基础上，中共十一届三中全会公报指出："必须有充分的民主"，而"为了保障人民民主，必须加强社会主义法制，使民主制度化、法律化，使这种制度和法律具有稳定性、连续性和极大的权威，做到有法可依，有法必依，执法必严，违法必究"②。1979 年 10 月 30日，邓小平在全国第四次文代会上所作的讲话中指出："我们要在大幅度提高生产力的同时，改革和完善社会主义的经济制度和政治制度，发展高度的社会主义民主和完备的社会主义法制。"③

三是加强立法工作，健全国家法制。在《解放思想，实事求是，团结一致向前看》的著名讲话中，邓小平明确提出，应该集中力量制定刑法、民法、诉讼法和其他各种必要的法律，例如工厂法、人民公社法、森林法、草原法、环境保护法、劳动法、外国人投资法等等，并且加强检察机关和司法机关，"做到有法可依，有法必依，执法必严，违法必究"④。此后，《关于党内政治生活的若干准则》《关于建立老干部退休制度的规定》等一大批党内规章通过，新的《宪法》《城市居民委员会组织法》《村民委员会组织法》《选举法》等一系列重要法律法规通过，党治国理政的制度基础更加牢固完备。对于立法工作，邓小平提出考虑到立法工作量很大，人力很不够，法律条文可以一开始粗一点，逐步完善；有的法规地方可以先搞试点，经过总结提高以后制定全国通行的法律。修改补充法律，成熟一条就修改补充一条，另外还要大力加强对国际法的研究。此后，新中国的法制体系不断完善，2010 年，中国特色社会主义法律体系基本形成。

---

① 《邓小平文选》第 3 卷，人民出版社 1993 年版，第 178 页。
② 《十一届三中全会以来重要文献选编》(上)，人民出版社 1982 年版，第 11 页。
③ 《邓小平文选》第 2 卷，人民出版社 1994 年版，第 208 页。
④ 《邓小平文选》第 2 卷，人民出版社 1994 年版，第 146—147 页。

四是充分发挥法律的社会功能。为了给改革开放和社会主义现代化建设创造一个稳定社会环境，必须对多种扰乱社会秩序、破坏安定团结的现象进行斗争。不管采取何种社会控制模式，法律调整是不容置疑的手段之一，邓小平认为，应当坚持"两手抓，两手都要硬"的方针，充分发挥法律在社会控制中的作用，要遵循社会主义法制原则，以法律手段维护安定团结。他指出，"在坚决发扬民主的同时，大力稳定社会秩序，加强社会主义法制，确保安定团结"，必须运用法律手段进行国家和社会治理。例如，他强调打击各种犯罪活动一定要在法律范围内进行，要按照宪法、法律办事，学会使用法律武器。"国家和企业、企业和企业、企业和个人之间的关系，也要用法律的形式来确定，他们之间的关系有不少要通过法律来解决。"① 他还主张反腐败要靠法制，认为搞法制靠得住些。

五是深刻阐述执政党和法治的关系。邓小平明确指出，要正确处理好党的领导和法制的关系。首先，社会主义法制建设要在党的领导下进行。其次，党必须在宪法和法律范围内活动。一切党组织和全体党员的一切活动都必须以遵循宪法和法律为根本活动原则，而不能与宪法和法律相抵触，都必须模范地遵守宪法和法律，维护其尊严，保证其实施。这一原则已经被写入宪法和党章之中。邓小平强调：党不要干预法律范围内的问题，全党同志要学会运用法律，党的政策不要同法律相抵触，各级党组织和全体党员要严格地遵守法律。邓小平还提到党纪和国法的关系，"国要有国法，党要有党规党法"，必须要严格执行党纪，反对党内特权，是树立国法权威的基础，"没有党规党法，国法就很难保障"。②

六是法制建设的核心是"依法办事"。在西方政治文明体系中，"法治"的含义是"法的统治"或"法律之治"（rule of law），前者意指统治权的来源和行使都必须是以"法"为基础，后者则意指统治权的来源和行使必须以"制定法"为

---

①② 《邓小平文选》第二卷，人民出版社1994年版，第147页。

基础。但不论是那种含义的法治，都意味着统治的基础是法，即法才是最高权威。而中国并无这样的法治思想。中共十一届三中全会以后提倡的是法制思维，出发点是公权力的行使和经济社会运行有法可依，主要是国家政治经济社会生活制度化的含义；而且法制侧重于制定法系统，主要是要求党和国家应依照制定法系统来治国理政。因此，新中国的法治建设不具有西方的"神权法"或"自然法"的基础，即"法"不是某种超然的"高级权威"，而只是世俗的规范。从发生背景来看，改革开放以后强调法制主要是指形成政治经济社会各方面事务的规范体系，核心是要求公权力部门和领导人依法办事。例如，1979年9月1日，彭真同志在中央党校发表《关于社会主义法制的几个问题》的讲话中说："现在要依法办事，依法治国，你是领导，不懂法怎么行？""领导，就是按照法律来领导。要依法办事，有法可依，有法必依，执法必严，违法必究。"[①]1982年，中共十二大通过的《中国共产党章程》明确提出："党必须在宪法和法律范围内活动。"1982年《宪法》第5条规定：国家维护社会主义法制的统一和尊严；一切法律、行政法规和地方性法规都不得同宪法相抵触；一切国家机关和武装力量、各政党和各社会团体、各企业事业组织都必须遵守宪法和法律；一切违反宪法和法律的行为，必须予以追究；任何组织或者个人都不得有超越宪法和法律的特权。这是对于传统中国所谓法家思想的根本性突破，法家的法治只讲治民不讲治官，而这时候的法制思想明确以约束公权力行使为目的。

第四节　经济体制改革思想

邓小平被认为是改革开放"总设计师"，重要原因在于其设计并推动社会主

---

① 《红旗》，1979年第11期。

义市场经济改革。邓小平的经济思想博大精深，有人曾将邓小平的经济思想归纳为八个方面：（1）确立生产力标准；（2）科学技术是第一生产力；（3）社会主义的本质特征是共同致富；（4）改革是解放生产力的一场革命；（5）社会主义也可以搞市场经济；（6）以公有制为主体，多种经济成份并存；（7）开放政策是中国的希望；（8）宏伟的战略目标和周密的规划设计。[①] 其中重点体现在以下几个方面。

一是将解放生产力、发展生产力作为核心任务。邓小平明确意识到中国同发达国家在经济发展方面的巨大差距。1978 年 10 月，邓小平在会见联邦德国新闻代表团时说，中国"同发达国家相比较，经济上的差距不止是十年了，可能是二十年、三十年，有的方面甚至可能是五十年"[②]。在不同的场合，邓小平多次明确表达社会主义要解放和发展生产力："讲社会主义，首先就要使生产力发展，这是主要的。只有这样，才能表明社会主义的优越性。""没有这一条，再吹牛也没有用。"将社会主义的优越性问题从单纯的意识形态中解放出来，用解放生产力来进行衡量，既符合马克思主义基本原理，更是中国追求快速发展的实现所需。邓小平认为，"只有这样，才能表现社会主义的优越性""这是压倒一切的标准""空讲社会主义不行，人民不相信"[③]。他指出："社会主义基本制度确立以后，还要从根本上改变束缚生产力发展的经济体制，建立起充满生机和活力的社会主义经济体制，促进生产力的发展。"[④] 邓小平还提出，生产力的发展，对于社会主义革命具有本质性意义。"我们革命的目的就是解放生产力，发展生产力。离开了生产力、国家的富强、人民生活的改善，革命就是空的。"[⑤] 生产力发展对于稳固党的执政权，增强党的执政合法性具有重要意义。

---

① 吴敬琏：《邓小平经济思想的战略意义》，《人民日报》，1994 年 8 月 22 日。

② 《邓小平文选》第 2 卷，人民出版社 1994 年版，第 132 页。

③ 《邓小平文选》第 2 卷，人民出版社 1994 年版，第 314 页。

④ 《邓小平文选》第 3 卷，人民出版社 1993 年版，第 370 页。

⑤ 《邓小平文选》第 2 卷，人民出版社 1994 年版，第 231 页。

为推动经济发展，中央明确提出宏观经济增长目标。邓小平提出，为实现国民生产总值到20世纪末"翻两番，要有全盘的更具体的规划，各个省、自治区、直辖市也都要有自己的具体规划，做到心中有数"①。1990年，在回顾改革开放历程时，邓小平感慨地说："人民现在为什么拥护我们？就是这十年有发展，发展很明显。假设我们有五年不发展，或者是低速度发展，例如百分之四、百分之五，甚至百分之二、百分之三，会发生什么影响？这不只是经济问题，实际上是个政治问题。"②

二是推动经济体制改革。既然社会主义要有利于生产力发展，那么就必然要求经济体制适应生产力的发展。1978年底，中共十一届三中全会召开。全会公报指出："实现四个现代化，要求大幅度地提高生产力，也就必然要求多方面地改变同生产力发展不适应的生产关系和上层建筑，改变一切不适应的管理方式、活动方式和思想方式，因而是一场广泛、深刻的革命。"1979年11月，邓小平在会见外宾时说："我们有些经济制度，特别是企业的管理、企业的组织这些方面，受苏联影响比较大。这些方面资本主义国家先进的经营方法、管理方法、发展科学的方法，我们社会主义应该继承。"③中共十二届三中全会通过的《中共中央关于经济体制改革的决定》指出，我国社会主义经济是公有制基础上的有计划的商品经济，强调要按经济规律尤其是价值规律办事。④实际上，推进经济体制改革，是改革开放的核心议程之一，也是我国解放生产力、发展生产力的必由道路。

三是建立社会主义市场经济。改革开放之初，邓小平一方面推动改革，提出社会主义也可以有市场经济，"说市场经济只存在于资本主义社会，只有资本

① 《邓小平文选》第3卷，人民出版社1993年版，第24页。
② 《邓小平文选》第3卷，人民出版社1993年版，第354页。
③ 《邓小平文选》第2卷，人民出版社1994年版，第235页。
④ 参见《人民日报》，1984年10月21日。

主义的市场经济，这肯定是不正确的。社会主义为什么不可以搞市场经济，这个不能说是资本主义。我们是计划经济为主，也结合市场经济，但这是社会主义的市场经济"[1]。"我们必须从理论上搞懂，资本主义与社会主义的区分不在于是计划还是市场这样的问题。社会主义也有市场经济，资本主义也有计划控制。"[2] 在邓小平的推动下，1984 年 10 月，中共十二届三中全会通过《中共中央关于经济体制改革的决定》，明确改革的基本任务是"建立起具有中国特色的、充满生机和活力的社会主义经济体制，促进社会生产力的发展"。1987 年中共十三大报告提出，必须以公有制为主体，大力发展有计划的商品经济。商品经济的充分发展是社会经济发展不可逾越的阶段，是实现生产社会化、现代化的必不可少的基本条件。1992 年 1 月，邓小平在南方谈话中进一步强调："计划多一点还是市场多一点，不是社会主义与资本主义的本质区别。""计划经济不等于社会主义，资本主义也有计划；市场经济不等于资本主义，社会主义也有市场。计划和市场都是经济手段。"这些重要论断，推动了社会主义市场经济体制的建立。

四是加强对社会主义市场经济的宏观调控。作为改革开放总设计师，邓小平在积极倡导和推动改革的同时，针对经济领域出现的一系列问题，进行了深入思考和实践探索。尽管邓小平并未直接提出"宏观调控"这一概念，但他关于经济体制改革、经济发展、经济调整等方面的论述以及内嵌于财税、金融、投资、外贸等多个领域的具体改革措施中所蕴含和体现的宏观调控思想，是邓小平理论的重要组成部分，为此后我国社会主义市场经济宏观调控体系的建立奠定了基础，对保证我国改革沿着正确方向稳定推进和我国经济持续健康发展发挥了重要作用。邓小平宏观调控思想主要可从以下几个方面把握：一是对经济进行宏观调控是必要的，这是解决市场失灵的有效方式，是建立和完善社会主

---

[1] 《邓小平文选》第 2 卷，人民出版社 1994 年版，第 236 页。

[2] 《邓小平文选》第 3 卷，人民出版社 1993 年版，第 364 页。

义市场经济的必要手段，能够促进经济发展、保持物价稳定、增加就业、提高人民收入、保持国际收支平衡；二是宏观调控的手段，既涵盖以经济手段为主的间接调控，也有包括行政和法律手段在内的直接调控；三是实施宏观调控，一方面要维护党中央的绝对权威，另一方面也要发挥地方的积极性和企业的自主权，同时还要综合运用好不同调控方式。[①]

五是统筹兼顾，发挥各方面的积极性。邓小平指出："中国式的现代化，必须从中国的特点出发。比方说，现代化的生产只需要较少的人就够了，而我们人口这样多，怎样两方面兼顾？不统筹兼顾，我们就会长期面对着一个就业不充分的社会问题。"[②]改革要有活力，必须充分发挥中央和地方两个积极性。中央通过把方向、控大局，提升权威性，中央在宏观调控中有权威，才能引导地方、企业和居民向中央指明的方向和目标努力，达到整体效率最大化。邓小平指出，"宏观管理要体现在中央说话能够算数"，"现在中央说话，中央行使权力，是在大的问题上，在方向问题上"。[③]邓小平明确要求，"中央定了措施，各地各部门就要坚决执行"，"不能搞'你有政策我有对策'，不能搞违背中央政策的'对策'"。社会主义市场经济条件下的宏观调控必须强调中央的统一调控，中央"没有权威，局势就控制不住"[④]。同时，应充分发挥地方积极性，实现上下同心，共同推进中国特色社会主义事业取得新成就。1978 年 12 月，邓小平提出："现在我国的经济管理体制权力过于集中，应该有计划地大胆下放，否则不利于充分发挥国家、地方、企业和劳动者个人四个方面的积极性，也不利于实现现代化的经济管理和提高劳动生产率。"[⑤]另外，还要扩大企业的自主

[①]　刘磊、卢周来：《邓小平关于经济改革和发展论述中蕴含的宏观调控思想》，《党的文献》2019 年第 5 期。

[②]　《邓小平文选》第 2 卷，人民出版社 1994 年版，第 164 页。

[③]　《邓小平文选》第 3 卷，人民出版社 1993 年版，第 278 页。

[④]　《邓小平文选》第 3 卷，人民出版社 1993 年版，第 277 页。

[⑤]　《邓小平文选》第 2 卷，人民出版社 1994 年版，第 145 页。

权，调动企业积极性。1986 年，邓小平就专门指出，"企业改革，主要是解决搞活国营大中型企业的问题"，"用多种形式把所有权和经营权分开，以调动企业积极性，这是改革的一个很重要的方面"。①

六是整顿市场环境，保持经济平稳发展。改革开放初期，经济犯罪激增，邓小平提出，四个现代化建设要"两手抓"，一手抓坚持对外开放和对内搞活经济，一手抓坚决打击经济犯罪活动，"没有打击经济犯罪活动这一手，对内搞活经济的正常肯定也要失败"②。从 1984 年下半年开始，我国出现了经济过热、货币发行过多等现象和物价涨幅过大、通货膨胀严重等问题。在这种情况下，邓小平指出："我赞成边改革、边治理环境整顿秩序。要创造良好的环境，使改革能够顺利进行。"③ 针对通货膨胀，邓小平指出："我们现在的问题是通货膨胀，物价上涨得太快，给国家和人民都带来了困难。"这就需要政府运用经济、货币等各种手段对经济进行宏观调控，抑制通货膨胀。邓小平指出："现在的局面看起来好像很乱，出现了这样那样的问题，如通货膨胀、物价上涨，需要进行调整，这是不可少的。"④ 邓小平认为，要充分认识法律手段对经济宏观调控的重要作用，利用法律手段进一步规范市场秩序和政府行为，来协调不同经济主体之间的关系。针对当时我国经济管理领域的法制还不够健全的情况，邓小平指出，"现在的问题是法律很不完备，很多法律还没有制定出来"⑤，如工厂法、劳动法、外国人投资法等。此后，在他的推动下，我国陆续出台了一批经济领域的法律，如《中外合资经营企业法》《涉外经济合同法》《外资企业法》《中外合作经营企业法》《劳动法》等。邓小平指出："国家和企业、企业和企业、企业和个人等等之间的关系，也要用法律的形式来确定；它们之间的矛盾，也有不

---

① 《邓小平文选》第 3 卷，人民出版社 1994 年版，第 192 页。
② 《邓小平文选》第 2 卷，人民出版社 1994 年版，第 404 页。
③ 《邓小平文选》第 3 卷，人民出版社 1993 年版，第 277 页。
④ 《邓小平文选》第 3 卷，人民出版社 1993 年版，第 277—288 页。
⑤ 《邓小平文选》第 2 卷，人民出版社 1994 年版，第 146 页。

少要通过法律来解决。"①

七是明确提出利用国际国内两个市场。1979年，邓小平在中共省、自治区、直辖市委员会第一书记座谈会上讲话时提议"充分研究一下怎样利用外资的问题"②。邓小平认为，外资中的自由外汇和设备贷款，我们都要利用。"现在搞建设，门路要多一点，可以利用外国的资金和技术，华侨、华裔也可以回来办工厂。"③实现四个现代化，主要实现自己的努力，但"离开了国际的合作是不可能的。应该充分利用世界的先进的成果，包括利用世界上可能提供的资金"④。邓小平提出："我们要利用外国的资金和技术，也要大力发展对外贸易，但是必然要以自力更生为主。"⑤但是邓小平主张，利用外资应当立足于自力更生和国家自主性的基础上。中国实行经济开放政策，争取国际上的资金和先进技术，但国际上仍有一些老殖民主义者的头脑，所以"必须在自力更生的基础上争取外援，主要依靠自己的艰苦奋斗"⑥。对于政府外债，邓小平主张，"不要欠太多的债，借债必须放在有能力偿还的基础上"⑦。国际收支平衡与国内货币稳定、经济稳定和发展关系紧密，对社会供求平衡有重要影响。

第五节　军队建设思想

邓小平作为我党第一代中央领导集体的主要成员，他在军事实践和军事理

---

① 《邓小平文选》第2卷，人民出版社1994年版，第147页。
② 《邓小平文选》第2卷，人民出版社1994年版，第198页。
③ 《邓小平文选》第2卷，人民出版社1994年版，第156页。
④ 《邓小平文选》第2卷，人民出版社1994年版，第234页。
⑤ 《邓小平文选》第2卷，人民出版社1994年版，第257页。
⑥ 《邓小平文选》第2卷，人民出版社1994年版，第406页。
⑦ 《邓小平年谱（1975—1997）》（下），中央文献出版社2004年版，第881页。

论上的成就，已经融入作为全党全军集体智慧结晶的毛泽东军事思想之中。20
世纪 70 年代后，邓小平作为我党第二代中央领导集体的核心，作为人民解放军
的最高统帅，以无产阶级革命家、战略家的胆略、勇气和远见，紧紧把握住时
代脉搏，在国际形势发生深刻变动的大背景下和国家发展战略总体设计的大框
架中，创造性地把毛泽东军事战略思想与军事斗争实际紧密结合起来，提出了
一系列重要的军事战略思想和理论观点，系统地回答了我国军事战略的根本着
眼点与出发点，以及指导战略力量建设与运用的基本要求。①

一是强调解放军的党性和人民性。军队是国家政权的主要成分，谁想夺取
国家政权并想保持它，谁就应该拥有强大的军队。邓小平指出，我军是人民民
主专政的坚强柱石，肩负着保卫社会主义祖国、保卫四化建设的光荣使命。②
我国在新的历史条件下要巩固无产阶级政权和保卫社会主义制度，一个重要的
条件就是保持我军的无产阶级性质，使我军永远是一支在中国共产党绝对领导
下的人民军队。邓小平明确指出，"这个军队永远是党领导下的军队，永远是国
家的捍卫者，永远是社会主义的捍卫者，永远是人民利益的捍卫者"，"解放军
是人民子弟兵"，"人民子弟兵真正是党和国家的钢铁长城"。③

二是整顿军队，加强优良军事作风建设。邓小平认为，中国人民解放军有
着许多优良传统，但军队建设中也存在不少问题，存在肿、散、骄、奢、惰的
现象。一段时间以来，军队不仅组织纪律差，"政治纪律也差"④。整顿的关键
是精兵简政，健全军队领导班子，加强政治思想工作。整顿领导班子，一个重
要方面就是把作风整顿好，"领导干部，特别是高级领导干部以身作则非常重
要"⑤。早在 1975 年，他就指出："现在，好多优良传统丢掉了，军队臃肿不堪。

---

① 李志萍、韦取名：《邓小平军事战略思想及战略决策》，《中国党政干部论坛》2014 年第 7 期。
② 《邓小平文选》第 2 卷，人民出版社 1994 年版，第 395 页。
③ 《邓小平文选》第 3 卷，人民出版社 1993 年版，第 304 页。
④ 《邓小平文选》第 2 卷，人民出版社 1994 年版，第 17 页。
⑤ 《邓小平文选》第 2 卷，人民出版社 1994 年版，第 124 页。

军队的人数增加很多，军费开支占国家预算的比重增大，把很多钱花费在人员的穿衣吃饭上面。更主要的是，军队膨胀起来，不精干，打起仗来就不行。"① 邓小平还进一步指出精简军队与提高战斗力的关系。他说："军队要提高战斗力，提高工作效率，不'消肿'不行。"② 军队思想政治工作，要从征兵环节抓起，军队所有的军事人员、政治人员都应当要懂得做政治思想工作。③

三是加强军队现代化建设，提高军队的战斗力。邓小平认为，军队建设应当以现代化建设为中心，努力适应现代战争的要求。根据新时期我军肩负的历史使命，为我军确立了"三化"建设的总目标，即"把我军建设成为一支强大的现代化、正规化、革命化的革命军队"④。早在 1978 年的全军政治工作会议上，邓小平就指出："这次会议着重研究和解决在新的历史条件下，发扬政治工作的优良传统，提高我军战斗力的问题。"⑤ 正是根据邓小平的有关论述，中央军委连续在 1988 年、1989 年和 1990 年的三次扩大会议上，都强调要把提高战斗力作为军队建设和改革的出发点和落脚点，从而为我军建设指明了正确方向。邓小平指出："现在我们一定要承认我们的科学技术水平与世界先进水平相比，还差很长的一截。要承认我们军队打现代化战争的能力不够。"⑥ 邓小平进一步提出："我们一定要在国民经济不断发展的基础上，改善武器装备，加速国防现代化。"⑦ "靠空讲不能实现现代化，必须有知识，有人才。""要办各级学校，经过训练，使军队领导干部掌握现代科学文化知识和现代战争知识。"⑧

---

① 《邓小平文选》第 2 卷，人民出版社 1994 年版，第 1 页。
② 《邓小平文选》第 2 卷，人民出版社 1994 年版，第 285 页。
③ 《邓小平文选》第 2 卷，人民出版社 1994 年版，第 290 页。
④ 《邓小平文选》第 2 卷，人民出版社 1994 年版，第 395 页。
⑤ 《邓小平文选》第 2 卷，人民出版社 1994 年版，第 113 页。
⑥ 《邓小平文选》第 2 卷，人民出版社 1994 年版，第 61 页。
⑦ 《邓小平文选》第 2 卷，人民出版社 1994 年版，第 395 页。
⑧ 《邓小平文选》第 2 卷，人民出版社 1994 年版，第 40、41 页。

四是启动军事体制改革，增强军队基础能力。邓小平强调，军事现代化建设必须把搞好体制改革作为一个重点问题来抓。根据邓小平的有关论述和指示，中央军委于 1988 年制定的《关于加快和深化军队改革的工作纲要》提出：军队改革的总任务，就是要建立适应国际战略环境，适应国民经济发展水平和国防建设需要、适应现代战争要求的军事体制和运行机制，把我军建设成为具有中国特色的现代化、正规化革命军队。另外，他要求军队改革必须积极而稳妥地进行，强调"胆子要大，步子要稳"[1]。邓小平多次强调军队教育训练的战略地位。1977 年，邓小平明确提出，在没有战争的条件下，"要把军队的教育训练提高到战略问地位"[2]。邓小平注重军事院校建设，注重培养军事人才。在他主持军委工作期间，先后四次召开全军院校工作会议，研究解决加强院校建设的一系列重大问题，理顺了初、中、高三级培训体制，形成了具有我军特色的院校体系，把我军院校建设推进到一个崭新的阶段。注重加强军事法制建设，依法治军。根据邓小平的意见，1977 年军委会议制定并通过了 9 个决定、条例，内容包括教育训练、武器装备、编制体制等许多方面。中共十一届三中全会后的一段时间，在邓小平领导下，中央军委先后制定颁发了 60 个军事法规。[3]

五是推动军队转型，走中国特色强军之路。基于对国际形势的敏锐判断，邓小平作出和平和发展是当代世界的两大主题的战略论断。这为我军建设指导思想实行战略性转变奠定了理论基础，人民解放军从立足于"早打、大打、打核战争"的临战准备状态转到和平时期建设轨道上来。邓小平指出："在较长时间内不发生大规模的世界战争是可能的，维护世界和平是有希望的。""冷静地判断国际形势，多争取一点时间不打仗还是可能的。在这段时间里，我们应当

---

① 《邓小平文选》第 2 卷，人民出版社 1994 年版，第 118 页。

② 《邓小平文选》第 2 卷，人民出版社 1994 年版，第 60 页。

③ 季明：《邓小平新时期军队建设思想的基本内容》，2007 年 11 月。

尽可能地减少军费开支来加强国家建设。"[1] 在邓小平主持下召开的 1985 年的军委扩大会议上，中央军委作出了军队建设指导思想实行战略性转变的重大决策。军队建设指导思想的战略性转变，一方面使得军队得以聚焦军事现代化建设，提高军政素质，增强我军在现代战争条件下的自卫能力；更重要的是使国家资源更多地从备战转向于国家建设和发展。邓小平指出："现在需要的是全国党政军民一心一意地服从国家建设这个大局，照顾这个大局。这个问题，我们军队有自己的责任，不能妨碍这个大局，要紧密地配合这个大局，而且要在这个大局下面行动。"[2] 对于在服从国家建设大局的前提下，如何搞好军队建设的问题，邓小平一方面提出军队要"忍耐"，"军队装备真正现代化，只有国民经济建立了比较好的基础才有可能"[3]；另一方面又明确指出这种"忍耐"是积极的，绝不是消极的，要求我们立足现有条件，努力做好各项工作，绝不能降低我军的装备水平和忽视人员素质的提高。

第六节　对外开放战略思想

中共十一届三中全会以来，邓小平领导我们党坚持解放思想、实事求是的思想路线，在正确解决了对国内主要矛盾的认识和制定了改革开放政策的同时，对当代世界形势和时代特征也有了一个清醒的、符合实际的认识，从而为制定正确的外交战略提供了思想基础。

石广生认为，邓小平对外开放思想的主要内容可以概括为以下几个方面：第一，建设经济特区的思想；第二，从沿海向内地逐步推进对外开放的思想；

---

[1] 《邓小平文选》第 2 卷，人民出版社 1994 年版，第 285 页。
[2] 《邓小平文选》第 3 卷，人民出版社 1993 年版，第 99 页。
[3] 《邓小平文选》第 3 卷，人民出版社 1993 年版，第 128 页。

第三，利用外资的思想；第四，积极发展对外贸易和开展对外经济合作的思想；第五，正确处理对外开放和独立自主、自力更生关系的思想。[①]高屹立认为，邓小平的外交战略思想及其指导下的中国外交实践，是时代的产物，是实事求是思想路线的体现，具有许多鲜明的特点。例如，树立社会主义的和平形象；以国家利益为最高准则，超越社会制度和意识形态的差别来处理国际关系；完全的独立自主、真正的不结盟；原则性和灵活性相结合；根据新情况，新问题，提出新办法；根本的问题是中国的自身发展问题。[②]综合来看，邓小平的对外开放战略思想突出体现为如下几个方面。

一是对国际局势作出准确的战略性判断。进入 20 世纪 80 年代后，邓小平根据国际形势的发展变化，从实际出发，指导我们党对当今时代主题的把握，推动我们党对世界局势的判断由"战争与革命"到"和平与发展"的重大转变。1980 年 4 月，他在会见世界银行行长罗伯特·麦克纳马拉（Robert Strange McNamara）时说："采取有效措施，八十年代的危险可以渡过，不是不能渡过的。我们说争取二十年的和平环境是可能的。"1982 年 1 月 1 日，他在会见阿尔及利亚财政部部长亚拉时就说，现在世界上"不仅有'南北'、'东西'问题，还有'南南合作'"。1984 年，他在会见外宾时多次强调指出，现在世界上问题很多，有两个比较突出，一是和平问题，二是南北问题，其他许多问题，都不像这两个问题关系全局，带有全球性、战略性的意义。1985 年 3 月，他进一步明确地提出了"和平与发展是当代世界两大问题"的科学论断。这些对于时代主题的判断，为改革开放准备了重要的条件。

二是通过争取国际和平为国内发展创造条件。邓小平反复强调指出，要搞改革开放，进行社会主义现代化建设，需要一个稳定的国内环境，也需要一个和平的国际环境。历史经验说明，没有一个和平的国际环境，就不可能安心地

---

① 石广生：《邓小平对外开放思想的理论意义和实践意义》，《党的文献》2007 年第 2 期。

② 高屹：《邓小平新时期的外交战略思想述论》，《党的文献》1996 年第 2 期。

进行现代化建设。要实现中华民族求富求强的雄心壮志，分"三步走"基本实现现代化，是一个长期的艰巨过程，需要长时间的和平环境。"一打仗，这个计划就吹了，只好拖延。""我们提出维护世界和平不是在讲空话，是基于我们自己的需要，当然也符合世界人民的需要。"① 他明确提出："我们的对外政策，就本国来说，是要寻求一个和平的环境来实现四个现代化。"② 1985 年，邓小平会见坦桑尼亚联合共和国副总统阿里·哈桑姆维尼（Ali Hassan Mwinyi）时指出："我们把争取和平作为对外政策的首要任务，争取和平是世界人民的要求，也是我们搞建设的需要。没有和平，搞什么建设！"③

三是将反对霸权主义作为中国外交战略的基本方针。反对霸权主义、维护世界和平是新时期中国外交政策的纲领。邓小平曾指出："毛泽东思想在世界上是同反对霸权主义的斗争分不开的。"④ 邓小平继承和发展了毛泽东关于反霸斗争的思想，并根据变化了的新形势，从全人类的战略高度，将维护世界和平与反对霸权主义联系在一起作为中国外交战略的基本方针，并提出了一系列与之相适应的策略、原则。1985 年，邓小平会见坦桑尼亚联合共和国副总统姆维尼时指出："我们的对外政策是反对霸权主义，维护世界和平。我们把争取和平作为对外政策的首要任务。"⑤ 邓小平强调，中国是维护世界和平和稳定的力量。中华民族是一个爱好和平、不畏强暴的民族，社会主义制度本身也是与维护全人类的根本利益联系在一起的，他明确提出"中国反对霸权主义，自己也永远不称霸"⑥。1986 年，邓小平会见南斯拉夫社会主义联邦共和国主席团主席弗拉伊科维奇时表示："如果十亿人的中国不坚持和平政策，不反对霸权主义，

---

① 《邓小平文选》第 2 卷，人民出版社 1994 年版，第 128 页。
② 《邓小平文选》第 2 卷，人民出版社 1994 年版，第 241 页。
③ 《邓小平文选》第 2 卷，人民出版社 1994 年版，第 116—117 页。
④ 《邓小平文选》第 2 卷，人民出版社 1994 年版，第 172 页。
⑤ 《邓小平文选》第 3 卷，人民出版社 1993 年版，第 116 页。
⑥ 《邓小平文选》第 3 卷，人民出版社 1993 年版，第 358 页。

或者是随着经济的发展自己搞霸权主义，那对世界也是一个灾难，也是历史的倒退。"①

四是将独立自主、自力更生作为对外交往的基础。中国共产党和中国人民向来奉行独立自主和自力更生的基本原则。邓小平丰富了独立自主的内涵。1982 年 9 月 1 日，在中国共产党第十二次全国代表大会开幕式上，邓小平明确提出："中国的事情要按照中国的情况来办，要依靠中国人自己的力量来办。独立自主，自力更生，无论过去、现在和将来，都是我们的立足点。中国人民珍惜经过长期奋斗得来的独立自主权利。任何外国不要指望中国做他们的附庸，不要指望中国会吞下损害我国利益的苦果。"他不仅旗帜鲜明地作出了"独立自主，自力更生"的结论，而且明确了"独立自主"的内涵：一是从本国的国情出发；二是依靠本国人民自己的力量来解决；三是不当别国的附庸。1989 年和 1990 年间，面对国际形势的风云变幻，邓小平提出了"冷静观察、稳住阵脚、沉着应付、韬光养晦、有所作为"二十字方针。邓小平充分认识到中国的外交分量和优势，1984 年 11 月在军委座谈会上指出："中国这个力量，加到任何一方，都会发生质的变化。""世界上都说苏、美、中'大三角'。我们不讲这个话，我们对自己的力量的估计是清醒的，但是我们也相信中国在国际事务里面是有足够的分量的。"②随着改革开放和现代化建设的进程，中国"在不长时间内将会成为一个经济大国，现在已经是一个政治大国了"；"我们要利用机遇，把中国发展起来，少管别人的事，也不怕制裁"，"下个世纪中国是很有希望的"。③

五是不以意识形态划线，拓展新中国外交空间。新中国成立后，限于国内外的双重因素，长期以来奉行"一边倒"的外交路线。为了进一步拓展中国现

---

① 《邓小平文选》第 3 卷，人民出版社 1993 年版，第 158 页。
② 《邓小平文选》第 2 卷，人民出版社 1994 年版，第 417 页。
③ 《邓小平文选》第 3 卷，人民出版社 1994 年版，第 358 页。

代化建设的外部空间，邓小平及时指导我们党改变了以往的外交战略，代之以更为实际、更为灵活的战略方针，即独立自主的和平外交政策方针。1985年 6 月 4 日，邓小平在军委扩大会议上指出：过去一段时间，针对苏联霸权主义的威胁，我们搞了"一条线"战略，现在我们改变了这个战略，这是一个重大的转变。1985 年 9 月 14 日，邓小平在会见奥地利总统鲁道夫·基希施莱格（Rudolf Kirchschlger）时说："1969 年发生了珍宝岛事件。我们当时面临的形势是，从美苏力量对比来看，苏占优势，而且张牙舞爪，威胁中国。面对这样的形势，我们的判断是，苏联处于进攻性态势，全球性进攻。毛主席当时从力量对比中作出了这样的判断。为了制止战争的危险，当时毛主席提出了建立从日本到欧洲到美国的'一条线'战略，以对付苏联的挑战。这有个好处，促进了美国和欧洲的联合。美国和欧洲在军备上赶上来了。美国同中国的关系改善了，日本、欧洲同中国的关系也赶上来了。"中国在国际上树立了维护世界和平的象征，坚持独立自主的原则，不称霸，不当头，不结盟，谁搞霸权主义就反对谁，谁搞战争就反对谁，在和平共处五项原则的基础上同世界上一切国家建立、发展外交关系和经济文化关系，其中包括同美国和苏联的关系。

六是坚持和平共处五项原则，推动建立国际政治新秩序。1984 年，邓小平会见缅甸总统吴山友时指出："处理国与国之间的关系，和平共处五项原则是最好的方式。其他方式，如'大家庭'方式，'集团政治'方式，'势力范围'方式，都会带来矛盾，激化国际局势。总结国际关系的实践，最具有强大生命力的就是和平共处五项原则。"[1]1988 年 12 月 21 日，邓小平在会见印度总理拉吉夫·甘地（Rajiv Gandhi）时再次提出，要"以和平共处五项原则为准则建立国际秩序"。邓小平提出，霸权主义、集团政治或条约组织是行不通了，应当用新

---

① 《邓小平文选》第 3 卷，人民出版社 1994 年版，第 96 页。

的原则来指导新的国际关系。世界上现在有两件事要同时做，一个是建立国际政治新秩序，一个是建立国际经济新秩序；"至于国际政治新秩序，我认为，中印两国共同倡导的和平共处五项原则是最经得住考验的"①。邓小平认为，和平共处五项原则非常明确，干净利落，清清楚楚，我们应当用这些原则作为指导国际关系的准则。

---

① 《邓小平文选》第 3 卷，人民出版社 1994 年版，第 282 页。

第五章　完善期（1992—2012 年）

我们说 1992 年以来中国共产党治国理政思想进入一个"完善期"，并不是说这以后它就没有改革了，恰恰相反中国特色社会主义的许多新的治国理政思想都是 1992 年以后在改革创新实践中发展起来的。然而，从党的治国理政思想的总体发展趋势来说，1978 年确实构成一个显著的"转折点"，而 1992—2012 年期间，则构成了对于前一个时期形成的新的治国理政思想的发展和完善。

中共十四大以来，一方面，我国进入一个突飞猛进的发展期。中国锐意改革开放，积极利用国际国内两个市场，韬光养晦、埋头苦干，注意维护和平稳定的外部环境，聚焦国内发展；另一方面，由于国家政治生活步入了正轨，这一时期中国共产党在治国理政实践的很多方面主要都表现为对上一阶段治国理政思想的延续和落实，但是在延续中又有完善和开新。就党的治国理政思想而言，上一阶段（改革期）奠定的基础十分重要，这一时期主要表现为对改革期确定的治国理政思想在坚持和延续中进一步丰富和发展。在这一阶段，中国特色社会主义的四梁八柱开始形成，国家治理体系和治理能力逐步完善。因此，我们将这一时期称为中国共产党治国理政思想的完善期。

上述特点体现在许多方面。例如，早在 20 世纪 80 年代初期，中国共产党就提出了建设"有计划的商品经济"的思想，并逐步形成了中国特色市场经济体制建设思想，但市场经济体制改革共识的真正形成是在 20 世纪 90 年代初期邓小平南方谈话以后。因此，中国大刀阔斧地推进市场经济改革并取得突飞猛进的发展，主要发生在 1992 年中共十四大以后。对于这种坚持、延续、发展和完善，江泽民同志明确表示，中共十一届三中全会以来，我们党已经制定和形成了一条建设有中国特色社会主义的路线和一系列基本政策。概括地说就是以经济建设为中心，坚持四项基本原则，坚持改革开放。中共十一届三中全会以来的路线和基本政策没有变，必须继续贯彻执行。"在这个最基本的问题上，我要十分明确地讲两句话：一句是坚定不移，毫不动摇；一句是全面执行，一以贯之。"[1]

但与此同时，随着改革开放的不断深入，这一阶段也有一些新的问题不断涌现出来，需要党的治国理政思想与时俱进，例如党的建设、社会建设、科学发展的任务日益凸显，这些问题超出了上一阶段党治国理政思想的原有框架，这要求我们必须进一步进行理论创新，将中国共产党治国理政思想推进到新的高度。在这一背景下，依法治国与以德治国相结合、社会主义政治文明建设、"三个代表"重要思想、和谐社会、科学发展观等新思想、新理论相继提出，党的治国理政思想在坚持中得到进一步丰富、发展和完善。

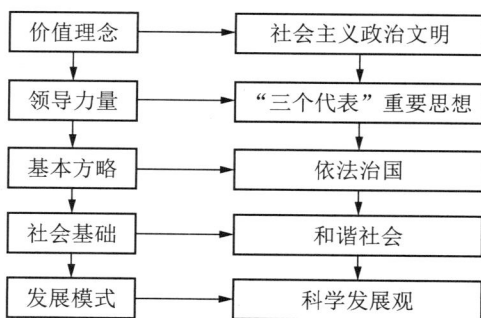

图 5.1　完善期党的治国理政思想的发展与完善

---

[1] 《江泽民文选》第 1 卷，人民出版社 2006 年版，第 57 页。

第一节　依法治国基本方略思想

中国是一个缺乏现代法治传统和法治资源的国家。主张"严刑峻法"的法家思想虽然在中国的历史上影响深远，传统中国也形成了蔚为大观的中华法系，但法治从来不是中国治国理政的主要思想和实践。不仅法家所谓的"法治"主要是统治者用于"治民"的工具，而非约束公权力的笼子；而且在治国理政实践中，中国数千年以来也主要依靠"德治"和"人治"，而非"法治"。因此，中国历史上形成的秩序主要是一种伦理道德秩序，而非法律秩序。可以说"以德治国"是传统中国治国理政的固有资源，而"依法治国"则主要是中国在近现代文明的冲击和润染下的产物。

（一）实行法治是现代国家的通例。1949 年新中国的成立，为发展人民民主和建设法制国家，创造了前所未有的条件。事实上，新中国在成立后至 1957 年夏反右派斗争扩大化之前的 7 年时间里，是比较注意法制建设的，不仅制定了 1954 年《宪法》和一系列法律、法规、命令，而且要求全党和全国人民都遵守革命法制，实行宪法，依法办事。但是，从一个传统的缺乏法治的国家转型为现代的"法治国家"殊非易事。由于缺乏法治习惯和法治传统，新中国从上到下大体对法治建设和法治精神都存在一种轻视和误解的态度。尤其是从反右派斗争开始，"左"倾思想和法律虚无主义日渐抬头，不仅法制建设出现大滑坡、大倒退，进入低谷，而且人治逐步占据上风，十年"文革"期间我国社会主义法制更是遭到严重破坏。①

---

① 万其刚：《依法治国基本方略的提出和发展》，中国人大网：http://www.npc.gov.cn/npc/c221/2014 11/122fde6e141f4f1980afccfcb615b1b5.shtml。

（二）依法治国思想是对法制建设思想的延续和发展。前文已述，中共十一届三中全会成为新中国法制建设的转折点。这首先表现在中央主要领导人对法制建设重要性的认识极大增强。邓小平甚至认为，健全社会主义法制是"中央坚定不移的基本方针"①。中共十一届三中全会公报明确指出："为了保障人民民主，必须加强社会主义法制，使民主制度化、法律化，使这种制度和法律具有稳定性、连续性和极大的权威，做到有法可依，有法必依，执法必严，违法必究。从现在起，应当把立法工作摆到全国人民代表大会及其常务委员会的重要议程上来。……不允许任何人有超于法律之上的特权。"②由此，中国的民主法制建设步入正轨，法制思想真正开始成为中国共产党治国理政的重要思想。江泽民同志表示："十多年来，我们遵循邓小平同志的指示，大力推进社会主义民主法制建设，取得了重大成就，积累了不少新的经验，为我们继续推进民主法制建设奠定了良好的基础。"③1996年2月8日，江泽民同志在中央举办的法制讲座上发表重要讲话，他指出："加强社会主义法制建设，依法治国，是邓小平同志建设有中国特色社会主义理论的重要组成部分，是我们党和政府管理国家和社会事务的重要方针。实行和坚持依法治国，就是使国家各项工作逐步走上法制化的轨道，实现国家政治生活、经济生活、社会生活的法制化、规范化；就是广大人民群众在党的领导下，依照宪法和法律的规定，通过各种途径和形式，管理国家事务，管理经济和文化事业，管理社会事务；就是逐步实现社会主义民主的制度化、法律化。"④

（三）法制建设是中国特色社会主义事业发展的必然要求。国内外的实践表明，健全的法制是发展市场经济的内在要求。实践证明，一个比较成熟的市场

---

① 《邓小平文选》第2卷，人民出版社1994年版，第359页。

② 《中国共产党第十一届中央委员会第三次全体会议公报》，中共中央文献研究室编：《三中全会以来重要文献选编》（上），中央文献出版社2011年6月版，第9页。

③ 《江泽民文选》第1卷，人民出版社2006年版，第641页。

④ 《江泽民文选》第1卷，人民出版社2006年版，第511页。

经济，必然要求具有比较完备的法制。这是因为，市场经营活动的运行、市场秩序的维系、国家对经济活动的宏观调控和管理，以及生产、交换、分配、消费等各个环节，都需要法律的引导和规范；在国际经济交往中，也需要按照国家惯例和国与国之间约定的规则办事。① 依法治国是社会进步、社会文明的一个重要标志。江泽民同志提出，依法治国是我们建设社会主义现代化国家的必然要求。② 民主法制建设要抓紧进行，但是我们的民主法制建设，决不能离开社会主义的方向和轨道，决不能引进西方资产阶级的那套所谓"民主""自由"的制度，"想那样做，结果只能是天下大乱"③。时任国务院总理李鹏在关于该目标纲要的报告中说："加强法制建设，依法治国，建设社会主义法制国家，是实现国家长治久安的重要保证。"④

（四）加强社会主义法制建设应当多管齐下。1996 年 3 月，八届全国人大四次会议通过的《国民经济和社会发展"九五"计划和 2010 年远景目标纲要》明确规定："依法治国，建设社会主义法制国家。加强立法、司法、执法、普法工作。坚持改革、发展与法制建设紧密结合，继续制定实施与经济社会发展相适应的法律法规。加强和改善司法、行政执法和执法监督。坚决纠正有法不依、执法不严、违法不究、滥用职权等现象，建立对执法违法的追究制度和赔偿制度。以廉政建设、整顿纪律、严肃执法的重点，加强司法、执法队伍建设，全面提高政治和业务素质。继续深入开展法制宣传教育，提高全民族的法律意识和法律观念，特别是提高广大干部依法行政、依法管理的水平和能力。各级政府和国家公务员都要依法管理经济和社会事务。"⑤ 既要加强立法工作，不断健全和完善

① 《江泽民文选》第 1 卷，人民出版社 2006 年版，第 511—512 页。
② 《江泽民文选》第 1 卷，人民出版社 2006 年版，第 513 页。
③ 《江泽民文选》第 1 卷，人民出版社 2006 年版，第 62 页。
④ 《中华人民共和国第八届全国人民代表大会第四次会议文件汇编》，人民出版社 1996 年版，第 30 页。
⑤ 《中华人民共和国第八届全国人民代表大会第四次会议文件汇编》，人民出版社 1996 年版，第 103 页。

法制；又要加强普法教育，不断提高干部群众遵守法律、依法办事的素质和自觉性。加强社会主义法制建设，坚持依法治国，一项重要任务是不断提高广大干部群众的法律意识和法制观念。干部依法决策、依法行政是依法治国的重要环节。公民自觉守法、依法维护国家利益和自身权益是依法治国的重要基础。实践证明，如果人们的法律意识和法制观念淡薄，思想政治素质低，再好的法律和制度也会因为得不到遵守而不起作用，甚至会形同虚设。①加强社会主义法制建设，要同加强思想道德文化建设紧密结合起来。法制建设包括立法工作、执法工作、司法工作和法制教育工作，这几方面的工作是相辅相成的，都很重要，缺一不可。只有把它们都搞好了，法制建设才算搞好了。无论立法、执法、司法和守法，都是通过人来做的。因此，人民的思想道德文化素质如何，对于法治建设的成效是至关重要的。我国历史上就有德刑相辅、儒法并用的思想，这对于今天的法制建设又具有重要的启示意义。"总之，法是他律，德是自律，需要二者并用。在社会秩序的维系、社会风气的治理中，法制建设是很重要的一手，思想道德文化建设也是很重要的一手。这两手也必须同时抓、两手都要硬，而不可偏废。"②

（五）从"法制"建设到"法治"建设。值得注意的是，自改革开放之初提出法制建设，直到 1997 年中共十五大正式提出"依法治国，建设中国特色社会主义法治国家"为止，近 20 年时间中，官方文件和领导人讲话所使用的概念通常是"法制"而非"法治"。例如，1992 年 10 月，中共十四大提出我国经济体制改革的目标是要"建立社会主义市场经济体制"。为此，要高度重视法制建设。"加强立法工作，特别是抓紧制订与完善保障改革开放、加强宏观经济管理、规范微观经济行为的法律和法规，这是建立社会主义市场经济体制的迫切要求。"③1994 年 12 月 9 日，江泽民同志在中共中央举办的法律知

---

① 《江泽民文选》第 1 卷，人民出版社 2006 年版，第 512—513 页。

② 《江泽民文选》第 1 卷，人民出版社 2006 年版，第 643—644 页。

③ 江泽民：《加快改革开放和现代化建设步伐，夺取有中国特色社会主义事业的更大胜利》，《江泽民文选》第 1 卷，人民出版社 2006 年版，第 225，236 页。

识讲座上发表讲话时说，建设社会主义法制，实行依法治国，是为了把我们国家建设成为富强、民主、文明的社会主义现代化国家。1995年1月20日，江泽民同志在中共中央举办的法律知识讲座上发表讲话时指出："中央政治局、书记处和国务院的领导同志及有关部门的负责同志，听取了法学专家的讲座，这对贯彻邓小平同志关于加强社会主义法制建设的思想，运用法律手段更好地管理国家和社会事务是很有意义的。党既要领导宪法和法律的制定，又要自觉地在宪法和法律的范围内活动，严格依法办事，依法管理国家，对实现全党和全国人民意志的统一，对维护法律的尊严和中央的权威关系十分重大。"①

1997年9月，中共十五大胜利召开。中共十五大在新中国法治建设的历史上具有重要的里程碑意义。中共十五大报告明确提出："建设有中国特色社会主义的政治，就是在中国共产党领导下，在人民当家作主的基础上，依法治国，发展社会主义民主政治。""在坚持四项基本原则的前提下，继续推进政治体制改革，进一步扩大社会主义民主，健全社会主义法制，依法治国，建设社会主义法治国家。"这一表述意味着中共十一届三中全会提出"法制"建设以来，新中国的法治思维和法治战略的一次飞跃。这首先表现为依法治国的概念从以往的"建设社会主义法制国家"改为"建设社会主义法治国家"，即从"刀制"变为"水治"，一字之差，却反映了我们党对于执政规律认识的深化、对于执政理念把握的提升。其次，进一步明确了"依法治国"的具体含义，即"依法治国，就是广大人民群众在党的领导下，依照宪法和法律规定，通过各种途径和形式管理国家事务，管理经济文化事业，管理社会事务，保证国家各项工作都依法进行，逐步实现社会主义民主的制度化、法律化，使这种制度和法律不因领导人的改变而改变，不因领导人看法和注意力的改变而改变"。第三，正

---

① 《提高领导干部法律素质已成为迫切要求》，《人民日报》1995年1月21日（头版）。

式提出将依法治国作为"党领导人民治理国家的基本方略"。中共十五大报告强调："依法治国把坚持党的领导、发扬人民民主和严格依法办事统一起来，从制度和法律上保证党的基本路线和基本方针的贯彻实施，保证党始终发挥总揽全局、协调各方的领导核心作用。"法治在中国共产党治国理政思想体系中从此居于重要的核心地位，这是中国共产党历史上第一次把"依法治国"作为"党领导人民治理国家的基本方略"明确提出来，一改数千年以来中国的国家治理忽视法治的传统。中共十五大还明确提出，"到 2010 年形成有中国特色社会主义法律体系"[①]。坚持和实行依法治国，建设社会主义法治国家，其前提就是有法可依，因此，必须加强立法工作，提高立法质量，形成统一、和谐的法律体系。总之，中共十五大报告的这些论述，标志着依法治国基本方略正式形成，意味着中国共产党治国理政思想的重大飞跃，对中国传统治理方式是一次巨大的革命性变化。

第二节　政治文明建设思想

随着社会主义市场经济体制的逐步建立和完善，我国经济社会进入了一个全面、快速发展时期。在物质文明和精神文明建设不断取得进步的形势下，江泽民同志适时提出建设社会主义政治文明，促进政治文明与物质文明、精神文明协调发展的重要思想。中国现代化建设是经济、文化和政治全面发展的进程，是物质文明、精神文明，以及政治文明全面建设的进程。倡导政治文明建设，是新世纪的新理念，是对邓小平两个文明建设理论的继承和发展，也是中国社

---

① 江泽民：《高举邓小平理论伟大旗帜，把建设有中国特色社会主义事业全面推向二十一世纪》，《江泽民文选》第 2 卷，人民出版社 2006 年版，第 17，28—29，30 页。

会不断进步的体现。如果说物质文明建设表现了人们对客观物质世界的不懈追求，精神文明建设表现人们对主观精神世界的追求的话，政治文明则体现了人们对和谐的社会关系、理想的社会制度的追求。

（一）政治文明的提出过程。社会主义政治文明这一科学概念，是江泽民同志首先提出的。2001 年 1 月，江泽民同志在全国宣传部长会议上指出："法治属于政治建设、属于政治文明，德治属于思想建设、属于精神文明。"[①] 这是第一次提出"政治文明"的概念，并将其同"精神文明"并列。在 2002 年 5 月 31 日中央党校省部级干部进修班毕业典礼上的讲话中，他进一步指出：发展社会主义民主政治，建设社会主义政治文明，是社会主义现代化建设的重要目标。2002 年 7 月 16 日，江泽民同志在考察中国社会科学院时的讲话中说道："建设有中国特色社会主义，应该是我国经济、政治、文化全面发展的进程，是我国社会主义物质文明、政治文明、精神文明全面建设的进程。"[②] 中共十六大报告，第一次把建设社会主义政治文明确定为全面建设小康社会的一个重要目标，并提出要"不断促进社会主义物质文明、政治文明和精神文明的协调发展"。社会主义政治文明概念的提出，是我国改革开放和社会主义现代化建设发展的必然要求，是我们党领导人民坚持和发展人民民主长期实践的必然结论。中共十六大报告把发展社会主义民主政治，建设社会主义政治文明，确定为全面建设小康社会的一个重要目标。中共十六大通过的新党章也作出了建设社会主义政治文明的规定。这是我们党在全国代表大会的文件中，第一次明确地对建设社会主义政治文明作出部署，并将它与建设社会主义物质文明和建设社会主义精神文明一起，确定为社会主义现代化建设的三大基本目标。中共十六大报告将政治作为文明的一个主体，说明我们党对政治认识的深化：从人类文明发展的角度推进政治发展。

---

① 《江泽民文选》第 3 卷，人民出版社 2006 年版，第 200 页。
② 《江泽民文选》第 3 卷，人民出版社 2006 年版，第 490—491 页。

（二）政治文明建设的重要意义。发展社会主义民主政治，建设社会主义政治文明，是全面建设小康社会的重要目标，也是社会主义现代化建设的重要目标。社会主义政治文明概念的提出反映了中国共产党开拓创新的意识。社会主义物质文明、精神文明和政治文明体现了"三个代表"重要思想，三者相辅相成，协调发展，一定会把整个社会主义文明建设推向新的高峰。政治文明概念的提出反映了我们党理论上的进步。社会主义现代化建设需要有发达的物质文明和精神文明，政治建设也要体现相当的水准。

（三）政治文明建设的丰富内涵。从观念层面来说，先进的政治文明包括进步的政治思想、政治道德、思维方式。先进的政治文明还包括民主、高效、廉洁的行政观念，与此相对立的，则是地方保护、司法腐败。从制度层面来说，先进的政治文明包括规范、完善的民主政治制度和与之相配套的政治运行机制、监督机制，以及确保这种制度和机制理性运转的规范程序。民主和法治是现代政治文明的核心。社会主义是人民的事业，实现人民当家作主是社会主义民主政治的本质要求。领导、支持和保证人民当家作主，实现和发展人民民主，是中国共产党的一贯追求和崇高使命。江泽民同志强调，面对社会结构和利益关系日益复杂的新形势，必须进一步保持和发挥社会主义政治制度的特点和优势，保证人民依法实行民主选举、民主决策、民主管理和民主监督，把广大人民的民主权利真正落到实处，充分发挥社会主义制度集中力量办大事的特点和优势。人民代表大会制度，是我国的根本政治制度，人民代表大会应该成为联系群众、反映民意、解决矛盾的主要民主渠道。中国共产党领导的多党合作和政治协商制度，是我国的一项基本政治制度，是适合中国国情、具有中国特色的社会主义新型政党制度。这种政党制度，既避免了多党竞争、相互倾轧造成的政治动荡，又避免了一党专制、缺少监督导致的种种弊端，我国政党制度的巨大优势就在这里，同国外一党制和多党制的根本区别也在这里。选举民主和协商民主在中国的民主体系中相得益彰。江泽民同志指出："人民通过选举、投票行使权利与人民内部各方面在选举、投票之前进行充分协商，尽可能就共同性问题取得一致意见，是我国社会主义民主的两种重要形式。"① 扩大基层民主，是我国社会主义民主最广泛的实践，也是发展社会主义民主的基础性工作。不断扩大基层民主，确保广大职工和劳动群众依法进行民主选举、民主决策、民主管理、民主监督，保证广大人民群众直接行使民主权利。1990 年，江泽民同志明确指出："建设高度的社会主义民主和完备的法制，是我们的根本目标和根本任务之一，也是人民群众的共同愿望。"②

（四）推进政治文明建设应当坚持正确方向。政治体制改革的目标是建设中国特色社会主义民主政治，健全社会主义法制，切实保障人民群众当家作主的权利。但是，民主法治建设和政治体制改革要坚持从我国国情出发，总结自己的实践经验，同时借鉴人类政治文明的有益成果，绝不照搬西方政治制度的模式。江泽民同志指出："推进政治体制改革，必须有利于增强党和国家的活力，保持和发挥社会主义制度的特点和优势，维护国家统一、民族团结和社会稳定，充分发挥人民群众的积极性，促进生产力发展和社会进步。"因此，进行政治文明建设，必须有正确的政治方向和坚强的政治保障。四项基本原则是立国之本，是改革开放和现代化建设健康发展的保证，是党和国家生存发展的政治基石。政治体制改革是在坚持四项基本原则的前提下进行的，是我国社会主义政治制度的自我完善和发展。因此，我们必须在坚持四项基本原则的前提下，继续积极稳妥地推进政治体制改革，扩大社会主义民主，健全社会主义法制，建设社会主义法治国家，巩固和发展民主团结、生动活泼、安定和谐的政治局面。

（五）党的领导、依法治国、人民当家作主有机统一。1998 年，江泽民同

---

① 《江泽民论有中国特色社会主义》（专题摘编），中央文献出版社 2002 年版，第 347 页。

② 《江泽民文选》第 1 卷，人民出版社 2006 年版，第 111 页。

志在学习邓小平理论工作会议上的讲话中提出，推进社会主义民主政治建设，必须处理好坚持党的领导、发扬人民民主、严格依法办事的关系，"党的领导是关键，发扬民主是基础，依法办事是保证"①。进入新世纪新阶段，江泽民同志着眼于探索把握社会主义政治文明建设的规律性，科学总结我国民主政治建设的实践经验，提出了坚持党的领导、人民当家作主和依法治国三者有机统一的重要思想。江泽民同志指出，党的领导是人民当家作主和依法治国的根本保证，人民当家作主是社会主义民主政治的本质要求，依法治国是党领导人民治理国家的基本方略，共产党执政就是领导和支持人民当家作主，最广泛地动员和组织人民群众依法管理国家和社会事务，管理经济和文化事业，维护和实现人民群众的根本利益。党的领导、人民当家作主和依法治国三者相互作用、有机结合，统一于社会主义政治文明建设的实践，统一于社会主义现代化建设的实践。

（六）政治文明建设的具体途径。社会主义政治文明建设是一个艰巨复杂的系统工程。江泽民同志指明了发展社会主义民主政治、建设社会主义政治文明的正确途径：一是积极推进政治体制改革，坚持和不断完善社会主义的民主制度，充分发挥社会主义民主制度的特点和优势，保证人民群众依法实行民主选举、民主决策、民主管理、民主监督；二是加强社会主义法制，使整个国家的经济、政治、文化生活在法制的轨道上健康发展；三是不断改革和完善党的领导方式和执政方式，按照党总揽全局、协调各方的原则，规范党委与人大、政府、政协、各人民团体的关系，这对于推动社会主义民主政治建设具有全局性的作用。政治体制改革是推进政治文明建设的重要抓手，关于如何推进政治体制改革，江泽民同志指出，政治体制改革是一项复杂而庞大的系统工程，每一个措施都涉及千千万万人的利益，要分步骤、有领导、有秩序地进行。而检验政治体制改革是否成功，关键是要看国家政局是否稳定，看生产力能否得到持续发展，看能否改

---

① 《江泽民论有中国特色社会主义》（专题摘编），中央文献出版社 2002 年版，第 301 页。

善广大人民的生活，看能否增进各民族人民的团结。江泽民同志强调，要着重加强制度建设，实现社会主义民主政治的制度化、规范化和程序化。中共十六大对坚持和完善社会主义民主制度、加强社会主义法制建设、改革和完善党的领导方式和执政方式、改革和完善决策机制、深化行政管理体制改革、推进司法体制改革、深化干部人事制度改革、加强对权力的制约和监督等作出了全面具体的部署，有力地推动了我国的政治体制改革和民主政治建设。

第三节 "三个代表"重要思想

中国共产党是中国特色社会主义事业的领导核心，党章规定："中国共产党党员是中国工人阶级的有共产主义觉悟的先锋战士。"党的建设关系到社会主义事业的成败，因此始终是社会主义事业发展的核心议题。中国共产党一向重视党的建设，并发展出丰富的党建思想、理论和实践。在世纪之交的新的历史条件下，以江泽民同志为核心的党的第三代中央领导集体创立了"三个代表"重要思想，不仅将党的建设思想拓展到新的境界，也丰富发展了中国特色社会主义理论体系。"三个代表"重要思想，即中国共产党始终代表中国先进生产力的发展要求，代表中国先进文化的前进方向，代表中国最广大人民的根本利益。"三个代表"重要思想所要回答的根本问题是：在新的历史条件下，我们应该建设什么样的党和怎样建设党。也就是说，中国共产党应当是始终坚持"三个代表"的党，中国共产党应当始终以"三个代表"为标准和目的来加强自身建设。

一、应始终确保中国共产党的先进性

马克思主义经典作家指出，共产党人是各国工人政党中最坚决、始终起作用的部分；"在理论方面，他们胜过其余无产阶级群众的地方在于他们了解无产阶级运动的条件、进程和一般结果"①。"共产党人为工人阶级的最近的目的和利益而斗争，但是他们在当前的运动中同时代表运动的未来。"② 如何认识和把握社会发展的基本规律，推动人类社会向前发展，这是马克思、恩格斯创立唯物史观的根本宗旨，也是科学社会主义理论的核心内容。在经过对资本主义生产方式深入研究的基础上，马克思、恩格斯从生产力和生产关系、经济基础和上层建筑的辩证关系出发，指出资产阶级在历史上曾经起过非常革命的作用，在它不到一百年的阶级统治中所创造的生产力，比过去一切世代创造的全部生产力还要多、还要大。但资产阶级的这种革命性不是永恒的，资本主义生产方式也不是人类社会生产的最终形式。他们揭示资本主义的内在矛盾，并指出正是由于这种内在矛盾将导致资本主义生产力和生产关系的最终不可调和，进而必然由社会主义所替代，产生"两个必然"——资本主义必然灭亡，社会主义必然胜利。这是马克思、恩格斯破解历史之谜，探明人类社会前进方向的根本出发点。从唯物史观的发现到社会主义由空想变为科学，马克思、恩格斯为人类社会发展指明了前进方向，这就是代表先进生产力的无产阶级通过建立自己的政党，同资产阶级进行坚决的斗争，并最终取得政治统治地位，建立无产阶级专政，实现社会主义。

"把我们的事业全面推向二十一世纪，关键在于坚持、加强和改善党的领导，进一步把党建设好。"③ "在发展社会主义市场经济条件下，我们党如何始终保持工人阶级先锋队性质，更好地代表最广大人民的根本利益，这是我们在新的历史条件下加强党的建设的一个重大理论问题，也是一个重大现实问题。只有正确回答了这个问题，党的建设才能更好地推进。"④ "三个代表"重要思想的

---

① 《马克思恩格斯选集》第 1 卷，人民出版社 2012 年版，第 413 页。
② 《马克思恩格斯选集》第 1 卷，人民出版社 2012 年版，第 434 页。
③ 《江泽民文选》第 2 卷，人民出版社 2006 年版，第 42 页。
④ 《江泽民文选》第 2 卷，人民出版社 2006 年版，第 555 页。

核心是党的先进性问题。它针对我们党在新的历史时期保持和发挥什么样的先进性以及如何保持和发挥先进性而提出的，并赋予了马克思主义政党先进性理论新的内涵。在马克思主义政党的所有性质规定（包括阶级性、群众性、时代性等）中，先进性是党的最根本性质，集中地反映了党的历史地位和现实作用。主要原因在于，先进性对马克思主义政党最为关键，先进性在或大或小的程度上展示着党的其他性质的基本要求，先进性历来为马克思主义经典作家和马克思主义政党高度重视。先进性是党的生命，关系到马克思主义政党的生死存亡。马克思主义政党只有时刻保持先进性，充分发挥先进性，其执政地位才会牢固，才能得到人民群众的拥护和支持。马克思主义政党固有的先进性本质，不是一成不变的，不是一劳永逸的，更不是自发实现、轻而易得的。党必须高度重视，必须为保持、发挥和强化先进性而不懈努力，决不可掉以轻心。

毫无疑问，历史进步的规律是客观的，不以人的意志为转移。社会主义作为人类的必然选择和社会前进的方向也是由社会基本矛盾所决定的。但必须看到，历史的进步是客观决定性和主体选择性的统一，离开代表先进生产力的无产阶级政党，离开无产阶级政党的理论自觉，就不可能形成否定旧的生产关系和社会关系的物质力量，不可能形成推动社会发展和进步的历史主体。将党的先进性同社会主义的发展联系起来，将深刻认识社会发展的客观规律和充分发挥共产党先进性、能动性结合起来，这是决定社会主义能否代替资本主义，社会主义能否引领人类社会前进的关键。马克思、恩格斯正是从这两者的内在统一中来阐述科学社会主义的基本理论的。一方面，社会主义的本质和特征决定了共产党的历史使命；另一方面，也只有共产党先进性的发挥，才能促使社会主义沿着正确的方向前进。

二、"三个代表"重要思想开拓了中国共产党党建思想的新境界

建设中国特色社会主义的伟大实践具有继承性、连续性，这就使"三个代

表"重要思想与毛泽东思想、邓小平理论既一脉相承，又与时俱进。十三年来的伟大探索不是一个孤立的历史过程，它既是对150多年来世界社会主义发展进程中实践经验及教训的科学总结，也是对我们党80多年来历史经验的抽象和升华，更是对邓小平同志开辟的建设中国特色社会主义道路的坚持和发展。毛泽东思想、邓小平理论和"三个代表"重要思想统一于马克思主义中国化的历史进程，统一于我国改革开放的历史进程，统一于建设中国特色社会主义的历史进程。毛泽东在坚持马克思主义政党基本理论的基础上，创造性地提出了一系列符合中国实际的建党思想，充分体现了第一代领导集体在解决中国共产党的先进性问题上的创新思路。例如，把思想建设放在党的建设首位，围绕党的政治路线加强党的建设，提出坚持和发扬党的优良作风的重要性。以邓小平同志为核心的党的第二代中央领导集体，进一步提出加强和改进党的建设问题，例如提出加强党的领导，必须改善党的领导，加强党的制度建设，保证党的领导的正确性、稳定性和连续性。江泽民同志曾明确表示："十年来，我们始终铭记邓小平同志的政治交代，铭记党和人民的重托，对自己承担的职责从不敢懈怠。"最关注的两大问题之一，就是不断加强党的建设，巩固党的执政地位，使我们党始终成为领导全国人民进行改革开放和社会主义现代化建设的核心力量。①

21世纪初，江泽民同志指出，我们党的党员已经达到六千三百多万，这么大的一支队伍，要管理好不容易。随着中国共产党规模的扩大，势必会出现有关"数量"和"质量"的矛盾，共产党的力量和作用，主要不在于党员的数量，而在于党员的素质。但是，也应当充分注意到数量和质量之间的辩证统一关系，"没有数量就没有质量。但是，如果数量过大，不能保持统一的品质，就会影响到质量"②。现在党的建设同新形势新任务不相适应的地方还相当不少，党内在

① 《江泽民文选》第2卷，人民出版社2006年版，第521页。
② 《江泽民文选》第2卷，人民出版社2006年版，第555页。

思想上、组织上、作风上存在的不符合甚至违背党和人民利益的问题也相当不少，需要研究解决的新情况新问题也不少。各级党委都要根据当地党的建设的实际情况，确定一批关系党建工作全局的重要题目，深入进行调查研究，摸清情况，并制定加强工作的措施，把党建工作扎扎实实地推向前进。2000 年 2 月 25 日，中共中央总书记、国家主席、中央军委主席江泽民在广东进行考察工作时强调，要把中国的事情办好，关键取决于我们党，取决于党的思想、作风、组织、纪律状况和战斗力、领导水平。只要我们党始终成为中国先进社会生产力的发展要求、中国先进文化的前进方向、中国最广大人民的根本利益的忠实代表，我们党就能永远立于不败之地，永远得到全国各族人民的衷心拥护并带领人民不断前进。

中共十五大将新时期党的建设的新的伟大工程的总目标，高度概括为："把党建设成为用邓小平理论武装起来、全心全意为人民服务、思想上政治上组织上完全巩固、能够经受住各种风险、始终走在时代前列、领导全国人民建设有中国特色社会主义的马克思主义政党。"江泽民同志在中共十六大报告中全面阐述了"三个代表"重要思想形成的时代背景、历史地位、精神实质和指导意义。贯彻"三个代表"重要思想，关键在坚持与时俱进，核心在坚持党的先进性，本质在坚持执政为民。

可以说，"三个代表"重要思想承载着一代代中国共产党人和广大人民群众为寻求自身解放而进行的不懈斗争，特别是对建设中国特色社会主义的不尽探索和艰辛实践。正因为它有着极其丰厚的历史和现实的实践基础，因而才厚积薄发，开辟了马克思主义发展的新境界，表现出我们党在理论的自觉性和实践的主动性上达到的新高度，成为马克思主义在中国发展的最新成果。"三个代表"重要思想将什么是社会主义、怎样建设社会主义和建设一个什么样的党、怎样建设党这两大历史课题有机结合起来，就是坚持了马克思主义关于社会主义发展规律性和党的先进性内在统一的思想，并从当今世界和中国的实际变化出发，丰富和发展了这一思想。这包括：深刻阐发了生产力在社会发展中的决定性作用，提出共产党要始终代表中国先进生产力的发展要求，创造性地认识和运用了生产力和生产关系、经济基础和上层建筑的辩证关系原理；坚持和发展马克思主义关于物质生活和精神生活、社会存在和社会意识辩证关系原理，强调了先进文化在推动社会主义全面发展中的重要作用；坚持和发展了马克思主义关于人民群众是社会发展的动力的原理，进一步指出了群众史观对于社会主义建设的重要意义。

三、代表先进生产力的发展方向是基础

始终代表中国先进生产力的发展要求，就是党的理论、路线、纲领、方针、政策和各项工作必须努力符合生产力发展的规律，体现不断推动社会生产力的解放和发展的要求，尤其要体现推动先进生产力发展的要求，通过发展生产力不断提高人民群众的生活水平。江泽民同志指出，经过二十多年的改革开放，我国的经济和社会发展取得了巨大的成就，人民生活水平显著提高。这是很了不起的。越是在这样的情况下，我们越有必要在广大干部群众特别是在发展较快地区的干部群众中开展"致富思源、富而思进"的教育活动，使广大干部和群众都弄清楚，为什么我们能够取得改革和建设的显著成就，怎样坚定信念，戒骄戒躁，在已经取得的成绩的基础上继续不懈地奋斗。要使广大干部群众都充分认识到，党的正确领导和社会主义制度集中力量办大事的优越性，邓小平指导我们党制定的改革开放和现代化建设的正确的路线方针政策，是我国实现经济和社会快速发展的根本保证。这样做的目的，就是为了激励全国人民继续沿着改革开放和社会主义现代化建设的正确道路奋勇前进，实现我国跨世纪发展的宏伟目标。

"社会主义的根本任务是发展社会生产力。"[1] 面对新形势新任务，如何切实

---

[1] 《江泽民文选》第 2 卷，人民出版社 2006 年版，第 15 页。

加强党的建设，这是江泽民同志始终关注并思考的重大问题。江泽民同志指出，总结我们党七十多年的历史，可以得出一个重要的结论，这就是，我们党之所以赢得人民的拥护，是因为我们党作为中国工人阶级的先锋队，在革命、建设、改革的各个历史时期，总是代表着中国先进社会生产力的发展要求，代表着中国先进文化的前进方向，代表着中国最广大人民的根本利益，并通过制定正确的路线方针政策，为实现国家和人民的根本利益而不懈奋斗。在新的历史条件下，我们党如何更好地代表中国先进社会生产力的发展要求，更好地代表中国先进文化的前进方向，更好地代表中国人民的根本利益，要紧密结合国内外形势的变化，紧密结合我国社会生产力的最新发展和经济体制的深刻变革的实际，紧密结合人民群众对物质文化生活提出的新的发展要求，紧密结合我们党员干部队伍发生的重大变化，来深入思考这个重大问题。因为我们党是代表先进生产力的发展要求的，所以全党同志的一切奋斗，归根到底都是为了解放和发展社会生产力，党的一切方针政策都要最终促进社会生产力的不断发展，促进国家经济实力的不断增强。

江泽民同志十分关心和重视经济结构调整和高新技术产业的发展。世纪之交，江泽民同志清醒地认识到，"国际竞争日趋激烈，经济、科技上同发达国家的差距给我们很大压力，我们自身还有许多困难"。他指出，一百年前，当20世纪来临之际，世界科技进步取得了重大的突破，对当时和以后世界生产力的发展产生了难以估量的影响。而当时处在政治黑暗、兵荒马乱、民不聊生的悲惨境地的中国，根本没有可能去追赶世界科技发展的先进潮流。现在，当21世纪来临之际，无论是中国的面貌还是世界的经济社会生活，同一百年前比已发生了历史性的巨变。世界科技又出现了新的重大突破，为世界生产力的发展打开了新的广阔的前景。当今的社会主义中国完全有条件、有能力去追赶世界科学技术发展的先进潮流，实现中华民族的更大发展。关键是我们要抓住机遇，把自己的事情做好。经过改革开放以来二十多年的努力，我国经济建设和社会发展取得了举世瞩目的成就，东部地区的发展更快一些。东部地区条件比较好，应该努力率先基本实现社会主义现代化，为建设有中国特色社会主义作出更大的贡献。

江泽民同志指出，面向 21 世纪，我国经济的进一步发展，必须大力依靠科技创新和体制创新。从这个意义上说，我们推进改革开放和现代化建设的任务更艰巨了。如何在新的国内外条件下通过科技创新和体制创新增创经济发展的新优势，要加紧研究和实践。要抓紧通过科技进步和创新来实现我们经济结构的战略性调整，抓紧实施"走出去"的战略，抓紧建立和完善发展社会主义市场经济所必需的一整套制度和机制。在谈到实施西部大开发战略时，江泽民同志说，加快中西部地区发展，是党中央为推进我国跨世纪发展作出的重大决策。东部地区应积极为西部地区的发展提供资金、技术、人才、信息、管理等方面的支持，并通过产业转移和协作，促进西部地区的发展。西部大开发战略，也必然会给东部地区带来更多的发展机遇，东部地区可以更充分地利用西部地区的资源和市场来促进自己的发展。

四、代表先进文化前进方向是重要要求

始终代表中国先进文化的前进方向，就是党的理论、路线、纲领、方针、政策和各项工作，必须努力体现发展面向现代化、面向世界、面向未来的、民族的、科学的、大众的社会主义文化的要求，促进全民族思想道德素质和科学文化素质的不断提高，为我国经济发展和社会进步提供精神动力和智力支持。江泽民同志指出，建设有中国特色社会主义，包括发展物质文明和精神文明两个方面，必须实现经济、社会的协调发展和全面进步。改革开放以来，全党同志在坚持以经济建设为中心的同时，为加强社会主义精神文明建设做了大量工作，也取得了显著的成绩。这一点要肯定。但是，必须清醒地看到，大力加强社会主义精神文明建设，仍然是摆在我们全党面前的一项重要而紧迫的任务。

各级党委和政府在坚持以经济建设为中心的同时，要切实抓好精神文明建设，进一步做到物质文明建设和社会主义精神文明建设都能同时交出优异的答卷。

江泽民同志强调，开展党风廉政建设，教育和管理，德治和法治，必须双管齐下。教育抓好了，德治加强了，干部的思想政治素质和精神境界提高了，就可以有力地防范和减少违法乱纪问题的发生。管理抓好了，法治加强了，就可以堵塞引发违法犯罪的漏洞，依照法纪惩处违法乱纪分子，对广大干部和群众又可以起到警戒和教育作用。对各级领导干部必须加紧进行思想政治教育。经济发展了，生活条件好了，领导干部仍然要保持艰苦奋斗的优良作风。所有领导干部都要珍惜邓小平同志制定的改革开放政策，珍惜我们党领导人民进行改革开放和现代化建设赢得的历史荣誉，堂堂正正地做人，老老实实地工作，终生全心全意地为人民服务。各级领导干部都要牢固树立和大力发扬艰苦奋斗、脚踏实地、埋头苦干的工作作风。所有干部特别是年轻干部思想上必须十分明确，当干部，当领导，都是要为党和人民的利益工作的，都要时刻准备着为党和人民牺牲与贡献自己的一切。共产党员特别是领导干部都要忠心耿耿、任劳任怨地为党和人民而工作而奋斗，有了这种精神，就一定能够在工作中作出成绩。

因为我们党是代表先进文化的前进方向的，所以全党同志必须始终坚持马克思主义为指导，努力继承和发展中华民族的一切优秀文化传统，努力学习和吸收一切外国的优秀文化成果，从而不断地创造和推进有中国特色社会主义文化，使社会主义物质文明和精神文明协调发展，使社会全面进步。

五、代表最广大人民根本利益是最高衡量标准

我们党是工人阶级的先锋队，是社会主义事业的领导力量。形势和任务不断变化，党的路线方针政策和斗争策略、活动方式、工作方法也要相应改变，但党的性质不能变，共产主义的最高目标不能变。共产党的力量和作用，主要

不在于党员的数量，而在于党员的素质。① 江泽民同志提出的"要根据经济发展和社会进步的实际，不断增强党的阶级基础和扩大党的群众基础，不断提高党的社会影响力"；要求"我们党要始终成为中国工人阶级先锋队，同时成为中国人民和中华民族的先锋队"等新思想、新论断都是通过广泛的调查研究，准确把握了我国社会发展的深刻变化，深刻总结群众创造的新鲜经验，在充分吸取思想理论界研究成果的基础上提出来的。

1989 年 12 月，江泽民同志提出，我们应该怎样把握住加强党的建设的指导思想，明确什么样的要求呢？最根本、最重要的，就是一定要坚持把我们党建设成为马列主义、毛泽东思想武装的更加坚强的中国工人阶级的先锋队。这样的先锋队，必须在理论上更加成熟，思想上更加统一，政治上更加坚强，内部更加团结，同群众的关系更加亲密。明确坚持党的工人阶级先锋队性质，我们才能更好地理解党所处的历史地位和所肩负的崇高使命。② 因为只有工人阶级能够以解放全人类为己任，代表先进生产力和生产关系，代表全体人民的根本利益。而随着改革开放不断推进，市场经济持续发展，中国的经济结构、社会结构、阶级结构都发生了许多新的重要变化。在改革开放过程中，诞生了一大批"新社会阶层"，这个群体显然也是中国人民的组成部分，构成中国共产党执政的重要社会基础。因此，工人阶级先锋队的内涵，在改革开放不断推进的背景下必须要发生一定的扩展，中国共产党从主要是无产阶级的代表应当发展为全体中国人民的代表。因此，1998 年 12 月 18 日，江泽民同志在纪念中共十一届三中全会召开二十周年大会上的讲话中提出，二十年来我们党的主要历史经验中的重要一条就是"必须把实现和维护最广大人民群众的利益作为改革和建设的根本出发点"③。

---

① 《江泽民文选》第 1 卷，人民出版社 2006 年版，第 62 页。
② 《江泽民文选》第 1 卷，人民出版社 2006 年版，第 89—90 页。
③ 《江泽民文选》第 2 卷，人民出版社 2006 年版，第 261 页。

共产党人没有任何同整个无产阶级利益不同的利益，"在无产阶级和资产阶级的斗争所经历的各个发展阶段上，共产党人始终代表整个运动的利益"①。始终代表中国最广大人民的根本利益，就是党的理论、路线、纲领、方针、政策和各项工作，必须坚持把人民的根本利益作为出发点和归宿，充分发挥人民群众的积极性主动性创造性，在社会不断发展进步的基础上，使人民群众不断获得切实的经济、政治、文化利益。任何时候任何情况下，党的一切工作和方针政策，都要以是否符合最广大人民群众的利益为最高衡量标准。

因为我们党是代表最广大人民群众的根本利益的，所以全党同志的一切工作都是全心全意为人民服务的，都是为了实现好、发展好和维护好人民的利益，任何脱离群众、任何违反群众意愿和危害群众利益的行为，都是不允许的。所有的共产党员和领导干部，都要深刻认识和牢牢把握"三个代表"重要思想，用以指导自己的思想和行动，这样才能使自己真正成为一个合格的党员，合格的党的领导干部。

六、"三个代表"重要思想是对马克思主义中国化的重要发展

中国共产党的百年历史，既是我们党为推进事业发展不懈奋斗的历史，也是我们党在革命、建设和改革的实践中不断推进理论创新的历史。在马克思主义中国化的过程中，中国共产党领导的社会革命和自我革命是相互交织、相辅相成的。2003 年，胡锦涛同志在省部级主要领导干部学习贯彻"三个代表"重要思想专题研讨班上的讲话中指出："我们党从诞生之日起就把马克思主义确立为自己的指导思想，并在坚持把马克思主义基本原理同中国具体实际相结合的不懈努力中，形成了毛泽东思想、邓小平理论和'三个代表'重要思想这三大理论成果。"②

---

① 《马克思恩格斯选集》第 1 卷，人民出版社 2012 年版，第 413 页。

② 胡锦涛：《用"三个代表"重要思想武装头脑指导实践推动工作》(2003 年 9 月 3 日)，《求是》2004 年第 1 期。

1939 年，毛泽东根据当时的形势任务和党的状况，在《〈共产党人〉发刊词》中提出，把我们党建设好是一项伟大的工程。以毛泽东同志为核心的党的第一代中央领导集体，把马克思主义基本原理同中国革命实际结合起来，创造性地解决了在半殖民地半封建社会这种特殊的历史条件下建立无产阶级政党的一系列问题。围绕党的基本路线加强党的自身建设，始终是以邓小平同志为核心的党的第二代中央领导集体十分关注的重大问题。邓小平同志强调，必须"把我们党建设成为有战斗力的马克思主义政党，成为领导全国人民进行社会主义物质文明和精神文明建设的坚强核心"①。党中央和邓小平同志领导全党开始了党的建设新的伟大工程。

对于中国共产党而言，由于我们是全体中国人民的代表和领导党，同时又是工人阶级先锋队，所以始终必然面临一个"数量"与"质量"的均衡问题。如果中国共产党没有一定的数量基础，则势必造成党的代表性在某些方面受到损害；而如果单纯强调党的数量和覆盖面，对于党员和党组织质量未能严加把关，则有可能造成"大而不强"的局面。随着改革开放事业的不断推进，单位体制在很多领域逐步退却，越来越多的新社会领域诞生了。我们需要加强党组织在经济社会生活各领域的覆盖，同时需要吸纳改革开放中涌现出的各行各业的政治上过硬的优秀先进分子到党的队伍中来，做到人民在哪里党组织就到哪里，经济社会发展到哪里党员就发展到哪里。因此，扩大党的群众基础和社会面，是改革开放以后加强党的建设的一个重要命题。但是，在这个过程中，我们也面临一些新的问题，其中一个具有根本性的问题就是随着党的规模越来越大，党员的质量开始出现良莠不齐的情况，一部分党员身份入党了，但思想上并未真正入党，甚至不乏一些投机分子，试图通过加入中国共产党谋取个人私利。因此，我们在扩大党的社会基础的同时，要始终高度重视党建的质量问题，

---

① 《邓小平文选》第 3 卷，人民出版社 1993 年版，第 39 页。

特别是强调党的思想建设问题。

1989 年 12 月 29 日，江泽民同志在中共中央宣传部、中共中央政策研究室、中共中央组织部、中共中央党校举办的党建理论研究班上发表讲话时指出，我们要充分认识党面临的严峻形势和担负的历史重任，充分认识国际敌对势力加紧推行和平演变战略对我们党的严重危险，充分认识在新情况下加强党的建设特别是思想建设的重要性和紧迫性。江泽民指出，加强党的思想建设的一个直接而现实的目的，就是要解决相当一部分共产党员思想入党的问题。我们党现在有四千八百多万党员，其中近百分之七十是"文化大革命"中或"文化大革命"后入党的。党的队伍迅速扩大了，而思想建设却没有跟上。许多同志组织上入了党，思想上并没有真正入党或没有完全入党。而加强党的思想建设，重要的一点就是"要在全党系统地深入地进行马克思主义、毛泽东思想基本理论的教育，特别是马克思主义哲学的教育，党的基本路线的教育，党的基本知识的教育"①。由此可见，"三个代表"重要思想是对马克思主义的继承和发展，是马克思主义中国化的重要推进。

党的自我革命和社会革命紧密交织在一起。在新的历史时期，我们党肩负着领导全国人民进行改革开放和实现社会主义现代化的伟大任务，这是一场新的革命。②在 1994 年 9 月 28 日中共十四届四中全会的讲话中，江泽民同志进一步指出，我们党是拥有五千四百多万党员、在近十二亿人口的大国执政的大党。在新的历史条件下如何把党建设好，是一个崭新的课题，也是非常艰巨的任务。中共十四届四中全会把党的建设提到新的伟大工程的高度，提出了明确的目标和任务，这就是把中国共产党建设成为有中国特色社会主义理论武装起来、全心全意为人民服务、思想上政治上组织上完全巩固、能够经受住各种风险、始

---

① 《江泽民文选》第 1 卷，人民出版社 2006 年版，第 94—95 页。
② 《江泽民文选》第 1 卷，人民出版社 2006 年版，第 404 页。

终走在时代前列的马克思主义政党。①

在全党普遍开展的"三讲"教育中，江泽民同志系统思考和总结了十年来的工作实践和基本经验，为中共十六大报告进一步总结十三年来的基本经验奠定了基础。而中共十六大总结的十三年的基本经验，充分表明了我们党对中国特色社会主义、对执政党建设乃至对人类社会发展的规律性认识，随着实践的深入一步步深化了。因而，"必须始终代表中国先进生产力的发展要求，代表中国先进文化的前进方向，代表中国最广大人民的根本利益"，正是坚持和发展社会主义的必然要求，是我们党艰辛探索和伟大实践的必然结论。"三个代表"重要思想的形成过程，正是我们党把马克思主义的普遍真理与建设中国特色社会主义实践相结合，自觉实践，努力探索，不断总结，并逐步通过量的积累而达到质的飞跃的历史过程。②

因此，"三个代表"重要思想是时代的产物、实践的产物，也是马克思主义中国化的产物。改革开放特别是中共十三届四中全会以来党领导人民建设中国特色社会主义的伟大实践，是"三个代表"重要思想形成的实践基础。建设中国特色社会主义的伟大实践具有全面性，这就决定了"三个代表"重要思想对邓小平理论的坚持和发展是整体性的。以江泽民同志为主要代表的当代中国共产党人，高举邓小平理论伟大旗帜，准确把握时代特征，科学判断我们党所处的历史方位，围绕建设中国特色社会主义这个主题，集中全党智慧，以马克思主义的巨大理论勇气进行理论创新，逐步形成了"三个代表"重要思想这一系统的科学理论，在邓小平理论的基础上，进一步回答了什么是社会主义、怎样建设社会主义的问题，创造性地回答了建设什么样的党、怎样建设党的问题，深化了对中国特色社会主义的认识，使其成为全党理论创新的总概括。

---

① 《江泽民文选》第 1 卷，人民出版社 2006 年版，第 403 页。
② 国防大学邓小平理论研究中心：《论"三个代表"重要思想的实践基础》，《人民日报》，2003 年 9 月 8 日。

第四节 和谐社会建设思想

社会和谐美好是古往今来人类共同的追求，实现民族复兴、人民幸福也是中国共产党的初心使命。但在中国共产党百年治国理政的历史上，战争和国家政权建设在很长时间里占据着核心政治议程。因为在一个动乱不安的"普力夺"社会，如果不以政权建设为基础，想要追求秩序与和谐几乎是不可能的。[①] 可以说，在这一阶段，中国的显著特征是有政治而无社会。在新中国的历史上，具有自主性意义的"社会"领域的诞生，是改革开放后市场经济不断发展、多元社会要素逐步生成、单位体制逐步消退、私人生活逐步从政治生活中解放出来等多重因素共同作用的结果。2004 年，中共十六届四中全会首次提出"加强社会建设和管理，推进社会管理体制创新"，以及"把和谐社会建设摆在重要位置"的重要命题，新中国的社会建设和管理（治理）创新开启了新篇章。

一、和谐社会思想形成的过程

1949 年以后，新诞生的国家政权所主导的工业化采取一种独特的社会建构模式。在宏观的社会结构方面，国家通过单位体系将社会成员整合起来，形成了"国家—单位—个人"的宏观联结模式，通过单位共同体的父爱主义照料，国家对其国民兑现社会主义的政治承诺，凡举衣食住行、保教养医等个体需求，都在国家主导的公共性机构中实现。[②] 这使得社会成员对于单位、进而对于国

---

① "普力夺"社会是美国政治学家亨廷顿的著名观点，意指在缺乏共同遵守的规则的情况下，各方凭借"权力"（power）定胜负。"普力夺"阶段的核心是各方政治势力争夺社会控制权，这一阶段往往不可能形成稳定的政治秩序。参见亨廷顿：《变化社会中的政治秩序》，王冠华、刘为等译，上海人民出版社 2008 年版，第 163—164 页。

② 田毅鹏等：《"单位共同体"的变迁与城市社区重建》，中央编译出版社 2014 年版，第 116 页。

家产生强烈的依附形态，在这种情况下，社会的管理、服务都主要通过单位体制来完成，在单位体制下，国家对于一般意义上的社会建设或社会管理的需求并不明显。这种结构在改革开放进程中被彻底打破，中国的改革开放自 1978 年起自农村，城市中改革开放的真正起飞要到 20 世纪 90 年代邓小平南方谈话以后。然而，就是短短十多年时间，中国整个城乡结构发生了天翻地覆的变化，以至于到世纪之交，中国共产党必须调整此前的社会治理策略。和谐社会思想正是在这样的背景下逐渐浮出水面。

2002 年，中共十六大报告中还不曾直接提出社会建设的概念，只是提到"坚持打防结合、预防为主，落实社会治安综合治理的各项措施，改进社会管理，保持良好的社会秩序"。但中共十六大报告提出的全面建设小康社会的目标包括：城镇人口的比重较大幅度提高，工农差别、城乡差别和地区差别扩大的趋势逐步扭转，社会保障体系比较健全，社会就业比较充分，家庭财产普遍增加，人民过上更加富足的生活。这其实就是十分重要的社会建设的内容。2004 年 9 月，中共十六届四中全会《关于加强党的执政能力建设的决定》提出，形成全体人民各尽其能、各得其所而又和谐相处的社会，是巩固党执政的社会基础、实现党执政的历史任务的必然要求。这次全会不仅明确提出要适应我国社会的深刻变化，"把和谐社会建设摆在重要位置"的总命题，还明确提到了和谐社会的诸多内涵，如注重激发社会活力，促进社会公平和正义，增强全社会的法律意识和诚信意识，维护社会安定团结。2005 年 2 月，胡锦涛同志提出了构建民主法治、公平正义、诚信友爱、充满活力、安定有序、人与自然和谐相处的社会主义和谐社会总目标。[①] 2005 年 10 月，中共十六届五中全会把构建社会主义和谐社会确定为贯彻落实科学发展观必须抓好的一项重大任务，并提出了工作要求和政策措施。中共十六届六中全会审议通过《中共中央关于构建社

---

① 胡锦涛：《在省部级主要领导干部提高构建社会主义和谐社会能力专题研讨班上的讲话》，2005 年 2 月 29 日。

会主义和谐社会若干重大问题的决定》，和谐社会建设成为中国共产党治国理政的基本方略之一。2006 年 10 月 11 日，胡锦涛在中共十六届六中全会第二次全体会议上讲话指出，社会和谐是中国特色社会主义的本质属性。① 社会主义应该是和谐的社会，这是马克思主义的基本原理。但是，把社会和谐明确为中国特色社会主义的本质属性，这是我们党的重大理论创新。它是根据实践的新发展，建立在我们党对社会主义社会主要矛盾和现阶段我国阶级阶层关系的客观的正确认识基础上的，包含了我们党自十一届三中全会以来对社会主义的许多新认识和新思考，是在实践中不断深化对社会主义本质认识的结果，丰富和发展了马克思主义科学社会主义理论。②

二、和谐社会思想的理论基础

胡锦涛同志在省部级主要领导干部提高构建社会主义和谐社会能力专题研讨班开班式上的讲话中提出："实现社会和谐，建设美好社会，始终是人类孜孜以求的一个社会理想，也是包括中国共产党在内的马克思主义政党不懈追求的一个社会理想。"③ 美好生活应当是古往今来人类社会的普遍向往。正如费孝通先生所说："自从人类形成群体以来，'美好社会'总是群体生活不可缺少的意念。""它不仅体现了组成群体的各个人生活上追求的人生导向，而且也是群体用社会力量来维护的人和人相处的规范。"④ 虽然不同的群体对"美好社会"可以有不同的内涵，但具有"美好社会"的意念是人类社会的共相。费孝通指出："如果用比较方法去具体分析人类各群体向往的美好社会，基本上总是离不开安全和繁荣这两项基本愿望。这两项基本愿望只有通过群体和平协作来实现。"因

---

① 《胡锦涛文选》第 2 卷，人民出版社 2016 年版，第 520 页。

② 冷溶：《社会和谐是中国特色社会主义的本质属性》，《人民日报》，2006 年 10 月 30 日。

③ 胡锦涛：《深刻认识构建社会主义和谐社会的重大意义——在省部级主要领导干部提高构建社会主义和谐社会能力专题研讨班开班式上的讲话》，《理论参考》2005 年第 3 期。

④ 费孝通：《美好社会与美美与共》，生活·读书·新知三联书店 2019 年版，第 302—304 页。

此，我们似乎可以说"和谐"应当属于"美好社会"的核心内涵。

建设社会主义和谐社会，除了必须坚持马克思主义指导地位，还需要大力汲取古今中外社会建设思想中的精华，我国传统文化中的"中""和"思想，就是值得汲取的精华之一。①在中国传统文化中，有关社会和谐的思想非常丰富。比如，孔子提出"和而不同"，认为"和"的本质在于统一和协调多种因素的差异。孟子提出"天时不如地利，地利不如人和"。孟子认为，只要内部和谐，上下齐心协力，就能无往而不胜。孟子还提出，"老吾老以及人之老，幼吾幼以及人之幼"，"独乐乐不如众乐乐"等非常重要的和谐社会建设思想。荀子提出"和则一，一则多力"，认为在一个组织内部，人们和谐相处才能形成统一的意志和行动，从而增强力量。②针对社会的贫富分化问题，墨子从底层人民的立场和视角出发，批判"饥者不得食""寒者不得衣""劳者不得息"的社会不公正状况，提出了"兼爱""非攻""尚贤""尚同"等许多非常重要的和谐社会建设思想，要求"饥者得食，寒者得衣，劳者得息"。关于和谐社会的理想，中国传统文化中也有许多非常宝贵的资源，例如《诗·大雅·民劳》中有"民亦劳止，汔可小康"，意思是"老百姓的生活太苦了，也该稍稍得到安乐了"，表达了身处奴隶社会中的人们，对美好安定生活的向往。而中国人思想传统中最后理想社会或人类社会的最高阶段则是大同社会。大同社会，是全民公有的社会制度，包括权力公有和财物公有，而首先是权力的公有。权力公有的口号是"天下为公"，具体措施是选贤与能，讲信修睦。③

马克思主义是一种斗争哲学。但是在马克思、恩格斯对未来社会的设想中，

---

① 文选德、王安中：《"中""和"思想与和谐社会建设》，《光明日报》，2013 年 11 月 09 日 第 11 版。

② 高兴伟：《构建和谐社会思想浅析》，《辽宁省社会主义学院学报》，2006 年第 1 期。

③ 参见《礼记·礼运》："大道之行也，天下为公，选贤与能，讲信修睦。故人不独亲其亲，不独子其子，使老有所终，壮有所用，幼有所长，鳏、寡、孤、独、废疾者皆有所养，男有分，女有归。货恶其弃于地也，不必藏于己；力恶其不出于身也，不必为己。是故谋闭而不兴，盗窃乱贼而不作，故外户而不闭，是谓大同。"

人类经过阶级斗争最终是走向共产主义的和谐状态。他们在《共产党宣言》中明确提出："代替那存在着阶级和阶级对立的资产阶级旧社会的，将是这样一个联合体，在那里，每个人的自由发展是一切人的自由发展的条件。"[1]马克思主义经典作家认为，未来理想社会是社会生产力高度发达和人的精神生活高度发达的社会，是每个人自由而全面发展的社会，是人与人和谐相处、人与自然和谐共生的社会。[2]列宁在领导俄国十月革命和社会主义建设的过程中，就建设社会主义和谐社会提出了一系列重要思想。他明确提出：只有社会主义才可能广泛推行和真正支配根据科学原则进行的产品的社会生产和分配，以便使所有劳动者过最美好、最幸福的生活；生气勃勃的创造性的社会主义是由人民群众自己创立的；社会主义国家应当大力帮助农民，消除城乡对立；必须把国民经济的一切大部门建立在同个人利益的结合上面；必须发扬民主，改革国家机关，精简机构，反对官僚主义，最大限度地发挥人民群众的积极性和创造性；必须时时处处千方百计地巩固党同群众的联系；等等。马克思、恩格斯、列宁关于未来社会的科学设想，指明了构建社会主义和谐社会的前进方向。[3]

中国共产党治国理政历史早期的主要任务是革命斗争和建设国家政权，但这并不意味着新中国不存在需要调和的社会矛盾。新中国成立初期，毛泽东同志就明确提出需要妥善处理"十大关系"，其中虽然没有直接涉及国家与社会关系，但明确提到了国家、集体和个人关系。1957 年 2 月 27 日，毛泽东同志在最高国务会议第十一次（扩大）会议上发表《关于正确处理人民内部矛盾的问题》的讲话，提出"国家的统一，人民的团结，国内各民族的团结，这是我们的事业必定要胜利的基本保证"。邓小平提出了一系列关于社会全面协调发展的

---

[1] 《马克思恩格斯选集》第 1 卷，人民出版社 2012 年版，第 422 页。

[2] 《胡锦涛文选》第 2 卷，人民出版社 2016 年版，第 521 页。

[3] 全国干部培训教材编审指导委员会组织编写：《社会主义和谐社会建设》，人民出版社、党建读物出版社 2015 年版，第 7 页。

思想。江泽民同志强调"三个文明"协调发展，认为社会主义是一个全面发展的社会，并明确提出可持续发展战略，探索经济发展同人口、资源、环境的协调发展。[①] 这些思想，实际上都为和谐社会思想的提出奠定了重要基础。胡锦涛同志指出，我们要构建的社会主义和谐社会，是在中国共产党领导下、在中国特色社会主义事业中、在全国人民根本利益一致基础上全体人民共同建设、共同享有的和谐社会，是为中国最广大人民谋幸福的和谐社会，同奴隶社会、封建社会、资本主义社会时期提出的社会和谐理想有着本质区别。[②]

三、建设和谐社会的实践要求

中国传统文化典籍中有关于社会和谐的丰富思想，但近代以来战事频仍的社会现实又使得社会和谐难能可贵。新中国成立后，中国共产党通过大规模的社会运动，深刻重组了中国社会的基本格局，某种程度上可以说传统中国社会的机理几乎被重新塑造，中国人的日常社会生活被深度卷入政治过程之中，社会由于对政治的高度依附性而几乎没有单独探讨的余地。一定程度上，我们甚至可以说改革开放前的很长一段时间里，"社会""社会差异""社会和谐"等问题在中国甚至不是一个值得单独讨论的对象。如李强认为，当改革开放刚刚开始的时候，社会分层这个概念"还是个新近从海外传入的、比较专业的社会学术语"[③]。

改革开放以来，政治—经济—社会高度一体化的格局发生改变，从"大一统"的政治体系中析出相对独立的经济和社会领域，自主意义上的社会重新开始生根发芽。改革开放以来，我国国内生产总值增长迅速，经济建设取得了显著成就，同时，经济与社会发展不协调的现象也日益显现。一方面，改革开放

---

① 高兴伟：《构建和谐社会思想浅析》，《辽宁省社会主义学院学报》2006 年第 1 期。
② 《胡锦涛文选》第 2 卷，人民出版社 2016 年版，第 425 页。
③ 李强：《当代中国社会分层》，生活·读书·新知三联书店 2019 年版，序言第 1 页。

以来，此前的"身份社会"逐步消退，市场创造了一个更加公平的竞争环境，人们有可能通过自身的努力来争取竞争的成功；另一方面，在市场经济发展进程中，也产生了利用公共权力获取（capture）私人利益的问题，一部分"先富起来"的人重新构筑了一种"新的社会身份群体"，而边缘群体的利益受损情况日益严重，进而产生了以财富分配为主要标志的新的社会不公；与此同时，中国阶级阶层从改革前的"整体性社会聚合体"（主要是农民、工人、干部和知识分子），走向新的社会分层，例如产生了数以亿计的农民工，以及"白领"、中小企业主、技术人员、自由职业者等其他新的社会群体。李强认为，四十年来，中国阶级阶层的最大的变化，是出现了新的社会阶层，其中最突出的两个群体是个体户和私营业主。[1] 伴随这一过程而来的，是中国社会日益严峻的收入分配不均问题。据研究，1979年改革开放之初，中国城市家庭人均收入的基尼系数为0.16，中国城市内部的贫富差距在全世界几乎是最低的；而当时全体城乡居民的收入基尼系数也不过是0.33，在全球来看也属于较低的水平。改革开放以后，1988年中国城乡居民基尼系数指标就上升到0.382，1994年则上升到0.43—0.44，2008年进一步上升到0.491。一些研究表明，2010年中国城乡居民家庭人均收入基尼系数达到0.61的高位。[2] 通常，基尼系数超过0.4被认为达到警戒水平，而一般发达国家的基尼系数多维持在0.4以内的水平，北欧等国家如瑞典、丹麦等国基尼系数约为0.25左右。超过0.6的基尼系数在全球来看都属于贫富分化最为严重的情况。[3]

　　为了解决经济社会发展"一条腿长、一条腿短"的问题，中共十六大以来，中央高度重视社会建设和社会管理，立足中国特色社会主义建设实践，广

---

① 李强：《当代中国社会分层》，生活·读书·新知三联书店2019年版，第87—89页。

② 潘寅茹、王一茹：《西南财大课题组详解基尼系数0.61调查过程》，《第一财经日报》2013年4月11日。

③ 李强：《当代中国社会分层》，生活·读书·新知三联书店2019年版，第485—487页。

泛吸收借鉴古今中外社会建设和社会管理的丰富思想资源，在理论上有了新的突破。[①]建设小康社会是改革开放战略之一。邓小平在规划中国社会发展蓝图时提出了小康社会概念。1979 年 12 月 6 日，邓小平在会见日本首相大平正芳时说："我们的四个现代化的概念，不是像你们那样的现代化的概念，而是'小康之家'。"[②]1992 年中国改革开放转型后，正式向全面建设小康社会转型。和谐社会建设的一个重要维度，是正确把握和妥善处理最广大人民根本利益、现阶段群众共同利益、不同群体特殊利益的关系。中国共产党应当坚持代表最广大人民根本利益，正确反映各方面群众共同利益，统筹兼顾不同群体特殊利益，妥善调节好各方面利益关系，最广泛最充分调动一切积极因素，不断形成和壮大建设中国特色社会主义合力。[③]

21 世纪以来，中国社会进入全新的发展阶段，社会转型过程不断深化，转型任务日益升级。中国共产党适时提出了构建社会主义和谐社会的战略目标，这既是建设中国特色社会主义过程中的重要部署，也与新时期处理人民内部矛盾的现实需要相契合。改革开放以来，工人、农民、知识分子构成的"两个阶级一个阶层"的社会阶级结构发生了深刻的变化。随着中国社会由农业社会向工业社会转变，计划经济向市场经济转变，中国的经济制度、经济体制和经济结构带来了与以往显著不同的职业分工，在利益分化的基础上产生了复杂多样的社会阶层分化，也带来了一系列的社会负面问题。对于正处于社会转型期的中国，包括干群关系、劳资关系等在内的强势阶层与弱势阶层之间的冲突尤其值得关注，一旦矛盾激化，将对社会的发展与稳定产生严重的破坏作用。精英与大众之间的冲突关系一方面为社会的交叉互动提供了动力，另一方面则潜藏

---

① 冯俊：《党的十六大以来社会建设和社会管理的理论突破与实践创新》，《中国共产党 90 年研究文集（下）》。

② 《邓小平文选》第 2 卷，人民出版社 1994 年版，第 237 页。

③ 《胡锦涛文选》第 2 卷，人民出版社 2016 年版，第 426 页。

着社会内部动乱和失序的危机。基于社会转型期的现实需要，构建社会主义和谐社会的战略任务因时而生。针对社会主义和谐社会这一命题，学界曾进行了多重意义上的解读。中国社会科学院课题组从经济、社会、政治、法制、文化等多种层面对和谐社会的内涵进行了剖析。还有学者从宏观、中观和微观三个层次进行梳理，三者分别对应着中国社会建设的总目标、社会各构成要素的相互协调以及和谐社会的形成基础。应该说，社会利益分化是当前人民内部矛盾的主要症结点，而正确协调阶层间的利益关系、促进社会阶层间的和谐就成为了缓和人民内部矛盾、建设社会主义和谐社会的重中之重。构建社会主义和谐社会，既是全面建设小康社会的现实要求，也是一个长远目标；是结合我国改革发展稳定实际，为解决新形势下面临的突出矛盾和问题而提出的新论断，是在新的历史条件下深化对中国特色社会主义认识取得的新成果。①

四、和谐社会的基本特征

社会主义和谐社会是人类孜孜以求的一种理想社会状态，是马克思主义政党不懈追求的奋斗目标，具有民主法治、公平正义、诚信友爱、充满活力、安定有序、人与自然和谐相处等基本特征。按照马克思主义基本观点，社会主义和谐社会建设至少应包含五个方面的内容，即个人身心之和谐；人与人、人与社会之和谐；社会各阶层之和谐；人与自然之和谐以及国家与外部世界之和谐。这五个方面既有密切的内在逻辑联系，又有各自的理论体系，是一项十分复杂的系统工程。②

第一，以人为本贯彻统筹发展理念。我国和谐社会具有十分丰富的内涵，以人为本是和谐社会的核心和灵魂。中共十六大中提出的社会和谐，是作为小康社会的一个维度。中共十六届三中全会提出科学发展观，强调贯彻全面协调

---

① 《胡锦涛文选》第 2 卷，人民出版社 2016 年版，第 424 页。

② 文选德、王安中：《"中""和"思想与和谐社会建设》，《光明日报》，2013 年 11 月 09 日第 11 版。

可持续的发展理念，其核心也在于以人为本。坚持以人为本、全面协调可持续的科学发展观，更好地推动经济社会发展。要求我们深入体察人民群众的意愿，切实把维护和实现最广大人民的根本利益体现在党领导发展的大政方针和各项部署中，落实到经济社会发展的各个方面。把推进经济建设同推进政治建设、文化建设统一起来，促进社会全面进步和人的全面发展。推动建立统筹城乡发展、统筹区域发展、统筹经济社会发展、统筹人与自然和谐发展、统筹国内发展和对外开放的有效体制机制。建立体现科学发展观要求的经济社会发展综合评价体系。在指导方针、政策措施上注重加强薄弱环节，特别要重视解决好农业、农村、农民问题；重视实施西部大开发战略和振兴东北地区等老工业基地战略，促进中部地区崛起，支持革命老区、少数民族地区、边疆地区和其他欠发达地区加快发展；重视扩大就业再就业和健全社会保障体系；重视发展教育、科技、文化、卫生、体育等各项社会事业；重视计划生育、节约资源、保护环境和安全生产，大力发展循环经济，建设节约型社会。贯彻落实科学发展观，要坚持从实际出发，因地制宜，分类指导，积极推进。[1]

第二，降低贫富差距追求共同富裕。共同富裕是中国特色社会主义的根本原则，也是社会主义的本质特征。资本主义国家普遍存在较为严重的贫富分化问题，中国的改革开放之初提出"允许一部分人先富起来"，主要是为了激发发展活力，而先富群体要求"带动后富"，最终一定是消灭剥削、消除两极分化，最终实现共同富裕。经过四十余年的改革开放，中国已经形成一大批"先富"群体，全面建成小康社会以后，对社会公平和共同富裕的呼声必然会越来越强烈。但是，对于一个有着十四亿人口的大国来说，共同富裕绝非一日之功，而是需要持续推进、久久为功。这就需要我们在未来一段时间里尽可能地扩大中等收入群体，让更多的人"先富起来"。社会学主张构建和谐社会，其途径在于

---

① 《中共中央关于加强党的执政能力建设的决定》，2004 年 9 月 19 日中国共产党第十六届中央委员会第四次全体会议通过。

社会走向"中产化"，即未来中国形成"橄榄型"社会结构，① 用中央文件的语言说，就是扩大中等收入者比重，形成橄榄型收入分配格局。②2005 年，胡锦涛同志在《在省部级主要领导干部提高构建社会主义和谐社会能力专题研讨班上的讲话》中提到，经济要保持高速健康发展，在发展经济的过程中要注重发展成果由人民共享，注意城乡、地区、不同职业之间大差别，要缩小差别，建立较为完善的社会保障体系，这实际上就是在经济地位上寻求建设和谐社会的突破口，要使得贫富分化降下来，社会主义的本质是实现共同富裕，要把经济地位上的差距拉小，这样才能使得较低阶层的社会成员也能看到国家的发展给他们带来的利益，团结一致建设好社会主义社会。

第三，尊重劳动保护劳动者合法权益。马克思主义认为，劳动是创造价值的唯一源泉。社会主义国家的主人是全体劳动人民，社会主义和谐社会的基础是尊重劳动，保障劳动人民的合法权益。但现实当中，当时对于普通劳动者的权益保护还存在不少漏洞，许多地方都曾发生过拖欠劳动者工资的情况，特别是农民工群体在劳资关系中往往处于弱势，一旦其合法权益得不到保障，付出劳动而得不到收入不仅有违社会公平正义，也很容易引发群体性事件。因此，劳动者权益保护方面的力度很大程度上会影响社会的和谐程度。胡锦涛同志提出："要善待农民工，继续清理对农民工的歧视性政策和各种乱收费，集中力量解决好一些企业拖欠克扣农民工工资、劳动条件差、劳动安全和职业防护没有保障等突出问题，维护农民工合法权益。"③ 在和谐社会建设过程中，我们要全面贯彻尊重劳动、尊重知识、尊重人才、尊重创造的方针，这样才能不断增强全社会的创造活力，激发各行各业人们的创造活力，坚决破除各种障碍，使一切有利于社会进步的创造愿望得到尊重、创造活动得到支持、创造才能得到发

---

① 李强：《当代中国社会分层》，生活·读书·新知三联书店 2019 年版，序言第 1—2 页。
② 《中共中央关于全面深化改革若干重大问题的决定》，人民出版社 2013 年版，第 46 页。
③ 《胡锦涛文选》第 2 卷，人民出版社 2016 年版，第 18—19 页。

挥、创造成果得到肯定。尊重劳动，保护劳动者权益也体现了社会主义的本质要求，体现了全心全意依靠工人阶级的方针。随着改革开放的不断深入，"劳动者"的内涵也在不断扩展，我们既要充分发挥包括知识分子在内的工人阶级、广大农民推动经济社会发展根本力量的作用，又要鼓励和支持其他社会阶层人员为经济社会发展积极贡献力量；既要保护发达地区、优势产业和先富群体的发展活力，又要高度重视和关心欠发达地区、比较困难的行业和群众。与此同时，我们还应当在全社会大力提倡团结互助、扶贫济困的良好风尚，形成平等友爱、融洽和谐的人际环境。

第四，妥善协调各方面的利益关系，正确处理人民内部矛盾。新中国成立后，人民所厌恶的国家分裂和混乱的局面，已经一去不复返了。我国的六亿人民正在工人阶级和共产党的领导下，团结一致地进行着伟大的社会主义建设。国家的统一，人民的团结，国内各民族的团结，这是我们的事业必定要胜利的基本保证。但是，正如毛泽东所说："这并不是说在我们的社会里已经没有任何的矛盾了。没有矛盾的想法是不符合客观实际的天真的想法。"[1] 实际上，任何国家任何时代都不可能完全避免社会矛盾的发生，问题在于如何妥善协调各方面的利益关系，正确处理人民内部矛盾。改革开放以来，我国经济社会进入飞速发展阶段，干群矛盾、阶层矛盾、群体矛盾等各类矛盾多发，由于经济快速发展导致一部分人产生"相对剥夺感"[2]，进而产生了社会不公的情绪，由于社会快速转型导致原来稳定的社会关系发生变动，从而引发新的矛盾；加之在推动国家发展的过程中，有的地方政府存在急功近利、工作粗糙的毛病，在征地拆迁、城市管理等一些领域引发了大量矛盾冲突；同时，部分领导干部在面对诱惑时无法坚持党的立场，出现了较为严重的干部腐化、不作为、对权力的滥

---

[1] 毛泽东：《关于正确处理人民内部矛盾的问题》，《人民日报》，1957 年 6 月 19 日。

[2] 邓东蕙、黄菡：《社会转型期中国民众的相对剥夺感调查》，《苏州大学学报（哲学社会科学版）》1999 年第 3 期。

用等问题。上述种种现象不仅直接造成一些矛盾冲突，也引发人民群众对政府和党的信任程度降低、不满情绪突显的情况。和谐社会建设正是要求我们坚持把最广大人民的根本利益作为制定政策、开展工作的出发点和落脚点，正确反映和兼顾不同方面群众的利益。高度重视和维护人民群众最现实、最关心、最直接的利益，坚决纠正各种损害群众利益的行为。教育引导广大干部群众正确处理个人利益和集体利益、局部利益和整体利益、当前利益和长远利益的关系，增强主人翁意识和社会责任感。健全正确处理人民内部矛盾的工作机制，完善信访工作责任制，综合运用政策、法律、经济、行政等手段和教育、协商、调解等方法，依法及时合理地处理群众反映的问题。建立健全社会利益协调机制，引导群众以理性合法的形式表达利益要求、解决利益矛盾，自觉维护安定团结。中共十八大以来，随着全面从严治党、全面依法治国、群众路线、建设服务型政府的推进，人民对党和政府的信任又提升到一个较好的水平，但仍要继续，同腐败分子作斗争。中共十八届三中全会提出要全面深化改革，目标是完善社会主义制度，推进国家治理体系和治理能力的现代化，利于处理好当前的社会矛盾，建设和谐社会。

第五，加强社会建设和管理，推进社会管理体制创新。深入研究社会管理规律，完善社会管理体系和政策法规，整合社会管理资源，建立健全党委领导、政府负责、社会协同、公众参与的社会管理格局。更新管理理念，创新管理方式，拓宽服务领域，发挥基层党组织和共产党员服务群众、凝聚人心的作用，发挥城乡基层自治组织协调利益、化解矛盾、排忧解难的作用，发挥社团、行业组织和社会中介组织提供服务、反映诉求、规范行为的作用，形成社会管理和社会服务的合力。健全社会保险、社会救助、社会福利和慈善事业相衔接的社会保障体系。加强和改进对各类社会组织的管理和监督。

第六，健全工作机制，维护社会稳定。社会稳定是和谐社会的基础，邓小平提出"稳定压倒一切"，没有稳定什么事情都办不了。但是，"由人民内部矛盾引发的群体性事件，已经成为当前影响社会稳定的一个突出问题"①。因此，我们必须长期坚持稳定压倒一切的方针，落实维护社会稳定的工作责任制。建立社会舆情汇集和分析机制，畅通社情民意反映渠道。建立健全社会预警体系，形成统一指挥、功能齐全、反应灵敏、运转高效的应急机制，提高保障公共安全和处置突发事件的能力。有效发挥司法机关惩治犯罪、化解矛盾和维护稳定的职能作用。坚持打防结合、预防为主，专群结合、依靠群众，加强和完善社会治安综合治理工作机制，依法打击各种犯罪活动，保障人民生命财产安全。坚持稳定压倒一切，同时要注意做好群众工作。"要扎实解决好关系群众切身利益的问题。做好这项工作，关键是要坚持依法办事，坚持按政策办事，坚决维护群众合法权益，坚决维护社会稳定。"②坚持党的群众路线，加强和改进新形势下的群众工作。加强马克思主义群众观点和党的群众路线的宣传教育，改进群众工作，密切党群、干群关系。各级党委和政府要积极研究和把握新形势下群众工作的特点和规律，探索新途径、新方法，不断提高组织群众、宣传群众、教育群众、服务群众的本领。各级领导干部要深入基层，倾听群众呼声，关心群众疾苦，以群众关心的热点和难点问题为工作重点，善于运用说服教育、示范引导和提供服务等方法把群众工作做深、做细、做实，凝聚和激励群众共同前进。

第五节　科学发展观思想

2003 年，我国人均国内生产总值突破 1000 美元，跨上了一个重要台阶。一些国家和地区的发展历程表明，在人均国内生产总值突破 1000 美元之后，经

①《胡锦涛文选》第 2 卷，人民出版社 2016 年版，第 117 页。

②《胡锦涛文选》第 2 卷，人民出版社 2016 年版，第 118 页。

济社会将进入一个关键的发展阶段。在这个阶段，既有因为举措得当从而促进经济快速发展和社会平稳进步的成功经验，也有因为应对失误从而导致经济徘徊不前和社会长期动荡的失败教训。综合起来看，说我国改革发展正处在关键时期，主要是基于以下几点：综合国力竞争日趋激烈，外部环境日趋复杂多变；我国工业化和城镇化进程加快，经济结构调整加速，农村大量富余劳动力向非农领域转移；经济市场化程度迅速提高，深化改革进一步触及深层次的矛盾和问题，体制创新进入攻坚阶段；地区发展不平衡，经济社会发展不平衡，缩小地区发展差距和促进经济社会协调发展任务艰巨；我国经济对外依存度不断提高，世界经济对我国发展的影响明显加深；人民群众的物质文化需要不断提高并更趋多样化，社会利益关系更趋多样化，社会利益关系更趋复杂，统筹兼顾各方面利益难度加大；人民群众的民主法制意识不断增强，政治参与的积极性不断提高，对发展社会主义民主政治和落实依法治国基本方略提出了新的要求；人们受各种思想观念影响的渠道明显增多、程度明显加深，思想活动的独立性、选择性、多变性、差异性明显增强。总之，这是一个既有巨大发展潜力和动力，又有各种困难和风险的时期，是一个既有难得机遇，又有严峻挑战的时期。

一、重新反思发展方式，深刻调整发展模式

经验表明，一个国家坚持什么样的发展观，对这个国家的发展会产生重大影响，不同的发展观往往会导致不同的发展结果。坚持以人为本，全面、协调、可持续的发展观，是我们以邓小平理论和"三个代表"重要思想为指导，从新世纪新阶段党和国家事业发展全局出发提出的重大战略思想。科学发展观总结了二十多年来我国改革开放和现代化建设的成功经验，吸取了世界上其他国家在发展进程中的经验教训，概括了战胜传染性非典型肺炎（简称"非典"）疫情给我们的重要启示，揭示了经济社会发展的客观规律，反映了我们党对发展问

题的新认识。

非典疫情这一公共卫生事件的暴发，加速了我国推动转型发展的动力和决心。但实际上，反思发展方式在非典疫情暴发之前就已经开始，只不过非典的暴发加速了这一过程。2003年4月胡锦涛同志在广东考察时指出，发展是我们党执政兴国的第一要务。"在发展问题上，我们始终要坚持两条。一是发展是硬道理，是解决中国所有问题的关键，必须抓住一切机遇加快发展，首先要把经济建设进一步搞上去。二是发展要有新思路，必须实施科教兴国战略和可持续发展战略，实现速度和结构、质量、效益相统一，经济发展和人口、资源、环境相协调，同时要促进中国特色社会主义经济、政治、文化全面发展。"①

2003年7月28日，胡锦涛同志在全国防治非典工作会议上明确提到了"发展观"的问题。他提出，通过抗击非典疫情斗争，我们比过去更加深刻地认识到，我国经济发展和社会发展、城市发展和农村发展还不够协调。强调我们不仅要继续保持经济较快增长良好势头，而且要重视提高经济增长质量和效益；不仅要确保今年经济社会发展目标的实现，而且要高度重视研究和解决经济社会发展中存在的深层次问题；不仅要努力做好当前工作，而且要为长远发展打下良好基础。从长远发展看，胡锦涛首先强调要进一步加强经济社会协调发展工作。胡锦涛明确指出，我们讲发展是党执政兴国的第一要务，这里的发展绝不只是指经济增长，而是要坚持以经济建设为中心，在经济发展的基础上实现社会全面发展。"我们要更好坚持全面发展、协调发展、可持续发展的发展观，更加自觉地坚持推动社会主义物质文明、政治文明、精神文明协调发展，坚持在经济社会发展的基础上促进人的全面发展，坚持促进人与自然的和谐。在促进发展的进程中，我们不仅要关注经济指标，而且要关注人文

---

① 《胡锦涛文选》第2卷，人民出版社2016年版，第39页。

指标、资源指标、环境指标；不仅要增加促进经济增长的投入，而且要增加促进社会发展的投入，增加保护资源和环境的投入。"[①] 2006 年 1 月 9 日，胡锦涛在全国科学技术大会上的讲话中再次强调，贯彻落实科学发展观，推动社会主义经济建设、政治建设、文化建设、社会建设全面发展，维护国家安全，实现好、维护好、发展好最广大人民的根本利益，实现全面建设小康社会的宏伟目标、开创中国特色社会主义事业新局面，需要大力发展我国科技事业。[②]

二、全面统筹可持续的发展

要树立和落实科学发展观，首先必须全面准确地把握科学发展观的深刻内涵和基本要求。2004 年 3 月 10 日，在中央人口资源环境工作座谈会上，胡锦涛进一步阐明了科学发展观的深刻内涵和基本要求。坚持以人为本，就是要以实现人的全面发展为目标，从人民群众的根本利益出发谋发展、促发展，不断满足人民群众日益增长的物质文化需要，切实保障人民群众的经济、政治和文化权益，让发展的成果惠及全体人民。全面发展，就是要以经济建设为中心，全面推进经济、政治、文化建设，实现经济发展和社会全面进步。协调发展，就是要统筹城乡发展、统筹区域发展、统筹经济社会发展、统筹人与自然和谐发展、统筹国内发展和对外开放，推进生产力和生产关系、经济基础和上层建筑相协调，推进经济、政治、文化建设的各个环节、各个方面相协调。可持续发展，就是要促进人与自然的和谐，实现经济发展和人口、资源、环境相协调，坚持走生产发展、生活富裕、生态良好的文明发展道路，保证一代接一代地永续发展。[③]

---

① 《胡锦涛文选》第 2 卷，人民出版社 2016 年版，第 65—67 页。

② 国家科技部网站，http：//www.most.gov.cn/ztzl/kxdct30/kxdct30tpxw/200803/t20080317_59817.htm。

③ 《胡锦涛文选》第 2 卷，人民出版社 2016 年版，第 166—167 页。

2004 年 5 月 5 日，胡锦涛同志到江苏省考察时再次强调，要把科学发展观贯穿于发展的整个过程和各个方面，要"正确处理以经济建设为中心和全面发展的关系、加快发展和协调发展的关系、当前发展和可持续发展的关系"[①]。

三、统筹协调好城乡关系，坚持城乡一体化发展

农村经济和城市经济是相互联系、相互依赖、相互补充、相互促进的。农村发展离不开城市辐射和带动，城市发展也离不开农村促进和支持。统筹城乡经济社会发展，就是要充分发挥城市对农村的带动作用和农村对城市的促进作用，实现城乡经济社会一体化发展。这既是解决"三农"问题的重大战略，又是增强城市发展后劲的有效措施。[②] 要统筹城乡经济社会发展，把城市和农村作为一个有机的发展整体来考虑，积极推进农业和农村经济结构战略性调整，……健全农业社会化服务体系，加快城镇化建设，推动城乡经济社会共同发展。[③] 在全国防治非典工作会议上，胡锦涛再次强调，要进一步加强统筹城乡发展工作。没有农民的小康就没有全国人民的小康，没有农村的现代化就没有全国的现代化。

四、节约资源，保护自然环境

胡锦涛强调，做好人口资源环境工作，是树立和落实科学发展观的必然要求和重要内容。自然资源是有限的，很多自然资源都属于不可再生资源，因此必须要在全社会树立节约资源的观念，建立资源节约型国民经济体系和资源节约型社会。这要求我们不仅在开采、加工、运输、消费等环节要节约，而且要逐步建构资源节约型的产业结构、消费习惯和社会风尚。不能以眼前发展损害长远利益，不能用局部发展损害全局利益。大自然是人类生命的摇篮，是人

---

① 《胡锦涛文选》第 2 卷，人民出版社 2016 年版，第 174—175 页。
② 《胡锦涛文选》第 2 卷，人民出版社 2016 年版，第 18 页。
③ 《胡锦涛文选》第 2 卷，人民出版社 2016 年版，第 39 页。

类赖以生存和发展的基本条件。保护自然就是保护人类，建设自然就是造福人类。

五、形成科学的政绩观和考核标准

2003 年，胡锦涛在中央经济工作会议上的讲话中指出，有一些同志，对政绩问题缺乏正确认识，工作的出发点不是更多为群众办实事、谋实利，而往往是考虑个人得失，热衷于上项目、铺摊子，搞华而不实、劳民伤财的"形象工程"。这样不仅加大财政负担、影响经济持续健康发展、破坏资源和环境，而且容易引发干部群众的强烈反映。"树立正确政绩观，说到底就是要忠实实践党的宗旨，真正做到权为民所用、情为民所系、利为民所谋……要顾全大局、统筹兼顾，立足当前、着眼长远，不急功近利……考核评价各级干部政绩，既要看经济建设成果，又要开社会进步成果；既要看城市变化，又要看农村发展；既要看当前发展，又要看发展的可持续性；既要看经济增长总量，又要看人民群众得到的实惠；既要看经济社会发展成就，又要看党的建设成效。"[1]

保护自然、建设节约型国民经济体系和资源节约型社会也不仅仅是一个观念问题、科学问题，更是一个政治问题、制度问题。在原来的"GDP 主义"逻辑下，一些地方官员为了谋取"政绩"最大化，往往追求眼前利益，而忽视难以核算的环境成本。因此，要真正转变发展方式，我们需要研究绿色国民经济核算方法，将发展过程中的资源消耗、环境损失、环境效益等纳入经济发展水平的评价体系。

六、处理好"速度"与"质量"之间的关系

科学发展观要求我们正确看待经济增长速度和质量的关系，即经济发展的

---

[1]　《胡锦涛文选》第 2 卷，人民出版社 2016 年版，第 121—122 页。

"快"与"好"之间的关系问题。2004 年 5 月 5 日，胡锦涛同志在江苏省考察工作时，谈到落实科学发展观还是使用"又快又好"，"解决中国发展问题，实现又快又好发展，必须牢固树立和认真落实科学发展观"[①]。而到了 2006 年 12 月 5 日，胡锦涛同志讲话中关于经济发展的描述就转变为"必须深刻认识又好又快发展是全面落实科学发展观的本质要求"[②]。实现国民经济又好又快发展，关键要在转变经济发展方式、完善社会主义市场经济体制方面取得重大新进展。

七、强调创新在发展中的核心作用

中国是一个人口大国，人均资源占有量少，从长远看，中国经济发展和人口、资源、环境的矛盾会越来越突出，可持续发展的压力会越来越大。而要破解长期发展需求和资源环境瓶颈之间的矛盾，必须依靠科技创新。江泽民同志曾经要求经济特区要"增创新优势，更上一层楼"[③]。随着中国改革深化和加入世界贸易组织，很难通过制定特殊的优惠政策形成特殊的发展优势，在新的条件下必须"努力增创新优势，开创新局面，实现新发展"。胡锦涛同志提出，一是要坚持走新型工业化道路，坚持以信息化带动工业化，以工业化促进信息化，在国际产业分工体系中找准位置，大力推进产业结构优化升级。"尤其要充分发挥科技第一生产力作用，推进关键技术创新和系统集成，加速科技成果向现实生产力转化。"[④]2003 年，中央就提出要突出抓好电子信息、生物技术、新材料等高新技术产业发展，着力用高新技术和先进适用技术改造机械、纺织、化工等传统产业，提升制造业水平。2004 年 6 月 2 日，胡锦涛同志在中国科学院第十二次院士大会、中国工程院第七次院士大会上发表讲话指出："促进人的全面

---

① 《胡锦涛文选》第 2 卷，人民出版社 2016 年版，第 174 页。
② 《胡锦涛文选》第 2 卷，人民出版社 2016 年版，第 545 页。
③ 《江泽民文选》第 1 卷，人民出版社 2006 年版，第 374 页。
④ 《胡锦涛文选》第 2 卷，人民出版社 2016 年版，第 40 页。

发展也好，促进经济发展和社会全面进步也好，优化经济结构也好，做到'五个统筹'也好，实现经济发展和人口、资源、环境相协调也好，都离不开科技进步和创新。"可以说，科技进步和创新是实现科学发展观的一把关键钥匙。因此，我们必须坚定不移实施科教兴国战略，把经济发展真正转到依靠科技进步和提高劳动者素质的轨道上来，坚定不移依靠科技进步和创新来实现全面协调可持续发展。①

---

① 《胡锦涛文选》第 2 卷，人民出版社 2016 年版，第 189 页。

第六章　成熟期（2012—2021 年）

中共十九大指出："经过长期努力，中国特色社会主义进入了新时代，这是我国发展新的历史方位。"[①] 这一重大的政治论断是基于时代趋势和国际局势的重大变化、国内主要矛盾的重大变化和历史交汇期奋斗目标的重新安排而做出的。这一新的重大政治判断为新时代治国理政方略的展开提供了新的政治基础。从历史维度上看，中国共产党经历了近百年的风雨历程，革命、建设和改革时期的探索与经验，都构成了新时代改革开放再进发的路径依赖，长时段的经验积累和多时空的实践探索为治国理政提供了广阔的运作空间，这构成了治国理政举措成熟及其制度化的时间上的保证；从现实层面来看，中国共产党近百年的良好的治理绩效，即实现了中国从站起来到富起来，以及到强起来的跃升，这些生动的画卷是党在不同时空背景下带领中国人民接续奋斗的结果，"强起来"本身昭示着治国理政的成熟；从制度维度上看，党近百年的发展史、治国理政史意味着党和国家的组织化、现代化程度的增强，无论是党内的规章制度，还是治国的法律体系，其制度化、理性化程度都在不断加深。所以，无论是从绵长的历史维度上看，还是从现实层面的治理绩效上看，抑或是从非人格化的制度维度上看，新时代党的治国理政都可以说步入成熟期。

[①]　习近平：《决胜全面建成小康社会　夺取新时代中国特色社会主义伟大胜利——在中国共产党第十九次全国代表大会上的报告》，人民出版社 2017 年版，第 10 页。

从规范层面上说，执政党的治国理政是党嵌入国家、社会并推动国家现代化和社会成长的过程，因而会受到已有的政治体系的强烈影响；同时，由于现实世界主权国家林立，一国治国理政的实践毫无疑问会受到全球化的冲击与影响，内政与外交是一个双向互动的过程。另外，执政党自身的建设也是影响治国理政效能的重要变量。基于此，考察新时代治国理政的特色与方略，需要在承继、发扬共产党人的初心、使命的基础上，结合中国的政治发展的制度支撑，提炼出治国理政的价值使命（价值理念，以人民为中心、构建人类命运共同体），设定治国理政的现实目标（目标导向，建设社会主义现代化强国），明确党的领导统领治国理政的具体实践（政治统领，党的全面领导和党的自我革命），布局治国理政的行动路径（事业布局，"五位一体"总体布局和"四个全面"战略布局），夯实治国理政的安全根基（政治保障，总体国家安全观、人民军队建设和推进祖国和平统一，这里主要论述总体国家安全观）。所以，在新时代政治方位的基础上，承继政治价值、设定政治目标、坚持政治统领、明确政治布局和夯实政治保障，这些构成了新时代治国理政的框架结构。具体来说，新时代的执政党的治国理政，蕴含了"价值——目标——统领——布局——保障"的逻辑主线，既接通了马克思主义经典作家的相关理论，又承继历代中国共产党人在革命、建设和改革年代的经验做法，还根据新时代民众的现实利益诉求和国内外环境的变化进行了理论创新、思想创新、制度创新以及政策创新

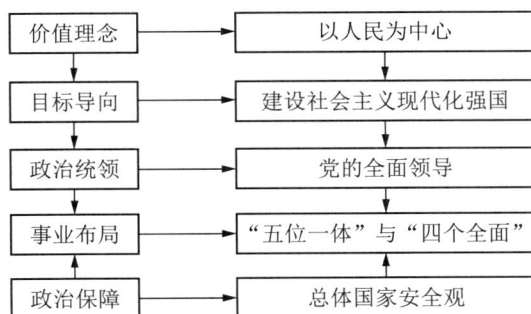

图 6.1　成熟期党的治国理政思想逻辑图

等，是马克思主义中国化的最新成果。

第一节　承继"人民本位"的政治价值

中国共产党一经成立，就将自己的奋斗目标同国家与民族大义、人民的利益密切相连。毛泽东在 1949 年的一次讲话中说："二十二年前我们什么也没有，二十八年前甚至连共产党也没有。为什么过去没有的东西今天会有呢？就是因为人民需要。从前我当小学教员时，只是靠教书吃饭，没有想到要搞共产党，共产党是后来因为人民需要才成立的。"① 这种以人民本位的特质接通了马克思关于民主制的思想。马克思在《黑格尔法哲学批判》中指出："在民主制中，国家制度本身只表现为一种规定，即人民的自我规定"；国家制度"不仅就其本质来说，而且就其存在、就其现实性来说，也在不断地被引回到自己的现实的基础、现实的人、现实的人民，并被设定为人民自己的作品。国家制度在这里表现出它的本来面目，即人的自由产物"②。按照马克思的观点，国家及其制度是"人民自己的作品"，一方面被人民所塑造，另一方面当国家获得自主性后一定要反映人民的现实诉求，且唯其如此，国家政权的根基才能稳固。对政党而言，人民显然是立党之基、力量之源。这种以人民为中心的发展思想在理念上可归于人民本位，其对国家和政党的生成、建构、发展具有基础性意义。这种基础性意义主要体现在其对政党自身发展与壮大的重要作用，它既是吸纳组织成员、获得社会资源支持的价值因子，也是政党组织力、内整合能力建构的价值因子。中国共产党近百年来的风雨历程无可辩驳地证实了这一点。人民，作

① 《毛泽东文集》第 5 卷，人民出版社 1996 年版，第 305—306 页。
② 《马克思恩格斯全集》第 3 卷，人民出版社 2002 年版，第 39—40 页。

为人的集合性存在，其存在的组织形式就是社会。因此，无论是国家政权还是执政党，贯彻以人民为中心的发展思想就是要有效回应社会这个集体的变动的、多元的利益诉求。

无论时代的风云如何变幻，以民为本的价值融进党在不同时期的纲领、路线、方针和政策之中，跨越革命、建设、改革的广阔时空，直抵新时代的现实年代。以人民为中心的发展思想，是立党之基、强国之本，是中国共产党人治党兴国的基本遵循。在中共十八大刚刚闭幕之时，习近平总书记就在率新一届中央政治局常委同中外记者见面时指出："人民对美好生活的向往，就是我们的奋斗目标。"在中共十九大报告中，习近平总书记开篇就提中国共产党人的初心与使命，即"为中国人民谋幸福，为中华民族谋复兴"，并将"坚持以人民为中心"作为"十四个坚持"的重要组成部分（也是习近平新时代中国特色社会主义思想的重要组成部分）来论述；在大会上，他号召全党，必须"坚持人民主体地位，坚持立党为公、执政为民，践行全心全意为人民服务的根本宗旨，把党的群众路线贯彻到治国理政全部活动之中，把人民对美好生活的向往作为奋斗目标，依靠人民创造历史伟业"[1]。习近平总书记在庆祝中国人民政治协商会议成立 65 周年大会上的讲话直接将"人民本位"与治国理政关联起来："中国共产党的一切执政活动，中华人民共和国的一切治理活动，都要尊重人民主体地位，尊重人民首创精神，拜人民为师，把政治智慧的增长、治国理政本领的增强深深扎根于人民的创造性实践之中，使各方面提出的真知灼见都能运用于治国理政。"[2]

在新时代中国特色社会主义的伟大实践中，以人民为中心的发展思想不仅在价值理念上得到了极大的张扬，而且在制度供给、政策举措等方面都有了扎

---

① 习近平：《决胜全面建成小康社会　夺取新时代中国特色社会主义伟大胜利——在中国共产党第十九次全国代表大会上的报告》，人民出版社 2017 年版，第 21 页。

② 《习近平谈治国理政》第二卷，外文出版社 2017 年版，第 296 页。

实的推进，形成了人民本位、改善民生、保证权利和厉行法治的"四位一体"的实施架构。

（一）人民本位。以人民为中心的发展思想在理念上可归于人民本位，其对国家、政党的生成、建构与发展具有基础性意义。对国家而言，马克思在《黑格尔法哲学批判》中指出："国家制度不仅自在地，不仅就其本质来说，而且就其存在、就其现实性来说，也在不断地被引回到自己的现实的基础、现实的人、现实的人民，并被设定为人民自己的作品。"①按照马克思的观点，国家及其制度既然是"人民自己的作品"，它一方面被人民所塑造，另一方面当国家获得自主性后，一定要反映人民的现实诉求，且唯其如此，国家政权的根基才可能稳固。对政党而言，其力量或权威性基础也是来自社会，社会是其立党之基、力量之源。中国共产党近百年来的风雨历程无可辩驳地证实了这一点。人民，作为人的集合性存在，其存在的组织形式就是社会。从这个意义上说，国家与人民、政党与人民的关系可被置换为国家与社会、政党与社会的关系。因而，无论是国家政权还是执政党，其贯彻以人民为中心的发展思想就是要反映与有效回应社会这个集体的、变动的、多元的利益诉求。对以人民的利益为依归的中国共产党而言，无论是自身组织体系的运作，还是对国家政权、社会的引领，都要考虑社会中民众的需求，要注意收集、整合和反映民意，将以人民为中心的发展思想贯注到领导、执政和行政等一切公共权力运作的领域中。所以，习近平总书记在纪念红军长征胜利 80 周年大会上的讲话指出："在新的长征路上，全党必须牢记，为什么人、靠什么人的问题，是检验一个政党、一个政权性质的试金石。我们要始终把人民立场作为根本政治立场，把人民利益摆在至高无上的地位，不断把为人民造福事业推向前进。"②

（二）改善民生。人是现实中的具体存在，其存续离不开一定的物质条件以

---

① 《马克思恩格斯全集》第 3 卷，人民出版社 2002 年版，第 39—40 页。
② 《习近平谈治国理政》第二卷，外文出版社 2017 年版，第 52 页。

维持自身的生产与扩大再生产，因而其现实的利益维护与增进是任何个体不得不考虑的最基本问题。对执政党而言，其执政地位的获得与保有离不开民众的认同与支持，离不开对社会民众合理利益诉求的回应与满足。对中国共产党而言，在革命战争年代，正是因为土地革命解决了广大农民对土地的渴求这一当时最大的民生问题，中国革命才有了源源不断的人力资源供给；在 1978 年后的转型的中国社会，正是有了对市场主体地位的确立与张扬的新经济体制，人们才从计划经济体制的桎梏中解放出来，社会生产力得到了释放，民生有了显著的改善。在农村，通过家庭联产承包责任制确立了农民的生产主体地位，从而调动了亿万农民增收增产的积极性；在城市，随着经济体制改革的渐进推进，单位体制的逐步解体，市场主体的自由活动空间逐步扩大，社会流动资源的逐步增多，社会的力量也得到了显著的成长与壮大。因而，无论是在哪个年代，中国共产党只有聚焦、关注和有效回应当时民众最基本的利益诉求或民生问题，中国才能真正实现从站起来、富起来到强起来的跃升，党的革命与建设事业才能无往而不胜。在规范意义上，从政党的认同性资源上进行分析，正是因为政党对广大人民现实利益的回应与满足，以有效性来累积、增进合法性，政党的权威才能得以树立与增进，政党的力量才能得以体现与延续。正是基于此，习总书记在谈到中国的改革时强调，要"把以人民为中心的发展思想体现在经济社会发展各个环节，做到老百姓关心什么、期盼什么，改革就要抓住什么、推进什么，通过改革给人民群众带来更多获得感"①。这里的"获得感"同民生的改善紧密相连。在不同时期，由于人民需求的不断变化，从温饱问题的解决到小康社会的建立，从全面小康社会的建成到社会主义现代化强国的新征程中，执政党都要聚焦当时最基本民生问题并加以妥宜解决。在新时代，面对人民需求的多样化、多层次、多方面的特点，即期盼更好的教育、更稳定的工作、更满意的收入、更可靠的社会保障、更高水平的

---

① 《习近平谈治国理政》第二卷，外文出版社 2017 年版，第 103 页。

医疗卫生服务、更舒适的居住条件、更优美的环境、更丰富的精神文化生活，执政的中国共产党必须对这些民生问题进行有效的回应，为决胜全面建设小康社会和全面建设社会主义现代强国奠定坚实的基础。

（三）保证权利。人作为自然人，它需要一定的物质资料来维持和扩大自身的再生产，因而，前面所说的满足人民的利益诉求、改善民生就解决了人民现实的物质利益诉求；同时，按照马克思主义的观点，人作为社会关系的总和、作为社会的人，需要一定的表达、参与等方面的自由与权利，以实现自身的价值与人生的意义。因而，保证人民实现宪法、法律规定的权利就解决了人民的内在需求，即对自身价值追寻的诉求。当然，作为自然的人与作为社会的人这两者是相辅相成的，前者为后者的实现提供了物质基础，后者为前者的推行提供了制度保障与参与通道。人民所享有的各项民主权利，需要有一定的制度保障和具体的政策行动。习近平总书记指出："人民是否享有民主权利，要看人民是否在选举时有投票的权利，也要看人民在日常政治生活中是否有持续参与的权利；要看人民有没有进行民主选举的权利，也要看人民有没有进行民主决策、民主管理、民主监督的权利。社会主义民主不仅需要完整的制度程序，而且需要完整的参与实践。"[①] 人民通过选举、投票行使权利和人民内部各方面在重大决策之前和决策实施之中进行充分协商，尽可能就共同性问题取得一致意见，是中国社会主义民主的两种相得益彰的重要形式。中共十八大以来，在中国特色的民主实践中，这种制度安排与政策行动体现在选举制度和协商民主制度的不断完善上。同时，基层群众自治制度、民族区域自治制度等的不断完善也保障了基层民众和少数民族群众的自治权利。另外，在实现两个百年奋斗目标的征程中，物质层面的现代化固然重要，但人的现代化同样不可或缺，后者直接支撑了前者的持续推进与创新活力，而法定权利的实现是保证人的现代化的制度性条件，人的主体性只有在权利

---

① 《习近平谈治国理政》第二卷，外文出版社 2017 年版，第 292 页。

法定的基础上得以实现。从这个意义上，保证人民法定权利的落实能为新时代党的目标实现提供广泛的、有活力的主体性力量。

（四）厉行法治。中共十九大报告指出，要"坚持党的领导、人民当家作主、依法治国有机统一"。在这里，党的领导是人民当家作主和依法治国实践的特色、前提与保证，人民当家作主是以人民为本的理念在政治领域的具体显现，而依法治国是党治国理政和人民当家作主过程中的基本遵循，是"党领导人民治理国家的基本方式"。因而，社会主义法治国家建设方略的确立，不仅为党领导人民有效治理国家提供了法治保障，而且为包括人民当家作主在内的以人民为中心的发展思想的践行提供了基本框架与法律支撑。从规范层面来说，我们的国家是人民当家作主的国家，我们的政府是人民的政府，我们的社会大多数是由人民这个集合体所组成的社会，因而，在新时代，确立了建设社会主义法治国家"三个坚持"的基本遵循，即"坚持依法治国、依法执政、依法行政共同推进，坚持法治国家、法治政府、法治社会一体建设，坚持依法治国和以德治国相结合，依法治国和依规治党有机统一"，这在客观上能为以人民为力量源泉的国家、政府和社会的建设、发展提供了坚实的法治支撑，以人民为中心的发展思想也有了更具体的实施路径和操作手段。

总之，人民本位，是中国共产党在革命、建设等时期抗争奋斗、开拓进取的基本价值遵循，它作为一种价值密码或文化基因渗透到党治国理政、政府的理性运转和社会的自组织中，是以人民为中心发展思想实施框架中的深层要素；改善民生，通过增强人民群众的获得感和不断回应与满足广大人民群众日益增长的多元诉求，人民对执政党和政府的认同与支持有了深厚的现实根基，它是以人民为中心发展思想实施框架中的基础性工程；而保证权利，通过保证宪法与法律所规定的权利的实现，来为人主体性与价值的实现找寻到合法路径；由于权利的实现最终要落脚到具体的个人身上，它能极大调动广大人民参与国家、社会建设以及改善民生的积极性，因而，在某种意义上，其有效推进能为以人民为中心发展思想的实施提供主体性力量；而厉行法治，通过法治国家、法治政府和法治社会的一体化建设，能为人民权利的实现、利益的增进和民生问题的解决等提供法治手段甚至是价值尺度，它是以人民为中心发展思想实施框架中的保障性工程。新时期，通过人民本位、改善民生、保证权利以及厉行法治这"四位一体"的框架搭建与有效运作，以人民为中心的发展思想不再是一种口号，而是成为政党、国家、社会以及民众推动国家、社会进步和人的全面发展的生动实践。

需要指出的是，中国共产党坚持"以人民为中心"的发展思想，不仅是指以中国人民福祉的增进为依归，也是以世界人民对美好生活的向往作为价值尺度。习近平总书记指出："中国共产党是为中国人民谋幸福的党，也是为人类进步事业而奋斗的党。中国共产党是世界上最大的政党。我说过，大就要有大的样子。中国共产党所做的一切，就是为中国人民谋幸福、为中华民族谋复兴、为人类谋和平与发展。"① 这直接将中国人民的命运与世界人民的命运紧密相连。在某种意义上，构建人类命运共同体的种种努力，例如促进"一带一路"国际合作，建设相互尊重、公平正义、合作共赢的新型国际关系，以及建设持久和平、普遍安全、共同繁荣、开放包容、清洁美丽的世界等，这些向国际社会开放合作、追寻国家间的互利共赢以及坚守国际道义和规则的姿态与努力，是"人民本位"在全球层面的具体实践。

第二节　设定现代国家治理的政治目标

"改革开放是坚持和发展中国特色社会主义的必由之路，所以必须始终把

---

① 《习近平谈治国理政》第三卷，外文出版社 2020 年版，第 436 页。

改革创新精神贯彻到治国理政各个环节，不断推进我国社会主义制度自我完善和发展。"[1]中共十一届三中全会以来，我们党针对当时存在的问题，以改革的精神与手段打破了极左思想的影响，走出了计划体制的泥沼，推出了一系列契合时代要求、符合规律理性和广大人民群众意愿的改革举措，中国的面貌发生了翻天覆地的变化，为中国"富起来"奠定了坚实的政治基础与良好的制度基础。新时代，在中国全面建成小康社会的征程中，面对百年未有之大变局和国内外各种风险挑战与发展机遇，中国共产党从近百年的建党史和七十多年的新中国发展史中提炼出推进国家现代化的制度经验，把国家治理体系与治理能力现代化作为现代国家治理的政治目标，从而为中国实现从"富起来"到"强起来"奠定制度体系基础，也明确了以后进一步发展的路径选择。党的十九届四中全会，在承继历史经验、结合现实要求的基础上，"重点阐述坚持和完善支撑中国特色社会主义制度的根本制度、基本制度、重要制度，部署需要深化的重大体制机制改革、需要推进的重点工作任务"[2]。中共十九届四中全会围绕着坚持和完善中国特色社会主义制度、推进国家治理体系和治理能力现代化这一主题，从制度层面回答了坚持中国特色社会主义应"坚持和巩固什么、发展和完善什么"这一重大命题，这实际上绘就了中国特色社会主义的制度图谱；全会所绘就的制度图谱回答了中国道路的制度迷思，也指出了建设现代化强国在制度上的路径选择。在某种意义上，中共十九届四中全会设定了中国国家治理的现代化目标。这种以制度建设为内核的国家治理，一方面契合了政治现代化中理性与制度化的本质特征，另一方面也是新时代政治发展目标、改革开放再进发以及应对国内外风险的必然要求。

---

[1] 习近平：《紧紧围绕坚持和发展中国特色社会主义 学习宣传贯彻党的十八大精神》，《人民日报》，2012 年 11 月 19 日，中共中央文献研究室编：《习近平关于全面深化改革论述摘编》，中央文献出版社 2014 年版，第 1—2 页。

[2] 《〈中共中央关于坚持和完善中国特色社会主义制度、推进国家治理体系和治理能力现代化若干重大问题的决定〉辅导读本》，人民出版社 2019 年版，第 58 页。

一、政治现代化中的理性与制度化

诺贝尔经济学奖获得者、新制度主义学派的代表人物道格拉斯·C.诺思（Douglass C. North）认为："制度构造了人们在政治、社会或经济方面发生交换的激励结构，制度变迁则决定了社会演进的方式，因此，它是理解历史变迁的关键。"[①] 在中国共产党治国理政的历史征程中，在建设社会主义、推进马克思主义中国化的征程中，党立足世情、国情和党情，站位人民立场，顺应国家建设、党的建设和经济社会发展等方面的规律，不断总结正反两方面的经验，借鉴与吸纳人类政治文明的有益成果，形成了接通公共理性、扎根中华大地的制度体系，绘就了国家治理现代化制度图谱，中共十九届四中全会就是关于国家制度建设的一次系统总结和具体部署。"改革开放四十年的实践启示我们：制度是关系党和国家事业发展的根本性、全局性、稳定性、长期性问题。""我们要坚决破除一切妨碍发展的体制机制障碍和利益固化藩篱，加快形成系统完备、科学规范、运行有效的制度体系，推动中国特色社会主义制度更加成熟更加定型。"[②] 在某种意义上说，制度建设是现代国家建设的基础性工程，是现代国家的重要标示。制度建设之所以如此重要，既可以从作为理性化显现的制度之于政治现代化的重要意义层面来说，也可从现代政党、政府的公共性追求上论证，还可从制度建设对国家现代化的推动、保障上进行论述。

（一）理性化、制度化是政治现代化的本质特征

习近平指出："推进国家治理体系和治理能力现代化，就是要适应时代变化，既改革不适应实践发展要求的体制机制、法律法规，又不断构建新的体制

[①]［美］道格拉斯·C.诺思：《制度、制度变迁与经济绩效》，刘守英译，上海三联书店1994年版，第3页。

[②] 习近平：《在庆祝改革开放四十周年大会上的讲话》，该文收入习近平：《论坚持全面深化改革》，中央文献出版社2018年版，第517—518页。

机制、法律法规，使各方面制度更加科学、更加完善，实现党、国家、社会各项事务治理制度化、规范化、程序化。要更加注重治理能力建设，增强按制度办事、依法办事意识，善于运用制度和法律治理国家，把各方面制度优势转化为管理国家的效能，提高党科学执政、民主执政、依法执政水平。"[1] 强调发挥制度、法律在国家治理中的作用，实际上是重视理性在国家政治生活中的作用。对执政党而言，要求其在处理与政府[2] 或国家政权机关的关系时，要立足公共理性和民主。治理体系与治理能力的现代化反映在国家政权领域，就是政治现代化。

首先，理性认知的对象从对一般事务规律性的认识与把握转向公共生活领域。如乔治·萨拜因（George H. Sabine）在谈古希腊以前的政治思想时指出，像梭伦（Solon）所认为的立法要在富人和穷人间达成一种协调或均衡，协调或均衡这个基本观念，"一开始是不加区分地既作为自然界的一个原则又作为伦理道德的一个原则来运用的，而且不加区分地认为它是自然界的一种特性或人性的一种合乎情理的特性。然而，这个原则最初发展起于自然哲学，而这一发展又转过来对这一原则后来在道德和政治思想方面的运用产生了影响"[3]。自然哲学在古希腊里影响最大的就是原子论，原子不同的组合产生了大千世界多样化的物体。这种对物质世界的分析思路，即找寻自然界不变的规律与法则，不仅影响到科学探究精神的形成，也影响到人文主义的学术研究。"对研究物质自然界的兴趣导致了这个光辉的、第一次接近于科学的观点……人们的兴趣开始出现了变化。这就是转向人文主义的学术研究，诸如语法、音乐、演说和写作技巧，最后还扩展到心理学、伦理学和政治学。"[4] 从这里可以看出，理性认知精

---

[1] 习近平：《切实把思想统一到党的十八届三中全会精神上来》，《求是》，2014 年第 1 期。

[2] 这里的政府是大政府概念，与政权机关范围相同。

[3] ［美］乔治·H. 萨拜因：《政治学说史》（上册），商务印书馆 1986 年版，第 49 页。

[4] ［美］乔治·H. 萨拜因：《政治学说史》（上册），商务印书馆 1986 年版，第 50 页。

神具有扩散效应，从自然界扩展到公共生活领域。这直接影响了"哲学王"思想和关于优良政体的探讨。

其次，理性从一个外在的力量逐步回归到人的主体性。尽管在古希腊理性的精神在逐步拓展，但是，单靠理性并不能解决人类面临的困境，因而，"与世界其他文明一样，带有浓厚神秘主义的自然崇拜的宗教也构成了早期希腊文明的一个主要因素"①。尽管在古希腊那里，诸神被人化和常识化了。在柏拉图的《法律篇》中，他提出不仅要对宗教进行管理，而且还要惩罚那些无神论者，因为他认为宗教信仰同道德行为密切相关，某些缺乏宗教信仰的活动肯定具有不道德的倾向。② 这些情况揭示了一个现实，人的主体性地位在当时并没有真正树立，人的命运还受外在的力量的控制。这种外在的控制可以分两个方面：一是外在的神秘力量，如"上帝之城"；二是专制的力量，如封建君主。人的主体性回归就是要逐步冲破这两方面对人自由实现的制约。卢梭（Jean-Jacques Rousseau）等人的社会契约论、人民主权等思想，它要求把统治自己的力量从外在的神秘主体和封建君主那里回收到自己手中，奠定了公共权力运作的民主化和法治基础。唯有蕴涵着自己意愿、经过自己同意的法律规范，才能保证人自由的实现；唯有法治化的政治体系，才能获得权威性的政治地位。

最后，从理性到公共理性的形成。卢梭尽管提出了"公意"理论，但是他并没有找到实现形成"公意"的具体路径，因而社会契约论只是他头脑中的理论构想，它在现实社会中并没有实现的条件。如果不考虑现实基础而强行推

① 唐士其：《西方政治思想史》，北京大学出版社 2002 年版，第 41 页。也有学者分析，古希腊的宗教观点和意识并没有影响理性的拓展，"希腊人不像印度人和犹太人那样沉浸于宗教的世界，也不以一种神秘的方式来看待宇宙。他们牢牢地立足于思想的王国，……他们乃是在理性光芒之下认识世界"。见 Ernest Barker, *Plato and his predecessors*, Methuen, 1948, p.1。但是，不管怎么样，宗教成为影响古希腊人政治和生活的重要外在的力量。

② ［美］乔治·H. 萨拜因：《政治学说史》（上册），商务印书馆 1986 年版，第 114 页。

行，用道德标准来取代法律规范，所导致的只能是血雨腥风，法国大革命的悲哀就由此而来。正是在此意义上，在哈贝马斯（Jürgen Habermas）看来，卢梭的人民主权理论是将普遍意志（总意志）理解为"心灵的共识，而非辩论的共识"，从而过高地期望公民及其个人动机所具有的道德性。卢梭的人民共同体的普遍意志是以人们的道德动机为基础的，个人良好的心灵结合成了作为整体的共识，构成了人民普遍意志，人民主权就是人民普遍意志的体现，它是以人们的心理共识为基础的。哈贝马斯对人民主权的新的诠释已经转换了卢梭的视角。在哈贝马斯看来，人民主权并不是来自卢梭式的道德基础，不是由每个共同体成员的良好心灵集合而成的普遍意志，人民主权是来自一种"辩论的共识"，是来自每个人自由平等地参与的交往行动，来自话语过程本身。民主的合法性并非是因为它是每个人的心灵、意愿所构成的一种总意志，也并非是众多个人意愿的少数服从多数的结果，而是所有人对话、讨论的结果。赋予最终共识的合法性的，是个人意愿的对话、讨论的过程，而不是个人意愿的总和。民主并非是卢梭式的普遍意志的表达，而是普遍讨论的过程和结果。① 正是在这种协商、讨论过程中，公共理性才得以形成，公共议题才得以确立，公共事务才可能得到处理。因为，理性的个人如果没有在公共领域里进行协商和讨论，个体间就不可能有理解和妥协。哈贝马斯对公共领域的定位说明了它对公共理性的形成的重要作用。"公共领域最好被描述为一个关于内容、观点、也就是意见的交往网络；在那里，交往之流被以一种特定方式加以过滤和综合，从而成为根据特定议题集束而成的公共意见或舆论。"② 这就是哈贝马斯对卢梭的超越。

所以，理性化是政治生活的重要价值取向，在其演进的过程中，从对政

---

① 陈炳辉：《哈贝马斯的民主理论》，《厦门大学学报》，2001 年第 2 期。

② ［德］尤尔根·哈贝马斯：《在事实与规范之间——关于法律和民主法治国的商谈理论》，三联书店 2003 年版，第 446 页。

治生活规律的认识、政治系统合法性地位的订立到非人格化官僚体系的建立再到公共理性在协商讨论中形成，政治生活的理性化越来越与公民自身的利益诉求紧密相连，其实现的可能性越来越大，操作性和规范性也越来越强。正是从这个意义上，无论是政治体系的有效性与回应性，还是民众参与的有序性，它们都要求现代政治体系的理性化与规范化，并且这种理性化是主体间的理性化。对于中国共产党的治国理政而言，执政党在与其他主体间的关系也是一种主体间的互动关系，执政党的主导作用和嵌入对象积极性的发挥都是其制度化关系的应有之义，也是执政党所主导的政治关系理性化的显现。

（二）政党、政府的公共性要求

政党作为拥护一定价值主张和政策纲领的人群的集合体，当然要反映一定群体的利益诉求；但政党要扩大社会影响，或成为执政党以后，其政策主张就不能是社会中一部分人利益的反映，而是要尽可能地反映社会上最大多数人的利益，因而具有强烈公共性；而政府，作为国家的抽象代表，按照马克思的观点，是阶级统治的工具，尽管采用虚幻共同体的形式，如马克思指出："正是由于特殊利益和共同利益之间的这种矛盾，共同利益才采取国家这种与实际的单个利益和全体利益相脱离的独立形式，同时采取虚幻的共同体的形式"[①]，但它仍然要以公共利益的姿态出现，并且要完成一定的社会职能。恩格斯指出："政治统治到处都是以执行某种社会职能为基础，而且政治统治只有在它执行了它的这种社会职能时才能持续下去。"[②] 马克思、恩格斯在这里尽管是对资本主义国家的政府职能进行阐析，但是却揭示出社会职能之于国家的重要性。有学者也指出过："社会管理职能存在的前提是社会的存在，而政治统治职能存在的前提是国家的存在。这就意味着，社会管理职能对人类社会而言，是永恒存在

---

① 《马克思恩格斯选集》第 1 卷，人民出版社 2012 年版，第 164 页。

② 《马克思恩格斯选集》第 3 卷，人民出版社 2012 年版，第 559—560 页。

的。"① 政府的社会管理职能的履行，实际上就是政府公共性的体现。所以，执政党和政府都具有公共性的取向，它们存在的价值和合法性都需要接受民众的评判，如果执政党嵌入政治系统中不是以规范的、可预期的、理性化的形式，这一方面会导致这种嵌入的低效甚至是无效，另一方面也会导致民众在评判过程中的无所适从，容易引发执政党与政治系统合法性的双重受损。另外，从组织社会学上看，执政党和政府均运作在一定的制度空间，国家的制度系统都对执政党和政府的运作提出了制度化的要求，迈耶（Meyer）和罗恩（Rowan）指出："随着理性化的国家和其他大的理性组织把它们的支配扩展到社会生活的更多领域时，组织结构就会越来越体现国家制度化和合法化的规则。"② 这种理性拓展所导致的趋同就是他们所说的一种强制性趋同③：这里的强制性一方面是来自于法律的明确规定，另一方面是来自合法性压力，即民众对公平正义的诉求。习近平总书记指出："公平正义是中国特色社会主义的内在要求，所以必须在全体人民共同奋斗、经济社会发展的基础上，加紧建设对保障社会公平正义具有重大作用的制度，逐步建立社会公平保障体系。"④ 无论是法律的明确规定还是合法性压力，实质上都与公共性的要求紧密相连。

所以，执政党以制度建设为基础的理性执政，一方面是执政党的理性自觉和意识，另一面这种理性化嵌入既是发展社会主义民主的需要，也是执政党与

---

① 王沪宁主编：《政治的逻辑——马克思主义政治学原理》，上海人民出版社 2004 年版，第 149 页。

② ［美］保罗·迪马吉奥、沃尔特·鲍威尔：《铁的牢笼新探讨：组织领域的制度趋同和集体理性》，载张文宏主编：《组织社会学的新制度主义学派》，上海人民出版社 2007 年版，第 29 页。

③ 迪马吉奥和鲍威尔分析了三种趋同：强制性趋同、模仿性趋同和社会规范趋同。强制性趋同来源于政治影响力和合法性问题；模仿性趋同产生于对不确定性所作的合乎公认做法的反应；社会规范趋同与专业化相联系。［美］保罗·迪马吉奥、沃尔特·鲍威尔：《铁的牢笼新探讨：组织领域的制度趋同和集体理性》，载张文宏主编：《组织社会学的新制度主义学派》，上海人民出版社 2007 年版，第 28 页。

④ 中共中央文献研究室 编：《习近平关于社会主义社会建设论述摘编》，中央文献出版社 2017 年版，第 25 页。

政府公共性的必然要求。

（三）政治现代化的制度支撑

尽管政治现代化并没有标准的模式，但是这并不能成为我们否认政治现代化包含着一定的固定元素，它们往往是衡量一国政治现代化的重要指标。塞缪尔·亨廷顿（Samuel Huntington）认为，"政治现代化涉及权威的合理化、结构的分离和政治参与的扩大等三个方面"[①]。在亨廷顿的论述中，他比较了不同国家和地区在以上三个要素的发展情况，得出了一些很有启示意义的结论，其中与我们的分析相关的是关于政治参与制度化的论述。他在解释美国的政治参与尽管发展得比较早、发展得比较快，但并没有酿成暴力和动乱的原因时指出："美国17、18世纪存在的传统的政治机构是相对复杂、适应性强、相对自主并具有内部凝聚力的。特别是这些机构在地方、州和联邦一级各不相同，它们为政治参与提供了大量的渠道。""作为对政治参与扩大的反映，政党是首先在美国出现的，而后才传到其他国家。"[②]从亨廷顿的论述中我们可以看出，政治参与的扩大一定要伴随着政治制度化水平的提高，以容纳日益高涨的政治参与激情，而政党是政治制度化的重要表征。联系到中国的现实语境，政治现代化必然会带来政治参与的扩大，这时执政党的制度供给能力以及自身的制度化水平都会关系到是否能形成有序的政治参与，如果制度的供给能力不足，会导致政党合法性的降低，进而引发社会的不稳定。李普塞特（S. M. Lipset）在论述合法性问题产生的两种情况时指出："社会上的主要团体在过渡时期或至少在它们一旦提出政治要求时，不能进入政治系统。"[③]在转型的中国社会，权利意识的兴起、利益的多样性和价值的多元化，极大地调动了人们政治参与的积极性。

---

① ［美］塞缪尔·P. 亨廷顿：《变化社会中的政治秩序》，上海人民出版社2008年版，第78页。

② ［美］塞缪尔·P. 亨廷顿：《变化社会中的政治秩序》，上海人民出版社2008年版，第102、104页。

③ ［美］S.M. 李普塞特：《政治人——政治的社会基础》，上海人民出版社1997年版，第56页。

这就要求政治体系能回应其利益诉求，将民众的参与热情纳入制度化轨道。所以，习近平总书记在中共十九大报告中指出："扩大人民有序政治参与，保证人民依法实行民主选举、民主协商、民主决策、民主管理、民主监督；维护国家法制统一、尊严、权威，加强人权法治保障，保证人民依法享有广泛权利和自由。"①

二、新时代制度建设的多元背景

中共十九届四中全会对中共十八届三中全会所设定的改革目标，即坚持和完善中国特色社会主义制度，推进国家治理体系与治理能力现代化进行了系统部署，明确了中国特色社会主义制度的优势，提出了制度建设上的进一步发展和演进的方向、路径。制度建设是习近平新时代中国特色社会主义理论体系中的亮点与特色，也是党治国理政在制度建设上的一次分量很重的政治总结与政治安排，它既承继了我们党在制度建设上的有益探索与经验，同时开启了制度建设的未来。新时代的制度建设是在一个新的历史背景下展开的。习近平总书记在党的十九届四中全会上所作的说明指出了聚焦制度建设的三大背景："实现'两个一百年'奋斗目标的重大任务"，"把新时代改革开放推向前进的根本要求"，"应对风险挑战、赢得主动的有力保证"。②这一表述既体现了我们党在现代国家现代化建设上的孜孜以求与前后相依的实践品格，更展示了直面问题、攻坚克难的改革精神。

（一）实现"两个一百年"奋斗目标的重大任务

建设社会主义现代化强国，是中国共产党近百年一以贯之的目标追求，也是新中国建国一百年所要达到的重要目标。由于科学的制度是现代化国家的重要表征，因而，制度建设在党的几代领导人那里都被提及并付诸实践。在计划

---

① 《习近平谈治国理政》第三卷，外文出版社2020年版，第29页。
② 《习近平谈治国理政》第三卷，外文出版社2020年版，第110—113页。

经济年代，尽管毛泽东也提出过"起房子"，即制度建设的任务，如在 1949 年 1 月 8 日的中央政治局会议上指出："中共二十八年，再加二十九年、三十年两年，完成全国革命的任务，这是铲地基，花了三十年。但是起房子，这个任务要几十年工夫。"① 并且，在社会主义革命时期，"我们党团结带领人民完成社会主义革命，确立社会主义基本制度，推进社会主义建设，完成了中华民族有史以来最为广泛而深刻的社会变革，为当代中国一切发展进步奠定了根本政治前提和制度基础"②。例如确定了我国的人民民主专政的国体，建立起了我国的基本政治制度，如人民代表大会制度、中国共产党领导的多党合作与政治协商制度和民族区域自治制度，这些基本的政治制度构成了支撑中国特色政治发展的四梁八柱。

1978 年后，计划经济年代由"大民主"所激起的无序的政治参与引起了改革开放的总设计师——邓小平的思考。他在答意大利记者奥琳埃娜·法拉奇（O. Fallaci）问时指出："我们过去的一些制度，实际上受了封建主义的影响，包括个人迷信、家长制或家长作风，甚至包括干部职务终身制。我们现在研究避免重复这种现象，准备从改革制度着手。"③ 在治国理政实践中，邓小平直接提出了制度建设的命题；在《党和国家领导制度的改革》中，他进一步指出了"组织制度、工作制度方面的问题更重要"，"这些方面的制度好可以使坏人无法任意横行，制度不好可以使好人无法充分做好事，甚至会走向反面"，④ 直接揭示了制度建设之于治国理政的重要意义。由于改革的渐进性特点，再加上制度成长、制度效能发挥的渐进性，随着时间的演进，制度的体系化与定型化就会成为制度建设的重要内容。所以，邓小平在南方谈话中提出："恐怕再有

---

① 《毛泽东文集》第 5 卷，人民出版社 1996 年版，第 236 页。见《目前形势和党在一九四九年的任务》注释 8。
② 《习近平谈治国理政》第三卷，外文出版社 2020 年版，第 11 页。
③ 《邓小平文选》第 2 卷，人民出版社 1994 年版，第 348 页。
④ 《邓小平文选》第 2 卷，人民出版社 1994 年版，第 333 页。

三十年的时间，我们才会在各方面形成一整套更加成熟、更加定型的制度。在这个制度下的方针、政策，也将更加定型化。"[①] 自此以后，中共十四大、十五大、十六大和十七大都对制度建设提出了明确的要求。进入新时代，从时间节点上看，也契合了邓小平所提出的制度定型化所需的时间要求，特别是，无论是治国理政的基本制度还是一些具体制度，包括制度的执行机制等，都在社会主义建设、改革、计划经济与市场经济、闭关锁国与对外开放等不同时空背景下得到了实践上的检验，制度定型化的时间窗口已被悄然打开。基于此，习近平总书记在省部级主要领导干部学习贯彻中共十八届三中全会精神的专题研讨班上的讲话指出："今天，摆在我们面前的一项重大历史任务，就是推动中国特色社会主义制度更加成熟更加定型，为党和国家事业发展、为人民幸福安康、为社会和谐稳定、为国家长治久安提供一整套更完备更稳定更管用的制度体系。"[②]

（二）把新时代改革开放推向前进的根本要求

改革开放四十年来，中国发生了翻天覆地的变化，无论是经济总量，还是社会文明程度以及综合国力等都有了显著的提高。国内外许多学者都对中国改革成功的原因和改革决策进行了探讨，如中国特色的财政联邦主义、晋升锦标赛主义、登顶比赛（Race to the Top）以及碎片化的权威主义等等，这些解释或从政府科层，或从经济层面，或从决策层面来论述。实际上"中国改革"是一个复杂的命题，它需要借助多种理论资源进行立体分析。在某种意义上，中国四十年的改革是在坚持实事求是思想路线的基础上，通过张扬与规范人自由的本质属性，充分发挥政府与市场"两只手"协调互补作用，并以渐进方式推进的制度变迁过程。这些都从不同层面提出了制度建设的现实命题，它们也构成了新时代改革开放再出发的路径依赖。也就是说，

① 《邓小平文选》第 3 卷，人民出版社 1993 年版，第 372 页。

② 《习近平谈治国理政》，外文出版社 2014 年版，第 104—105 页。

新时代的改革开放只有承继这些行之有效的、吁求制度建设的价值理念与行动战略，才能让改革的航船行稳致远，才能让广大人民群众有实实在在的获得感。

首先，"实事求是"意味着改革要立足脚下和现存的实际问题，更意味着改革要接通公共理性与事物发展规律。在计划经济年代，革命时期的动员手段和不切实际的目标设定直接影响甚至是左右了当时经济、社会发展，经济社会的现实基础以及民众的具体诉求很多没有被考虑到，抛弃"实事求是"是"浮夸风""十年文革动乱"产生的根源。改革四十年就是"实事求是路线"逐步确立和深度推进的过程：包括建立与延续家庭联产承包责任制、社会主义市场经济体制的确立、加入世界贸易组织、国有企业改革，以及提出"一带一路"倡议等等，这些无不是在正确研判国内外现实状况、遵循事务演进的本原逻辑的基础上做出的重要决策。坚持实事求是，意味着更加关注当时环境的置换与塑造，注重治国理政方略的调整；意味着要聚焦生产力的发展、人民物质生活水平的提高等"实惠"事项上，"改革开放四十年的实践启示我们：解放和发展社会生产力，增强社会主义国家的综合国力，是社会主义的本质要求和根本任务。只有牢牢扭住经济建设这个中心，毫不动摇坚持发展是硬道理、发展应该是科学发展和高质量发展的战略思想，推动经济社会持续健康发展，才能全面增强我国经济实力、科技实力、国防实力、综合国力，才能为坚持和发展中国特色社会主义、实现中华民族伟大复兴奠定雄厚物质基础"[1]。同时，从发展规律上看，实事求是意味着治国理政要遵循市场规律、社会公共理性，要让市场在资源配置中起决定性作用，"前进道路上，我们必须毫不动摇巩固和发展公有制经济，毫不动摇鼓励、支持、引导非公有制经济发展，充分发挥市场在资源配置中的决定性作用，更好发挥政府作用，激发各类市场主体活力"[2]。无论是推动

---

① 《习近平谈治国理政》第三卷，外文出版社 2020 年版，第 186 页。

② 《习近平谈治国理政》第三卷，外文出版社 2020 年版，第 185 页。

生产力的发展，还是尊重市场规律与公共理性，都离不开制度的保障作用。生产力的发展从来都不是仅靠"看不见的手"在市场上的挥舞，其正常有序运转离不开政府提供的最基本的制度设施与装置。经济学家诺思也认为："国家作为第三种当事人，能通过建立非人格化的立法和执法机构来降低交易费用。"①政府作为国家的具体代表，其在经济发展中的作用就是界定与保护产权，为市场主体的有效运转提供良好的营商环境，制度及其实施机制就是其中的应有之义。

其次，张扬与规范人自由的本质属性，这意味着过往的改革实际上是不断确立人主体性地位的过程；人民公社的解体、单位体制的式微意味着人们获得的自由活动空间在不断扩大。人对自身支配自由的获得蕴含了巨大的社会创造力，使社会财富得以充分涌流。我国的经济总量、人们的生活水平等方面的大幅度提升，这些显性的发展指标来自对人主体性的尊重，来自对千千万万的劳动者、创造者外在束缚与限制的解除。改革开放四十年，通过制度创新，解除了人在追求经济上富足的外在枷锁，提升了支撑劳动者创造力的知识基础，吸纳了对外合作和交往中获得的域外经验、技术与制度，所有这些意味着人们的自由度不断扩大。但是这种自由是法治之下的自由，即人们对自身自由的追寻并不逾越法律的边界，人们在实现个人自由的基础上也实现了对他者与社会公共利益的尊重。在新时代，要继续坚持"以人民为中心"的改革初心，牢记"我们党来自人民、扎根人民、造福人民，全心全意为人民服务是党的根本宗旨，必须以最广大人民根本利益为我们一切工作的根本出发点和落脚点，坚持把人民拥护不拥护、赞成不赞成、高兴不高兴作为制定政策的依据，顺应民心、尊重民意、关注民情、致力民生"②，在维护和增进民众权利、福祉的过程中，

---

① ［美］道格拉斯·C.诺思：《经济史中的结构与变迁》，陈郁、罗华平等译，上海三联书店、上海人民出版社 1994 年版，第 39 页。

② 《习近平谈治国理政》第三卷，外文出版社 2020 年版，第 182 页。

加强制度建设，为民众有序参与提供制度通道，为社会矛盾调处提供法律手段。在改革的推进上，"把以人民为中心的发展思想体现在经济社会发展各个环节，做到老百姓关心什么、期盼什么，改革就要抓住什么、推进什么，通过改革给人民群众带来更多获得感"①。

再次，改革过程中"看得见的手"与"看不见的手"协调互补，即通过强制性的制度变迁降低交易成本，克服"市场失败"；同时通过诱致性制度变迁降低政府运作的组织成本，克服"政府失灵"。改革开放四十年来，从"计划为主、市场为辅"到"有计划的商品经济""社会主义市场经济""发挥市场在资源配置中的基础性作用"，再到"使市场在资源配置中起决定性作用，更好发挥政府作用"，"看不见的手"的作用日益彰显，"看得见的手"的行为日趋规范，"两只手"的协调互补作用的发挥使传统体制下"大包大揽一切"的政府被限定在法律规定的范围内，政府职能与边界的收缩使"有限的政府""有为的政府"逐渐成为现实，市场的作用、社会的力量逐步显现。党在新时代的治国理政实践中，进一步强调了"两只手"的协调互补作用的发挥："在市场作用和政府作用的问题上，要讲辩证法、两点论，'看不见的手'和'看得见的手'都要用好，努力形成市场作用和政府作用有机统一、相互补充、相互协调、相互促进的格局，推动经济社会持续健康发展。"②在此过程中，需要通过一定的制度厘清政府、市场和社会的行动边界，需要通过制度、法律来整合行政力量、市场力量和社会力量，使之成为国家治理的整体性力量。这种要发挥社会多元力量的积极性和主动性的战略安排可从新时代法治国家建设的行动方略上看出："坚持依法治国、依法执政、依法行政共同推进，坚持法治国家、法治政府、法治社会一体建设。全面推进依法治国是一项庞大的系统

---

① 《习近平谈治国理政》第二卷，外文出版社 2017 年版，第 103 页。

② 习近平：《"看不见的手"和"看得见的手"都要用好》，该文收入习近平：《论坚持全面深化改革》，中央文献出版社 2018 年版，第 104 页。

工程，必须统筹兼顾、把握重点、整体谋划，在共同推进上着力，在一体建设上用劲。"① 不仅如此，党进一步强调了市场的作用，在中共十八届三中全会上提出了"使市场在资源配置中起决定性作用和更好发挥政府作用"②。这是我们党对中国特色社会主义建设规律认识的新突破，是马克思主义中国化的一个新成果。

最后，在改革方式上，采用了"摸着石头过河"的渐进改革方式，以绩效增长累积合法性，以时间换空间，实现了改革的速度、力度和承受度的有机统一。几千年的封建传统、计划命令体制的诸多弊端，这些构成了中国改革开放启动、推进与再出发的路径依赖。中国的改革要想不被"锁定"在历史与传统的静止状态下，不仅需要改革的决心、恒心与毅力，更需要有科学合理的改革方式与改革路径。中国改革之所以成功，或者说之所以"蹄疾步稳"，一个非常重要的原因就是采用了渐进的改革方式，即不是采用"推倒重来"的"大爆炸"式的改革，而是通过做大增量、再改存量、先外围后中心、"先剪指甲、再断腕"的先易后难式的方式，最大程度上凝聚改革共识、汇集改革力量，改革开放之花才能越开越灿烂。习近平总书记曾对改革开放作这样的总结："我国改革开放就是这样走过来的，是先试验、后总结、再推广不断积累的过程，是从农村到城市、从沿海到内地、从局部到整体不断深化的过程。这种渐进式改革，避免了因情况不明、举措不当而引起的社会动荡，为稳步推进改革、顺利实现目标提供了保证。"③ 渐进改革路径呼唤着制度供给，制度是固化改革成果的重要政策工具，其所形成的制度环境构成了开启下一步改革的路径依赖。

---

① 《习近平谈治国理政》第二卷，外文出版社 2017 年版，第 119—120 页。
② 《〈中共中央关于全面深化改革若干重大问题的决定〉辅导读本》，人民出版社 2013 年版，第 5 页。
③ 习近平：《深化改革开放史坚持和发展中国特色社会主义的必由之路》，该文收入习近平：《论坚持全面深化改革》，中央文献出版社 2018 年版，第 7 页。

（三）应对风险挑战、赢得主动的有力保证

习近平总书记在 2020 年 1 月召开的"不忘初心、牢记使命"主题教育总结大会上指出："当今世界正经历百年未有之大变局，我国正处于实现中华民族伟大复兴关键时期，我们党正带领人民进行具有许多新的历史特点的伟大斗争，形势环境变化之快、改革发展稳定任务之重、矛盾风险挑战之多、对我们党治国理政考验之大前所未有。"[1] 这段话实际上指出了党在新时代所面临的来自国内外的各方挑战。

在国内，随着四十多年的改革开放的深度推进，中国社会已发生翻天覆地的变化，社会主要矛盾已从以前的"人民日益增长的物质文化需要同落后的社会生产之间的矛盾"转化为"人民日益增长的美好生活需要和不平衡不充分的发展之间的矛盾"。"发展不平衡，主要指各区域各领域各方面发展不够平衡，存在着'一条腿长、一条腿短'的失衡现象，制约了整体发展水平提升"；"发展不充分，主要指一些地区、一些领域、一些方面还存在发展不足的问题，发展的任务仍然很重"。[2] 在推动经济高质量发展过程中，不仅需要发挥党对经济工作的集中统一领导，需要完善党中央领导经济工作的体制机制，更需要"扫除经济发展的体制机制障碍"，要"健全市场机制，破除垄断，发挥价格机制作用，增强市场主体活力，发挥政府在宏观调控、公共服务、市场监管、社会管理、环境保护中的作用，增强国有经济活力、控制力、影响力，激发非公有制经济活力和创造力，构建亲清新型政商关系，激发企业家精神，为经济发展注入强大动力"。[3] 所以，在新时代，制度的创新是驱动经济发展的根本性因素。

---

[1] 《习近平谈治国理政》第三卷，外文出版社 2020 年版，第 537 页。

[2] 中共中央宣传部：《习近平新时代中国特色社会主义思想学习纲要》，学习出版社、人民出版社 2019 年版，第 19 页。

[3] 《习近平谈治国理政》第三卷，外文出版社 2020 年版，第 235 页。

　　同时，对民众个体而言，由于美好生活不仅体现在有形的物质利益的增进上，也可体现在无形的内在的心理感受上，也就是对公平正义的感知与追寻上。由于市场机制在运行过程中不可避免地存在着"市场失灵"的问题，区域、行业乃至个体间在经济收入、社会保障等方面还存在着差异，客观上社会存在着引发内在不满或外在矛盾的现实问题。习近平总书记指出："在我国现有发展水平上，社会上还存在大量有违公平正义的现象。特别是随着我国经济社会发展水平和人民生活水平不断提高，人民群众的公平意识、民主意识、权利意识不断增强，对社会不公问题反映越来越强烈。"[①] 所以，在某种意义上，经济发展所引发的社会矛盾问题需要有效的制度供给来平抑与解决，因为"不论处在什么发展水平上，制度都是社会公平正义的重要保证，我们要通过创新制度安排，努力克服人为因素造成的有违公平正义的现象，保证人民平等参与平等发展权利。要把促进社会公平正义、增进人民福祉作为一面镜子，审视我们各方面体制机制和政策规定"[②]。

　　在国内，不仅是经济发展问题、公平正义的实现问题，而且像发展社会主义民主、建设美丽中国、反腐倡廉建设等等，它们都关涉相关领域的制度变革，都需要相应的制度供给去回应与解决，如市场准入负面清单制度、能源消费双控制度、生态补偿制度、财政转移支付制度等等。

　　在国际上，随着全球化的深度拓展，中国在从"富起来"到"强起来"的跃升过程中会越来越受到域外因素的影响。在当前，逆全球化、贸易保护主义甚至霸凌主义浮现，这些不可避免地影响到国内经济发展、贸易往来甚至是国际文化交流。在此种格局下，我们党在治国理政过程中，其对外开放政策不仅没有变，而且改革开放之门越来越大。这种以开放来应对保护、以创新来应对

---

　　① 《习近平谈治国理政》，外文出版社 2014 年版，第 95 页。

　　② 中共中央文献研究室编：《习近平关于社会主义社会建设论述摘编》，中央文献出版社 2017 年版，第 29 页。

封锁、以制度来应对不确定性是当前我们应对国际格局变动的重要举措。习近平主席在第二届中国国际进口博览会开幕式上的主旨演讲中指出："我们应该坚持以开放求发展，深化交流合作，坚持'拉手'而不是'松手'，坚持'拆墙'而不是'筑墙'，坚决反对保护主义、单边主义，不断削减贸易壁垒，推动全球价值链、供应链更加完善，共同培育市场需求。"① 一方面，我们通过出台有利于营造良好营商环境、推动产权保护等方面的法律制度，吸引国际资本进入，激发企业家创新活力的迸发。在 2020 年 7 月的企业家座谈会上，习近平指出："要实施好民法典和相关法律法规，依法平等保护国有、民营、外资等各种所有制企业产权和自主经营权，完善各类市场主体公平竞争的法治环境。要依法保护企业家合法权益，加强产权和知识产权保护，形成长期稳定发展预期，鼓励创新、宽容失败，营造激励企业家干事创业的浓厚氛围。要推进简政放权，全面实施市场准入负面清单制度，支持企业更好参与市场合作和竞争。要实施好外商投资法，放宽市场准入，推动贸易和投资便利化。对在中国注册的企业要一视同仁，完善公平竞争环境。"② 另一方面，在国际关系的处理上，我们遵循现有的国际秩序和国际准则，积极参与国际规则的制定和全球公共产品的供给。习近平主席在联合国成立七十五周年的纪念峰会上指出："联合国宪章宗旨和原则是处理国际关系的根本遵循，也是国际秩序稳定的重要基石，必须毫不动摇加以维护。各国关系和利益只能以制度和规则加以协调，不能谁的拳头大就听谁的。大国更应该带头做国际法治的倡导者和维护者，遵信守诺，不搞例外主义，不搞双重标准，也不能歪曲国际法，以法治之名侵害他国正当权益、破坏国际和平稳定。"③

王家范先生在《中国历史通论》中指出："从一个阶段的巅峰状态下落，即

---

① 《习近平谈治国理政》第三卷，外文出版社 2020 年版，第 210 页。
② 习近平：《在企业家座谈会上的讲话》，《人民日报》，2020 年 7 月 22 日
③ 习近平：《在联合国成立 75 周年纪念峰会上的讲话》，《人民日报》，2020 年 9 月 22 日。

意味着新的一轮发展时机的到来，两者之间称作'瓶颈效应'，最容易产生危机，能否确立新的目标，敢于冲破、越过是一种考验。"[1] 中共十八大以来，在习近平新时代中国特色社会主义思想的引领下，中国取得了历史性成就、发生了历史性的变革，根本不存在"巅峰状态下落"。但是，由于中国处于新时代的历史方位，面对的风险、难题与挑战是前所未有的，所面临的问题一点儿也不比"瓶颈效应"要少，"越是接近民族复兴越不会一帆风顺，越充满风险，运用挑战乃至惊涛骇浪"[2]。从上面的论述可以看出，为了应对国际国内的各种挑战，"必须坚持和完善中国特色社会主义制度、推进国家治理体系和治理能力现代化，运用制度威力应对风险挑战的冲击"[3]。以根植于中国历史、现实和文化的制度建设作为治国理政的行动路径，为现代化国家的建立奠定了制度基础。

第三节　坚持以党的全面领导为政治统领

"领导"是中国共产党的重要特质之一，它蕴含于马克思主义政党的价值使命之中。从党领导的实践历程上分析，从纵向看，它贯穿于革命、建设和改革各个历史时期，其有效领导是中国从一个胜利走向另一个胜利的重要保证；从横向看，改革开放以来，执政的新型政党在与国家、市场、社会互动过程中遵循了科学化的逻辑，其有效性体现在人民美好生活和国家综合国力的跃升上。也就是说，政党的领导领域是全面的、全方位的，它不仅包括政权领域，而且还包括更广泛的经济与社会领域。在 2019 年召开的中共十九届四中全会上，党

---

①　王家范：《中国历史通论》增订本，生活・读书・新知三联书店 2019 年版，第 333 页。

②　《习近平谈治国理政》第三卷，外文出版社 2020 年版，第 542 页。

③　《〈中共中央关于坚持和完善中国特色社会主义制度、推进国家治理体系和治理能力现代化若干重大问题的决定〉辅导读本》，人民出版社 2019 年版，第 53 页。

的这种全面领导表述为"必须坚持党政军民学、东西南北中，党是领导一切的"，"把党的领导落实到国家治理各领域各方面各环节"。① 在新时代，对党的领导的强调不仅体现在重提"党领导一切"，而且新提出了"党的全面领导"，更重要的是，新一轮的党政机构改革为党的全面领导的实现奠定了组织基础。由于相对"党领导一切"而言，"党的全面领导"更加契合现代国家的理性化要求，即领导权实现的制度化推进。"党领导一切"＋"全面领导"这种组合式提法体现了新时代我们党对其领导权及其实现的理论创新，党政机构改革的适时推出又为党全面领导的实现提供了组织化平台。

一、从党的领导到党的全面领导

从规范层面分析，"领导"一词单纯从词义上看，就是"带领、引导"的意思。任何社会的发展，都离不开一定规模的群体或集体活动，只有形成集体或群体的合力，才能成为影响或推动社会发展的重要力量。但是集体行动何以形成？这就离不开群众中的少数先进分子的"带领""引导"，特别是"带领"，它意味着带领者也是某种集体行动中的一分子，而之所以能"引导"就是因为其行动能得到一定群体或共同体的认同与支持，反映了公共理性或社会的最大公约数。毛泽东在谈何谓领导时指出："只有当着还没有出现大量的明显的东西的时候，当桅杆顶刚刚露出的时候，就能看出这是要发展成为大量的普遍的东西，并能掌握住它，这才叫领导。"② 这里所说的"大量的普遍的东西"，就是公共理性、社会最大公约数的显现，也是领导活动应把握的精髓。从政党的构成要素、目标宗旨和功能作用等方面来看，它是形成集体行动的重要推动力量，是社会的整合器。但是能否担当领导重任，能否成为领导党，这与政党的性质有关。

---

① 《〈中共中央关于坚持和完善中国特色社会主义制度、推进国家治理体系和治理能力现代化若干重大问题的决定〉辅导读本》，人民出版社 2019 年版，第 6 页。

② 《毛泽东文集》第 3 卷，人民出版社 1996 年版，第 394—395 页。

如果政党反映的是"一党一派"之私利，党员就不可能是社会中广大民众中的一分子，更不能提炼出反映社会公共利益的纲领、路线或方针、政策，因而是不可能担当领导重任的。只有在"当前的运动中同时代表运动的未来"[①]的无产阶级政党，才能担当起"领导党"的角色与重任。中国共产党无疑承继了无产阶级政党关于"领导"的精义。从"掌握领导权"向"全面领导"的提出，历经了不同时代马克思主义者的贡献，领导权的确立与运作是一个逐步制度化的过程。

首先是掌握领导权的提出。马克思在热烈欢呼巴黎公社成立时指出："这次革命的新的特点还在于人民组成了公社，从而把他们这次革命的真正领导权握在自己手中，同时找到了在革命胜利时把这一权力保持在人民手中的办法，即用他们自己的政府机器去代替统治阶级的国家机器、政府机器。"[②]因为巴黎公社仅仅存在了七十多天，还没有来得及实践，所以关于领导的制度化探索是非常有限的。

其次是"总的领导"的提出。列宁在政党政治运作的实践中提出："一定要注意承认党的领导作用问题，在讨论如何进行活动、如何组织建设工作的时候，绝不能忽视这一点。"[③]再到后来，列宁提出了党的"总的领导"的思想，即"党的任务则是对所有国家机关的工作进行总的领导，不是像目前那样进行过分频繁的、不正常的、往往是琐碎的干预"[④]。列宁实际上指出了党的领导非制度化、泛化的弊端。

再次是"党领导一切"的提出。在 1962 年的"七千人大会上"，毛泽东明确提出"党是领导一切的"观点："工、农、商、学、兵、政、党这七个方面，

---

① 《马克思恩格斯选集》第 1 卷，人民出版社 2012 年版，第 434 页。
② 《马克思恩格斯选集》第 3 卷，人民出版社 2012 年版，第 152 页。
③ 《列宁选集》第 4 卷，人民出版社 1995 年，第 366 页。
④ 《列宁全集》第 43 卷，人民出版社 1987 年版，第 64 页

党是领导一切的。党要领导工业、农业、商业、文化教育、军队和政府。"① 这是毛泽东第一次提出党领导一切的观点。但是在那个年代，党领导一切如何实现？是宏观上的领导，还是事无巨细的进行全面干预？这些都不是很清楚。所以，当时党领导的制度化建设是有限的。

最后是"党领导一切"+"全面领导"的组合式提出。习近平总书记指出："在当今中国，没有大于中国共产党的政治力量或其他什么力量。党政军民学，东西南北中，党是领导一切的，是最高的政治领导力量。"② 在新时代，"党领导一切"在一个新的背景下再次被提及，至少基于以下原因：第一，有些人以业务中心主义来否认或者削弱党的领导，认为搞业务就不要党的领导了；第二，现实中有人没有前提的提党政分开，削弱了党的领导；第三，治党不严，导致我们党组织的战斗力和影响力的下降，软弱、涣散；第四，进入新时代，我们党面临着国内外的各种矛盾，需要进行许多具有新的历史特点的伟大斗争，要想在伟大斗争中取胜，就要坚持党领导一切。这四个方面构成了重提"党领导一切"的现实背景。不仅如此，习近平总书记还第一次提出党的"全面领导"："在新时代的征程上，全党同志一定要按照新时代党的建设总要求，坚持和加强党的全面领导，坚持党要管党、全面从严治党，拿出恒心和韧劲，继续在常和长、严和实、深和细上下功夫，管出习惯、抓出成效"③。习近平总书记在这次讲话中提到 6 个字，即在"常""长""严""实""深"和"细"上下功夫，而要做到这 6 个字，就需要在制度建设上下功夫。所以，中共十九届四中全会上专门有一部分讲党的全面领导制度。

因此，关于无产阶级政党的领导权问题，历经了"掌握领导权——总的领

---

① 《毛泽东文集》第 8 卷，人民出版社 1999 年，第 305 页。

② 中央文献研究室：《习近平关于青少年和共青团工作论述摘编》，中央文献出版社 2017 年版，第 102 页。

③ 习近平：《在党的十九届一中全会上的讲话》，《求是》2018 年第 1 期。

导——领导一切——领导一切 + 全面领导"的发展过程，体现了继承与创新，越来越注重操作化、制度化。

二、党政机构改革：构建党全面领导的组织基础

中共十九届三中全会审议通过了《中共中央关于深化党和国家机构改革的决定》和《深化党和国家机构改革方案》，吹响了新时代党和国家机构改革的号角。同以往历次机构改革相比较，这次机构改革是一次系统性、整体性和革命性的重构，其力度之大、影响之深和波及范围之广，都是前所未有的。在推进过程中，从中央到地方机构改革如火如荼地展开，不仅实现了合署办公、人员转隶、机构挂牌等"物理重组"，而且通过人员融合、业务融合和职能优化，产生出一系列"化学反应"。但是，正如习近平总书记所指出的："深化党和国家机构改革组织实施工作已经结束了，但推进机构职能优化协同高效、提高履职服务能力水平的工作永远不会结束。"在新的阶段，"要以坚持和加强党的全面领导为统领，以推进党和国家机构职能优化协同高效为着力点，把机构职责调整优化同健全完善制度机制有机统一起来、把加强党的长期执政能力建设同提高国家治理水平有机统一起来，继续巩固机构改革成果"①。党的全面领导作为机构改革的一条主线贯穿始终，既是改革的目标导向，也是改革过程中的基本遵循；同时，机构改革塑造了强大的政党能力，进而为国家治理能力的提升奠定了组织基础；最后，为了进一步提升国家治理能力现代化，必须在机构改革中加强制度能力建设。

（一）提高党全面领导能力是机构改革的基本遵循

在新时代，坚持和加强党的全面领导是内生于党的历史使命，内生于新时代中国特色社会主义事业发展的需要，因而，新一轮机构改革是落实党全面领

---

① 《习近平谈治国理政》第三卷，外文出版社 2020 年版，第 106 页。

导进而推进"五位一体""四个全面"的战略性安排；同时，党的全面领导也是本轮机构改革得以顺畅进行的前提条件，更是将机构改革进行到底的基本遵循。

首先，党的全面领导内涵于中国共产党强烈的历史使命。中国共产党是一个有着强烈历史使命的政党。这种历史使命来自其对人民福祉、利益增进的深刻体味和切实行动中。无论是在中国革命、建设和改革的历史经验中，还是在中国现实面临的重大挑战、重大风险、重大阻力和重大矛盾面前，抑或是中国走向未来的宏伟蓝图和新时代中国特色社会主义发展战略安排的实现与推进上，将人民放在心坎上，以人民的利益为依归，并将此化为一个个具体的战略设计、制度安排和行动举措。正是这种强烈的使命感赋予了中国共产党人的责任担当，在将国家、民族和人民的利益放在心里、扛在肩上的过程中，必然要坚持和加强党的全面领导。

其次，加强党的全面领导是新时代中国特色社会主义事业发展的需要。中共十九大报告指出，党要团结带领人民进行伟大斗争、伟大工程、推进伟大事业、实现伟大梦想，必须做到"两个毫不动摇"：毫不动摇坚持和完善党的领导，毫不动摇把党建设得更加坚强有力。"四个伟大"的宏伟目标的实现和现实需求呼唤着党的全面领导，没有党全面领导的具体制度设计和组织支撑，统筹推进"五位一体"总体布局，协调推进"四个全面"战略布局就失去了"发动机"和"动力源"，"四个伟大"的推进也就失去了"领航人"和"主心骨"。

再次，新一轮机构改革是落实、落细、落小党的全面领导的一项战略性安排。党的全面领导不是抽象的，而是具体的。它不仅体现在思想观念上，落实到行动中，也渗透到组织设计中。毛泽东指出：政治路线确定之后，干部就是决定因素。在新时代，在中共十九大蓝图已绘就的前提下，以什么样的理念、采取什么方式将干部组织起来将是接下来的现实任务，也是机构改革必须解决的现实问题。因而，习近平总书记指出："加强党对一切工作的领导，这一要求不是空洞的、抽象的，要在各方面各环节落实和体现。要通过深化党和国家机构改革，努力从机构职能上解决党对一切工作领导的体制机制问题，解决党长期执政条件下我国国家治理体系中党政军群的机构职能关系问题，为有效发挥中国共产党领导这一最大制度优势提供完善有力的体制机制保障、坚实的组织基础和有效的工作体系，确保党对国家和社会实施领导的制度得到加强和完善。"①

最后，党的全面领导是新一轮党和国家机构改革顺畅进行的必要条件。这一方面体现在党中央和习近平总书记对此次改革的具体部署和推动上。改革始终在以习近平同志为核心的党中央集中统一领导下进行：习近平总书记亲自担任中共十九届三中全会文件起草组组长，发表了一系列具有定向导航作用的讲话，主持召开了座谈会，听取各民主党派、全国工商联和无党派人士的意见；六位中央政治局委员在权威媒体密集发表系列文章，从党的领导体系、以人民为中心、长期执政能力建设、机构职能体系、国家治理体系与治理能力现代化以及一场深刻的变革等角度解读本轮机构改革，既是谈学习体会，也是工作的动员和部署。另一方面，此次机构改革体现了党的全面领导还表现在改革方案的高效执行与落地生根上：党中央和国家机关机构改革在2018年底前落实到位；省级党政机构改革方案在2018年9月底前报党中央审批，2018年底前机构调整基本到位；省以下党政机构改革由省级党委统一领导，在2018年底前报党中央备案；所有地方党政机构改革任务在2019年3月底前基本完成，这样的时间节点安排与令人叹服的执行力检验了党全面领导的能力，也是执政党具有高超政党能力的具体体现。

（二）机构改革塑造了执政党强大的政党能力

对执政党而言，强大的政党能力既源于党的全面领导地位的确立，也源于

---

① 习近平：《深刻认识深化党和国家机构改革的重大意义》，该文收入习近平：《论坚持全面深化改革》，中央文献出版社2018年版，第449页。

提升组织力的机构改革的具体支撑。这两点一方面来自对"人民"与"领导"的理性把握与分析，另一方面是过去经验的昭示，因而也是现在和未来党政机构改革的必然遵循。

一方面，强大的政党能力源于党的全面领导。坚持党的全面领导，是中共十八大以来取得历史性成就、实现历史性变革的根本原因。要提升党的全面领导能力，就必须推进党的建设新的伟大工程。所以，在中共十九大提出的"四个伟大"中，"起决定性作用的是党的建设新的伟大工程"，"伟大工程"的主要目标是要确保党始终"走在时代前列"，始终"成为全国人民的主心骨"，始终"成为坚强领导核心"。之所以说提升党全面领导能力有助于提升执政党的政党能力，这主要是基于两个方面的原因。其一，"全面领导"与"人民性"的对应性。始终同人民在一起，为人民利益而奋斗，是马克思主义政党同其他政党的根本区别。中国共产党作为马克思主义政党，除了国家、民族、人民的利益，没有任何自己的特殊利益。正是中国共产党所具有的人民性的本质属性，决定了党的领导应是全面的而不是局部，是全覆盖的而不是有空白点的，是系统推进的而不是单兵突进的；人民性这一本质属性不仅赋予了党领导的道义上的合法性，而且使党"全面领导"中的"全面"有了现实的落脚点和支撑点，"全面领导"与"人民性"形成了一种对应关系。得到了具有整体性特征的"人民"的全面支持，这样的政党将无往而不胜。这次机构改革的系统性、整体性重塑就是考虑到了人民利益的整体性。其二，对"全面领导"中"领导"内涵的精准把握。党的全面领导并不意味"党包办一切"，并不意味着"以党代政"。习近平总书记指出："我们必须坚持党总揽全局、协调各方的领导核心作用，通过人民代表大会制度，保证党的路线方针政策和决策部署在国家工作中得到全面贯彻和有效执行。要支持和保证国家政权机关依照宪法法律积极主动、独立负责、协调一致开展工作。"并且提出了"四个善于"，即"善于使党的主张通过法定程序成为国家意志，善于使党组织推荐的人选通过法定程序成为国家政权机关的领导人员，善于通过国家政权机关实施党对国家和社会的领导，善于运用民主集中制原则维护党和国家权威、维护全党全国团结统一"①。在这样的"全面领导"过程中，既发挥了执政党导航定向的作用，也发挥了国家政权机关、各民主党派、各人民团体、各阶层、各界人士等的作用和积极性。习近平总书记不仅使用过"众星捧月"，也使用过"众星拱月"，要"月明星灿"，不能"月明星稀"，② 说的就是在党领导过程中要发挥出执政党与其他组织双向的积极性。在本次机构改革过程中，无论是在对机构撤并过程中的干部人事的安排，还是在群团改革中对工青妇等组织积极性的调动等方面，都很好诠释了对"领导"内涵的精准把握。

另一方面，强大的政党能力源于提升组织力的机构改革。习近平总书记指出，党的力量来自组织。党的全面领导、党的全部工作要靠党的坚强组织体系去实现。因而，在新时代，对党全面领导的强调还需落实在党政机构的设置与重组上，这也是 2018 年的党和国家机构改革的主要动因之一。从一般的组织理论出发，组织能力的提升要考虑多重因素：除了要有适时的、合理的目标定位外，还离不开组织职责的确立，组织内角色关系的理顺与重构，还离不开组织间关系的调整与整合。在党政军群等组织的核心职能得到确定的情况下，本次机构改革实施一系列举措：优化结构，如组建国家监察委员会，不再保留监察

---

① 《习近平谈治国理政》第二卷，外文出版社 2017 年版，第 18—19 页。

② "我国社会主义政治制度优越性的一个突出特点是党总揽全局、协调各方的领导核心作用，形象地说是'众星捧月'，这个'月'就是中国共产党。在国家治理体系的大棋局中，党中央是坐镇中军帐中地'帅'，车马炮各展其长，一盘棋大局分明。如果中国出现了各自为政、一盘散沙的局面，不仅我们确定的目标不能实现，而且必定会产生灾难性后果。"引自习近平：《在省部级主要领导干部学习贯彻党的十八届四中全会精神　全面推进依法治国专题研讨班上的讲话》，2015 年 2 月 2 日。习近平在另外一次讲话中指出："要'众星拱月'，'月'就是党，'众星'就是包括群团组织在内的党领导下的各种组织。做党的群众工作，要月明星灿，不能月明星稀，工会、共青团、妇联等群团组织更要星光灿烂。"引自习近平：《在中央党的群团工作会议上的讲话》，2015 年 7 月 6 日，中央文献研究室：《习近平关于社会主义政治建设论述摘编》，中央文献出版社 2017 年版，第 188 页。

部、国家预防腐败局；理顺职能，如不再设立中央社会治安综合治理委员会及其办公室，有关职责交由中央政法委员会承担；整合机构，如中央组织部统一管理中央机构编制委员会办公室和公务员工作，中央宣传部统一管理新闻出版工作和电影工作；创立或升格机构，如组建中央全面依法治国委员会、中央审计委员会和中央教育工作领导小组，以及将原有的四个领导小组改为委员会；这样就为党的全面领导提供了组织支撑和机构保证，进而提升了党在国家治理中的组织力、向心力和执政绩效。

（三）以制度能力提高国家治理水平

中共十八届三中全会指出，全面深化改革的总目标是完善和发展中国特色社会主义制度，推进国家治理体系和治理能力现代化。作为全面深化改革的重要组成部分，本轮党和国家机构改革必然遵循这一总目标。这次党和国家机构改革不仅关涉国家治理体系的重组与构建，而且还关涉国家治理能力的提升，概括起来就是执政党要通过制度能力来提高国家的治理水平。"现代国家的建构逻辑必然包含两个历史行动，一是国家制度体系建设；二是国家治理体系建设，前者是根本性的，后者是决定性的，国家治理一定是在既定国家制度框架中展开的，与国家制度体系保持内在统一。"[1]对执政党而言，这种制度能力主要包括国家治理体系的建构能力、国家治理体系的有效运转能力这两方面。

一方面是国家治理体系的构建能力。国家治理体系从内涵上说是指在党领导下管理国家的制度体系，包括经济、政治、文化、社会、生态文明和党的建设等各领域体制机制、法律法规安排，也就是一整套紧密相连、相互协调的国家制度。习近平总书记指出："一个国家选择什么样的治理体系，是由这个国家的历史传承、文化传统、经济社会发展水平决定的，是由这个国家的人民决定

---

[1] 赵宇峰、林尚立：《国家制度与国家治理：中国的逻辑》，《中国行政管理》2015 年第 5 期。

的。我国今天的国家治理体系，是在我国历史传承、文化传统、经济社会发展基础上长期发展、渐进改进、内生性演化的结果。"[1] 在整个治理体系中，执政党居于最高地位，这是中国特色社会主义制度特色与优势的体现。在本轮机构改革中，国家体系的建构能力不仅体现在经济、政治、文化、社会、生态文明和党的建设等管理主体上，即组织机构的设置与整合上，使其职能定位更加合理、职能归并更加科学，而且还体现在党对这些机构、领域全面领导实现的机构设置与制度安排上。按照国家治理体系现代化的要求，在国家治理体系的建构能力方面，习近平总书记指出："要适应时代变化，既改革不适应实践发展要求的体制机制、法律法规，又不断构建新的体制机制、法律法规，使各方面制度更加科学、更加完善，实现党、国家、社会各项事务治理制度化、规范化、程序化。"[2] 所以，习近平总书记在 2019 年 7 月 5 日深化党和国家机构改革总结会议的重要讲话中指出，"要把机构职责调整优化同健全完善制度机制有机统一起来"，"要健全党对重大工作的领导体制"，"要推进机构编制法定化"等，这些直接关涉国家治理体系的建构能力，它们构成了当下党和国家机构改革的着力点。

另一方面是国家治理体系的有效运转能力。国家治理体系现代化主要解决了制度能力建设中制度体系的有无以及科学化问题，在某种程度上是一种"物理"层面的努力。但是，有形的制度体系要产生出"化学反应"，要发挥出制度体系设计时所预期功能，那就是国家治理能力现代化所要解决的问题了。习近平总书记指出："要更加注重治理能力建设，增强按制度办事、依法办事意识，善于运用制度和法律治理国家，把各方面制度优势转化为管理国家的效能，提高党科学执政、民主执政、依法执政水平。"[3] 从这个意义上说，国家治理能

---

① 《习近平谈治国理政》，外文出版社 2014 年版，第 105 页。

②③ 《习近平谈治国理政》，外文出版社 2014 年版，第 92 页。

力现代化问题也就是国家治理过程中制度体系的有效运转与执行的问题，它包括治理主体的职责履行问题、各治理主体积极性的调动问题、治理的人格化主体的责任担当问题，等等。习近平总书记在深化党和国家机构改革总结会议的重要讲话中指出，这次党和国家机构改革完成组织架构重建、实现机构职能调整，只是解决了"面"上的问题，真正要发生"化学反应"，还有几件事情要做，其中"要提高机构履职尽责能力和水平""要发挥主观能动性，结合地方实际创造性开展工作""要增强干事创业敢担当的本领"，这几项就直接关涉国家治理体系的有效运转以及制度的执行问题，它们构成当下党和国家机构改革的着力点。

总之，坚持和加强党的全面领导，必然贯穿在党和国家机构改革中始终，既是这次改革的基本遵循，又是改革顺畅进行的基本保障。正是基于此，新一轮机构改革塑造了执政党强大的政党能力。从国家治理体系和治理能力现代化的视角来看，要进一步推进党和国家机构改革，必须通过增强党和国家的制度能力，即国家治理体系的建构能力和国家治理体系的有效运转能力，来提高国家的治理水平。

第四节　提出国家现代化的推进方略

大国治理需要大思路、大视野和大战略。中国共产党人在近百年的奋斗历程中，在建设社会主义现代化强国、实现中华民族伟大复兴的历史征程中一贯重视事业的战略布局与宏观安排，根据不同的历史、社会条件推出相应的国家现代化的战略安排。在革命战争年代，将农民问题看作中国革命的首先问题，从而找到了一条适合中国国情的革命道路；在社会主义建设时期，确立了社会主义国家的基础性制度，为"当代中国一切发展进步奠定了根本制度前提和制度基础"①；在改革开放的年代，从 1978 年到 2012 年，通过改革开放战略来推进国家的现代化发展，中国实现了从站起来到富起来的跃升；中共十八大以来，面对国内外新的矛盾和挑战，提出了"五位一体"总体布局和"四位全面"战略布局的构想，中国实现了从富起来到强起来的跃升，这是党和国家事业取得历史性成就、发生历史性变革的重要原因。"五位一体"总体布局和"四个前面"战略布局是新时代建设社会主义现代化国家的实施方略与操作路线图。这一战略设计与部署是迈向社会主义现代化强国的顶层安排，两者间相互支撑、彼此赋能；体现了继承与创新、顶层设计与基层参与相结合的特点。

一、迈向现代化强国的顶层安排

现代化理论家丹尼尔·勒纳（D. Lerner）认为现代化是一个相互作用的系统："它是一种生活方式，它所包含的各种成份在有效功能意义上是相互作用的，其中任何一种功能都需要所有其他成份起有效的作用……它们形成一个系统，意味着每个成份的活动中发生的重大变化都将与所有其他成份的活动中发生的重大变化有联系。"② 如果说建设现代化强国是中国共产党人一以贯之的战略目标，那么不同时期的总布局是实现目标的战略手段与战略重点。在中共十二届六中全会上，"总体布局"概念首次出现。"我国社会主义现代化建设的总体布局是：以经济建设为中心，坚定不移地进行经济体制改革，坚定不移地进行政治体制改革，坚定不移地加强精神文明建设，并且使这几个方面相互配合，互相促进。"③ 在新时代，习近平总书记指出："要深刻领会建设中国特色社会主义的总依据、总布局、总任务。强调总布局，是因为中国特色社会主义是

---

① 《习近平谈治国理政》第三卷，外文出版社 2020 年版，第 11 页。
② ［美］詹姆斯·奥康内尔：《现代化的概念》，参见［美］西内尔·E. 布莱克：《比较现代化》，杨豫、陈祖洲译，上海译文出版社 1996 年版，第 32 页。
③ 中共中央文献研究室：《十二大以来重要文献选编》，人民出版社 1988 年版，第 173 页。

全面发展的社会主义；我们要按照这个总布局，促进现代化建设各方面相协调，促进生产关系与生产力、上层建筑与经济基础相协调。"[①] 在某种意义上，强调"总体布局"与"战略布局"，实际上就是要在迈向社会主义现代化强国的征程中加强顶层设计。"所谓顶层设计，就是要对经济体制、政治体制、文化体制、社会体制、生态体制作出统筹设计，加强对各项改革关联性的研判，努力做到全局和局部相配套、治本和治标相结合、渐进和突破相促进。"[②] 因为顶层设计应关注的是全局性、战略性的事项，其强调的是系统性，且其着力点在制度，因此顶层性就成为国家现代化战略设计要把握的重要原则。

（一）深层次改革中利益调整的策略。邓小平在二十多年前就强调改革会"触及许多人的利益，会遇到很多的障碍"。现在说改革步入深水区，很大部分就是说改革遇到了很大的阻力，特别是利益上的阻隔。如果说改革开放之初的改革基本上可归为帕累托改进，亦即当时的改革几乎让所有人的利益都得到了增进，而新时期的深入改革必然会触及到一些人利益，这也是当前改革所面临的动力资源不足的原因。在当前，怎样做到"既勇于冲破思想观念的障碍，又勇于突破利益固化"？通过顶层设计来开发改革的动力资源是一个重要选项。从理论上，突破利益固化的藩篱，一是可以通过政治精英的人格化因素来祛除，但政治精英的不确定性、世俗社会对权威的认同问题等决定了这条路的不可行。二是通过发动群众、以运动式的方式来破除利益阻隔，但运动式治理的不可控性、特别是其与法治国家目标相背离等决定了这也是一条不归路。唯一的选项就是通过制度设计，靠经过公共理性过滤的制度来理顺各种利益关系、打破利益固化的困局，以具体的制度安排来推进利益整合，这原本就是顶层设计的着力点。制度蕴含着公共理性，体现着公共理性的顶层设计必然会带来充沛的改革动力资源。

---

① 《习近平谈治国理政》，外文出版社 2014 年版，第 11 页。

② 中央文献研究室：《习近平关于全面深化改革论述摘编》，中央文献出版社 2014 年版，第 32 页。

（二）试错改革到了梳理的时刻。四十多年的改革开放期并不短暂。飞奔的经济列车需要进行某种修整，要将科学发展观的理念注入其中。原有的顶层设计、特别是试错改革中的相关举措也到了该进行系统总结与反思的时刻。改革本身应成为反思、研究的对象。通过对四十多年来试错改革的梳理，不仅能提炼出宝贵的可资继承发扬的经验，更重要的是能找到制约改革开放深入推进的体制性障碍。而无论是宝贵的经验还是揭示的问题，它都需要顶层设计的跟进：将多年试错改革的制度性成果融入顶层设计；同时，以揭示的问题为蓝本来查找体制上的原因，并将其反映在顶层设计中。通过系统梳理、深刻反思和顶层设计来引领改革的再出发，这一路径反映了事物的发展规律：没有对过往的总结与梳理，就不能很好地前行。

（三）碎片化改革的反思。由于改革战略的选择和改革中的部门推进等方面的原因，中国的改革带有碎片化的特征：经济领域的改革在先，社会领域改革在后，整个社会还没有形成政府、市场和社会良性互动的公共治理框架；另外，很多改革是问题推动型的、应急型的，没有考虑到改革的系统性，像教育、医疗等民生领域的改革多少带有此特征。这种单兵突进的改革之所以难以为继，一方面是因为原有的改革已成为强弩之末，没有顶层设计的改革根本就改不动；另一方面，是因为在缺乏有效的监督机制的情况下，特别是在没有顶层设计的情况下，有些地方或部门打着改革的旗号，以创新为名，通过改革来自肥或侵害老百姓的利益。从理论上说，碎片化改革之所以步履维艰，最关键是它与中国改革的超域效应相悖，即改革的影响、改革的效度不可能局限在单一领域。

二、"两大布局"的相互促进

"党的十八大以来，我们党形成并积极推进经济建设、政治建设、文化建设、社会建设、生态文明建设五位一体的总体布局，形成并积极推进全面建成小康社会、全面深化改革、全面依法治国、全面从严治党的战略布局。'五位一体'和'四个全面'相互促进、统筹联动，要协调贯彻好，在推动经济发展的基础上，建设社会主义市场经济、民主政治、先进文化、和谐社会、生态文明，协同推进人民富裕、国家强盛、中国美丽。"① 在这里，习近平总书记直接提出了"两大布局"间的相互促进问题，这种相互促进体现在以下三个层面。

（一）布局"内"的协调。所谓布局"内"的协调，主要是指"五位一体"内五大建设间的协调和"四个全面"间的协调。

其一是"五位一体"间的协调支撑满足了人全面发展的本质要求。马克思、恩格斯在《德意志意识形态》中指出："全部人类历史的第一个前提，无疑是有生命的个人的存在。因此第一个需要确认的事实就是这些个人的肉体组织以及由此产生的个人对其他自然的关系。"② 因而，中国共产党人在不同时空所引领的现代化模式及其在此基础上形成的行为路径就是基于"有生命的个人"的内在需求。人作为具体的存在物，其立于天地间的前提是要维持自身的生产与再生产；但是，"思想、观念、意识的生产最初是直接与人们的物质活动，与人们的物质交往，与现实生活的语言交织在一起的。人们的想象、思维、精神交往在这里还是人们物质行动的直接产物"③。"在现实世界中，个人有许多需要。"④ 人的需要内容不仅具有丰富性，而且具有层次性。"人类需要的发展历史可以分为生存、享受和发展三个阶段。"⑤ 马克思主义经典作家在这里不仅指出了生产力发展在整个历史进程中的决定性作用，而且指出了作为类本质的人的多元需求：为了获得物质资源而形成一定的经济关系、政治关系和社会关系，并在这些关系的基础上形成一定的价值理念。同时，"寄托民族伟大复兴内涵的中国现代化，不仅要实现更高质量的现代化，还要避免走西

---

① 《习近平谈治国理政》第二卷，外文出版社 2017 年版，第 38 页。
② 《马克思恩格斯选集》第 1 卷，人民出版社 2012 年版，第 146 页。
③ 《马克思恩格斯选集》第 1 卷，人民出版社 2012 年版，第 151 页。
④ 《马克思恩格斯全集》第 2 卷，人民出版社 1960 年版，第 326 页。
⑤ 《马克思恩格斯全集》第 3 卷，人民出版社 1960 年版，第 31—41 页。

方国家现代化的老路、弯路，从而彰显中国特色的方案。例如，中国的生态文明建设这一布局，就是要超越先经济现代化后生态现代化的弯路，不仅要建立人与人之间公平正义的关系，更要形成人与自然和谐相处的局面"①。从这个意义上说，生态文明建设不仅显示了人对自身生存、发展环境的关注与高品质要求，反映了人的具体需求，而且也体现了中国式现代化的主要特征。人的这些多维度的现实需求就构成了现代国家建设中经济、政治、社会、文化及其生态文明建设的现实动因。从这个意义上说，"五位一体"总体布局的战略构想接通了马克思主义理论关于人全面发展的有关思想，具有厚实的思想理论根基。

其二是"四个全面"布局间的协调。在"四个全面"战略布局中，全面建成小康社会是战略目标，在"四个全面"中居于引领地位；全面深化改革、全面依法治国、全面从严治党是三大战略举措，为如期全面建成小康社会提供重要保障。三大战略举措，对实现全面建成小康社会战略目标一个都不能缺。不全面深化改革，发展就缺少动力，社会就没有活力。不全面依法治国，国家生活和社会生活就不能有序运行，就难以实现社会和谐稳定。不全面从严治党，党就做不到"打铁必须自身硬"，就难以发挥好领导核心作用。② 如果把中国比作一列正在向着全面建成小康社会进发的列车，那么改革就是发动机，法治就是稳定器，党的领导就是火车头。③ 从现代化国家建设对全面依法治国的诉求来看，"推进国家治理结构的现代化，为国家治理方式的现代转型，加强社会主义民主法治建设，提供了历史性的机遇。一方面，党领导下的政府、市场、社会相互协同的开放型治理结构，需要有健全的法治体系来明确界定多元

---

① 徐国冲：《历史·比较·发展：三重视角下的中国现代化方案》，《科学社会主义》2020 年第 5 期。

② 中央宣传部：《习近平新时代中国特色社会主义思想学习纲要》，学习出版社、人民出版社 2019 年版，第 30 页。

③ 人民日报社评论部编著：《"四个全面"学习读本》，人民出版社 2015 年版，第 16 页。

主体在国家治理体系中的角色功能，以及各自的行为边界，明晰多元主体互动的刚性规则，以形成国家治理的合力；另一方面，多元主体的合作治理，也迫切需要在社会各个领域、各个层面健全和完善民主协商机制，在有效协调社会各群体的利益诉求的同时，最广泛地凝聚和吸纳国家治理的智慧"[1]。在全面建成小康社会的目标任务完成后，中共十九大又提出了开启"全面建设社会主义现代化国家"新征程这一战略目标，并将其分解为"基本实现社会主义现代化"（至 2035 年）和"建成富强民主文明和谐美丽的社会主义现代化强国"（至 2050年）。三大战略支撑将围绕着这一新战略目标展开。

（二）布局"间"的协调。习近平总书记指出："我们提出要协调推进全面建成小康社会、全面深化改革、全面依法治国、全面从严治党，是当前党和国家事业发展中必须解决好的主要矛盾。我们既要注重总体谋划，又要注重牵住'牛鼻子'。"[2] 这里面的"总体谋划"可以从两个方面理解，一是每个"全面"的总体谋划，直接引领全面建成小康社会、全面依法治国、全面深化改革和全面从严治党的展开。例如，为了如期完成全面建成小康社会的目标任务，提出在脱贫攻坚战中要强化体制机制。"要落实好中央统筹、省负总责、市县抓落实的管理体制。中央统筹，就是要做好顶层设计，主要是管两头，一头是在政策、资金等方面为地方创造条件，另一头是加强脱贫效果监管。"[3] 在这里，中央的统筹就体现了"总体谋划"。二是"五位一体"总体布局是"总体谋划"，而"四个全面"就是现实的工作重点、重心和"牛鼻子"，前者为后者的展开提供了基础，正是在"五位一体"总体布局展开过程中，要通过全面建成小康社会让人民更有获得感和幸福感，要通过全面深化改革和全面依法治国来为社会主义现代化国家建设提供澎湃的动力和切实的保障，要通过全面从严治党来为

---

[1]　何显明：《70 年来中国现代国家治理体系的建构及演进逻辑》，《浙江学刊》2019 年第 5 期。

[2]　习近平：《在十八届中央政治局第二十次集体学习时的讲话》，《人民日报》，2015 年 1 月 25 日。

[3]　《习近平谈治国理政》第三卷，外文出版社 2020 年版，第 155 页。

"五大建设"提供政治引领和统合力量。同时，"四个全面"为"五位一体"总体布局的实践提供战略支点，通过目标设定、改革推进、法治保障和党的全面领导，"五大建设"中的任何一种建设的展开都有着具体的目标指引和操作路径。在某种意义上，体现"目标""动力""保障"和"引领"的"四个全面"战略布局，直接支撑了经济建设、政治建设、社会建设、文化建设以及生态文明建设的具体展开。"五位一体"总体布局和"四位一体"战略布局统一于社会主义现代化建设的伟大实践，两者相互配合与彼此赋能，推动着中国这艘现代化航船行稳致远。

（三）治理主体间的协调。作为推进国家现代化建设的战略性安排，"五位一体"总体布局和"四个全面"战略布局的具体展开离不开治理体系的构建。"国家治理体系则是围绕着运行权力、建构秩序和创造治理展开的，体现为各治理主体合作与共治。"① 特别是随着社会主义市场经济的深度推进，市场机制在资源配置中的基础地位逐步树立，市场力量与社会活力日益显现，由执政党、政府、市场与社会所构成的国家治理体系对国家治理效能的发挥就具有决定性影响。这种治理体系的有效性源自其功能的有机性，即要充分发挥政府、市场和社会的正向功能，注重各治理主体间的协调互补。因为，"社会、市场和政府都有独特的逻辑，社会偏爱公正，市场仰赖平等，政府寻求控制，在明确划定边界的基础上充分展现各自的正向功能，特别注意抑制政府强制改变社会和市场运行逻辑的冲动。另一方面也应认识到自由的行动者才是根本所在，社会、市场和政府都是行动者自由行动和追求的空间"② 。正是从这个意义上说，在"五位一体"总体布局和"四个全面"战略布局中，"在充分激发市场和社会活力同时，更好地发挥政府的作用，充分发挥党的领导这一最大制度优势的总体思路，昭示了中国将逐步完善党领导下的政府、市场、社会合作治理结构，为

---

① 林尚立：《当代中国政治：基础与发展》，中国大百科全书出版社 2017 年版，第 387 页。

② 夏志强：《国家治理现代化的逻辑转换》，《中国社会科学》2020 年第 5 期。

经济的持久繁荣提供根本保证"①。

三、"两大布局"的显著特征

作为中国特色社会主义事业展开的这"两大布局"，是党在新的历史时空进行治国理政的战略安排。中国共产党人在秉承近百年的价值基因和推进国家现代化的目标导引下，新时代所处的特定的国内外环境直接影响了党在这一时期治国理政的战略设计。"两大布局"标示了党治国理政的行动空间与战略重点，明确了新时代中国特色社会主义事业展开的领域与行动举措，接通了马克思主义的基本原理、中国的实际与世界文明的通则，其探索与行动具有鲜明的时代特色与特征，这些结构性特征昭示了新时代治国理政的时代底色，是马克思主义中国化的最新成果。"两大布局"涉及面广，从领域上讲，包括政治、经济、社会、文化和生态，从战略重点上说，包括经济发展、改革开放、法治建设和党的建设，并且这些领域与重点都包含着目标定位、推进路径、政策供给和制度创新等方面的内容。这些昭示了新时代社会主义事业的广博性、系统性，但布局中的每一领域或战略重点都具有以下特征。

（一）继承与创新相结合。关于中国现代化事业，无论是在革命、建设还是在改革时期，中国共产党人都把民众现实的利益诉求作为现代化战略设计的起点。毛泽东要求教育党员"使每个同志明了，共产党人的一切言论行动，必须以合乎最广大人民群众的最大利益，为最广大人民群众所拥护为最高标准"②。这种为维护和增进人民利益的奋斗基因直接影响到周恩来对中国社会主义现代化最早的定义。周恩来在《政府工作报告》中明确指出，要"建设现代化的工业、现代化的农业、现代化的交通运输业和现代化的国防"③。工业、农业、交

---

① 何显明：《70 年来中国现代国家治理体系的建构及演进逻辑》，《浙江学刊》2019 年第 5 期。
② 《毛泽东选集》第 3 卷，人民出版社 1991 年版，第 1096 页。
③ 《周恩来选集》下卷，人民出版社 1984 年版，第 132 页。

通运输业和国防直接关涉人民的物质增进与维护。到后来，邓小平提出了关于社会主义本质的著名论述："社会主义的本质，是解放生产力，发展生产力，消灭剥削，消除两极分化，最终达到共同富裕。"[①] 生产力的发展直接关涉物质文明建设的问题。同时，人的利益诉求不仅是物质利益，还包括精神层面的需求，因而才有了社会主义"物质文明""精神文明""两手抓"的现代化布局的提出。江泽民同志在中共十五大报告中强调，不断完善社会主义民主政治，推进政治体制机制变革，建设有中国特色社会主义的经济、政治与文化，形成社会主义现代化建设"三位一体"的格局。随着社会主义市场机制的深度推进，社会力量的逐步成长，多元利益格局的形成对和谐社会建设提出了诉求。在中共十七大上，胡锦涛同志提出构建社会主义和谐社会，强调加快推进以改善民生为重点的社会建设，增加社会发展的整体性与协调性，由此把"三位一体"扩展为"四位一体"。"我们在生态环境方面欠账太多了，如果不从现在起就把这项工作紧紧抓起来。将来会付出更大的代价。"[②] 中共十八大则"把生态文明建设纳入中国特色社会主义事业总体布局，使生态文明建设的战略地位更加明确"标志着"五位一体"这一战略的形成。从上面关于社会主义事业推进的战略历程来看，新时代关于"五位一体"战略格局的部署是历代中国共产党人抓住了当时人们的利益诉求和现实问题，接续奋斗的结果，体现了继承与创新。其实，不仅是关于现代化布局这一主题体现了这种继承与创新，其他的主题，像"五大建设""四位一体"战略布局中的每一个方面，都体现了这样的继承与创新。

（二）目标牵引与支撑保障相协调。中国特色社会主义事业是党领导的事业，党的领导是驱动事业发展、进步的根本政治保证。党通过评估前面的战略目标完成情况，并结合时代的发展变化要求而提出新的战略目标构想，通过新的战略目标引领中国这艘现代化航船乘风破浪、走向胜利的彼岸。通过对前面

---

① 《邓小平文选》第3卷，人民出版社1993年版，第373页。

② 《习近平关于全面建成小康社会论述摘编》，中央文献出版社2016年版，第164页。

目标完成情况的评估、新目标的设定以及相应的配套性的改革举措，实现了对国家现代化走向的引领与推动。这一过程充分体现了社会主义现代化事业是阶段性与连续性的统一，是目标牵引与支撑保障相协调的过程。这种目标牵引与支撑保障不仅体现在中国特色社会主义发展的阶段划分上，也体现在"两大布局"的每一个方面。中共十二大提出分两个十年"两步走"的战略部署；中共十三大确定了我国现代化建设"三步走"发展战略，第三步是到21世纪中叶基本实现社会主义现代化。中共十五大对第三步战略目标进行了更具体的规划，到建党100周年时，国民经济更加发展，各项制度更加完善；到新中国成立一百周年时，建成富强民主文明的社会主义国家。这些根据时代演进变化而提出的战略目前直接引领了中国的现代化进程。到中共十九大，中国的发展站在了一个更高的历史起点上，需要对新时代的现代化建设作出新的顶层设计、提出新的目标导引，这就是新时代"两步走"战略目标的提出："第一个阶段，从二零二零年到二零三五年，在全面建成小康社会的基础上，再奋斗十五年，基本实现社会主义现代化。""第二个阶段，从二零三五年到本世纪中叶，在基本实现社会主义现代化的基础上，再奋斗十五年，把我国建成富强民主文明和谐美丽的社会主义现代化强国。"[1] 在一定意义上，新时代"两步走"战略目标是对前面战略目标评估基础上的超越与创新，体现了与时俱进的理论品格。在新时代，党的治国理政行动不仅是目标的再设计与再定义，也注重保障目标实现的相应的制度设计与政策安排的出台：中共十九届三中全会关于深化党和国家机构改革的部署，就是"立足实现'两个一百年'奋斗目标，着眼统筹推进'五位一体'总体布局和协调推进'四个全面'战略布局，作出具有前瞻性、战略性的制度安排，力争把党和国家机构设置和职能配置基本框架建立起来，努力实现党和国家机构职能优化协同高效"[2]。后面中共十九届四中全会的制度建

---

[1] 《习近平谈治国理政》第三卷，外文出版社2020年版，第22—23页。
[2] 《习近平谈治国理政》第三卷，外文出版社2020年版，第169页。

设、中共十九届五中全会关于"十四五"规划和 2035 年远景目标规划的建议等重大部署，都有力地保障了中共十九大所提出的战略目标的实现。在其他方面，如"四个全面"布局中的"全面深化改革"，也体现了目标导引与支撑保障相统一的原则。在新时代，习近平总书记多次说过"改革开放只有进行时、没有完成时"①，明确了改革开放对建设现代化国家的重要意义与价值。不仅如此，还专门召开中共十八届三中全会，专题研究新时代全面深化改革问题，作出了《中共中央关于全面深化改革若干重大问题的决定》。关于这次会议的重要意义，习近平总书记指出："党的十一届三中全会是划时代的，开启改革开放和社会主义现代化建设历史新时期；党的十八届三中全会也是划时代的，开启了全面深化改革、系统整体设计推进改革的新时代，开创了我国改革开放的全新局面。"② 这次会议特别明确了全面深化改革的总目标是坚持和完善中国特色社会主义制度、推进国家治理体系和治理能力现代化，不仅如此，还推出了 336 项重大改革举措。这相当于绘制出了全面深化改革的施工路线图。在中共十九届四中全会上，直接以此目标作为全会的主题，绘就了全面深化改革的制度图谱，为改革的扎实推进奠定了坚实的制度基础。

（三）顶层设计与基层首创相促进。由于"两个布局"是关涉中国现代化建设的全局性问题，具有战略性、系统性和引领性，毫无疑问是一种顶层设计。但是，顶层设计并不能意味着顶层对基层替代包办，相反，社会民众在"两大布局"的相关政策设计与推行中占据了主体性地位，顶层设计与基层首创在其中进行了良好的互动和相互的赋能。这可以从尊重群众首创精神、发挥决策中的社会主义民主和对"摸着石头过河"这一改革方法的强调上可见一斑。首先是尊重群众首创精神，这是以人民为中心思想的生动体现。习近平总书记强调："改革开放是亿万人民自己的事业，必须坚持尊重人民首创精神，坚持在党的领

① 《习近平谈治国理政》，外文出版社 2014 年版，第 71 页。
② 《习近平谈治国理政》第三卷，外文出版社 2020 年版，第 111 页。

导下。改革开放在认识和实践上的每一次突破和发展，改革开放中每一个新鲜事物的产生和发展，改革开放每一个方面经验的创造和积累，无不来自亿万人民的实践和智慧。"[①] 其次是发挥决策中的社会主义民主。党的重大决策和重要文件出台，都经过了广泛而深入地讨论，都充分发扬了党内民主和社会主义民主。如习近平总书记在中共十八届三中上所作的说明指出："汇集了全面深化改革的新思想、新论断、新举措，反映了社会呼声、社会诉求、社会期盼，凝聚了全党全社会关于全面深化改革的思想共识和行动智慧。"[②] 习近平总书记在中共十九届四中全会、五中全会关于文件起草过程的说明中都表达了听取各方面意见的情况、吸纳各方面建议的情况，特别是在中共十九届五中全会的文件起草过程中，还第一次在"学习强国"平台上开设了征集社会意见的平台，并将其真知灼见吸纳进"十四五"规划的建议中。"8月16日至29日，'十四五'规划编制工作开展网上征求意见。广大人民群众踊跃参与，留言100多万条，有关方面从中整理出1000余条建议。"[③] 最后是对"摸着石头过河"这一方法的强调。"摸着石头过河，是富有中国特色、符合中国国情的改革方法。""摸着石头过河和加强顶层设计是辩证统一的，推进局部的阶段性改革开放要在加强顶层设计的前提之下进行，加强顶层设计要在推进局部的阶段性改革开放的基础上来谋划。"[④]

从更深层次上说，通过"摸着石头过河"来探寻改革规律，符合马克思主义实践论、认识论，它同顶层设计一起相互促进，能更多的从基层、实践和人民群众那里吸纳改革经验。关于"摸着石头过河"对中国现代国家建设的重要意义，还可从从以下三个方面来论证。

---

① 《习近平谈治国理政》，外文出版社 2014 年版，第 68 页。
② 《习近平谈治国理政》，外文出版社 2014 年版，第 73 页。
③ 习近平：《关于〈中共中央关于制定国民经济和社会发展第十四个五年规划和二〇三五年远景目标的建议〉的说明》，人民出版社 2020 年版，第 47 页。
④ 《习近平谈治国理政》，外文出版社 2014 年版，第 67—68 页。

其一，超大规模的国家。中国是一个超大规模的国家，地域、行业等方面的差异极大，这决定了任何一项统一的制度安排在地方和基层都可能需要不同的实施机制。顶层设计只是针对全局性、战略性的事项，以制度设计为着力点，强调制度与政策的系统性、有机性，但它不可能考量到各层次、各地在制度实施中的所有问题。科学的顶层设计只能确定或固化符合政治要求与权力运转规律等方面的构架与体制，而不可能细化到相关行动主体的具体行动。另外，要提高国家的政治整合效度，超大规模的国家一方面要加强顶层设计，创设符合国情、反映事物运转逻辑的制度安排，另一方面还要向地方和社会放权、分权，鼓励它们在顶层设计的框架下去摸索与创新。分权与放权赋予了次级行政者一定的自由行动权，其"摸着石头过河"也就有了展开的空间。

其二，信息不对称。在中国，从中央到地方有非常长的行政链条和较多的行政层级，并且各层级都有自己的利益诉求，信息在自上而下或自下而上的传递过程中容易被扭曲：上面的政策在跨越多个层级后可能会变形；基层的真实情况可能会走样。"上有政策、下有对策"之所以时有发生，一方面可能是因为政策与实际情况相差甚远，另一方面也可能是上级无从监控下级，从而产生了机会主义行为。不管是哪方面的原因，归根结底是各层级间处在一种信息不对称的状态之中。要打破这种信息不对称的状态，一方面要通过顶层设计将机会主义行为控制在一定的范围内，另一方面也要允许地方或基层在顶层设计的范围内各显神通，也即通过允许其"摸着石头过河"来探索某项制度或政策的实施机制。因为，地方或基层毕竟离实际最近，最了解实际情况。

其三，多元利益格局。当中国的改革再出发时，其面对的是一个全球化程度更深和社会多元化程度更高的国内外环境，各种利益关系盘根错节，各种利益主体粉墨登场，多元利益格局逐渐形成。要回应多方的利益诉求，通过顶层设计固然能够解决基本的体制与元政策问题，也能为各方的利益表达提供基本的制度框架。但是，各利益主体的利益诉求是具体的，顶层设计不可能有针对性的一一回应。在变化的多元社会，利益整合的有效性来自利益相关方博弈平台的搭建与博弈规则的制定，顶层设计固然可以解决其中最基本的问题，但利益的具体性与顶层设计的宏观性、战略性间的矛盾决定了顶层设计作用的有限性。在顶层设计不能发挥作用的领域，这些恰是地方、基层乃至社会创造力发挥的空间，"摸着石头过河"的试错式改革也就有了用武之地。

（四）价值引导与制度建设相贯通。在新时代关于中国特色社会主义事业的战略布局与设计中，价值引导占据了基础性、前提性的位置。在符合公共理性的前提下，契合人内在追求、满足人们的现实诉求是马克思主义人本观的基本特征，是马克思主义政党实现"每个人的自由发展是一切人的自由发展的条件"[1]的根本举措。毛泽东指出："我们共产党人区别其他任何政党的又一个显著标志，就是和最广大的人民群众取得最密切的联系。全心全意为人民服务，一刻也不脱离群众；一切从人民的利益出发，而不是从个人或小集团的利益出发；向人民负责和向党的领导机关负责的一致性；这些就是我们的出发点。"[2]而人的内在需求与现实诉求是随着时代的变迁和环境的变化不断发生改变的，因而，对以民众的现实利益为依归的中国共产党人而言，就是要捕捉、提炼或引导民众的现实诉求，通过一定的路线、方针和政策予以回应。在新时代，以人民为中心的发展理念得到了更加扎实的推进。习近平总书记指出："以人民为中心的发展思想，不是一个抽象的、玄奥的概念，不能只停留在口头上、止步于思想环节，而要体现在经济社会发展各个环节。"[3]"五为一体"总体布局就是聚焦与回应民众在政治、经济、社会、文化和生态这五个方面的权益需求而提出的战略举措。林尚立认为："中国的改革开放围绕着创造有效的发展展开。发

---

[1] 《马克思恩格斯选集》第 1 卷，人民出版社 2012 年版，第 422 页。

[2] 《毛泽东选集》第 3 卷，人民出版社 1991 年版，第 1094—1095 页。

[3] 习近平：《在省部级主要领导干部学习贯彻党的十八届五中全会精神专题研讨班上的讲话》，人民出版社 2016 年版，第 24 页。

展的成效直接关系到国家的进步与民众的幸福，因而，不仅深刻影响民众对党和国家的信心以及对社会主义制度的信念，而且也深刻影响整个世界对中国的认知和判断，而这种认识和判断又能直接影响到国内的民众对党和政府的认识和认同。所以，积极创造发展既是改革开放和现代化发展的本质要求，也是中国政治建设和政治发展的核心任务。"[1] 也就是说，要通过经济发展绩效来累积和增进党的认同性资源，这也是将以人民为中心的发展理念注入治国理政实践中的生动例证。也正是在此价值理念的基础上，执政党针对现实中民众反映强烈的经济发展（全面建成小康社会）问题，构建了社会主义现代化事业的改革推动（全面深化改革）、法治支撑（全面依法治国）和党的领导（全面从严治党）这三大战略举措，在某种意义上，这三大战略形成了推动社会主义现代化事业发展的"动力器""稳定器"和"整合器"。在新时代，落实以人民为中心的发展理念不仅体现在相关概念的提出上，更重要的是通过相关政策与制度安排来将其贯彻于、满足于民众的现实利益诉求之中。"按照守住底线、突出重点、完善制度引导预期的工作思路，从人民群众最关心最直接最现实的利益问题入手，采取针对性更强、覆盖面更大、作用更直接、效果更明显的举措，集中力量做好基础性、兜底性民生建设，统筹做好教育、收入分配、就业、社会保障、医疗卫生和住房等方面的工作。"[2] 有学者认为，习近平总书记特别强调"民心与民意在现代国家治理中的基础性作用，实际上就是要将现代国家治理体系确立在实实在在的小康之家的基础之上，确立在牢固的民心与民意之上"[3]。有效的政策与制度安排体现在"两个布局"的方方面面，如为了在第一个百年如期"全面建成小康社会"，要全面打好脱贫攻坚战，通过加强组织领导、坚持目标导向、强化体制机制、牢牢把握精准、完善资金管理、加强作风建设、组织干

---

[1]　林尚立：《建构民主——中国的理论、战略与议程》，复旦大学出版社 2012 年版，第 161 页。
[2]　《习近平谈治国理政》第二卷，外文出版社 2017 年版，第 374 页。
[3]　刘建军、邓理：《国家治理现代化：新时代的治国方略》，上海人民出版社 2020 年版，第 77 页。

部轮训和注重激发内在动力这八大举措①精准发力，这就很好地体现了价值引导与制度建设相贯通的特征。

第五节　夯实治国理政的安全根基

国家与社会的发展需要安全稳定的环境。个体只有在这种稳定的环境中才能保全个体的存在，才能进行各种经济活动和从事各种社会交往；没有国家的安全与社会的稳定，经济社会发展的基础就会被抽空，个人的权益保障也就是一句空话。"政治体系在社会发展过程中的一个重要功能就是为社会发展提供安全的环境和保障。安全提供的功能可以分为两个部分，一是国内部分，即为社会经济发展提供一个良好的秩序井然的社会环境，运用政治的、法律的、政策的甚至强制的力量来保证。在现代世界经济全球化的过程中，安全提供的范围和概念也大大扩展。随着中国更加积极地参与国际经济和国际市场的扩大，随着中国经济关系的向外延伸和拓展，对国际安全的需要会大大上升。"②也正是在这个意义上，党在新时代治国理政必然要关注国家安全与社会稳定问题，政治体系的安全保障能力与功能需要在一个更高水平上得到进一步提升与塑造。习近平总书记指出："我们党要巩固执政地位，要团结带领人民坚持和发展中国特色社会主义，保证国家安全是头等大事。"③在中共中央政治局第二十六次集体学习时，习近平总书记进一步指出，中共十八大以来，党中央加强对国家安全工作的集中统一领导，把坚持总体国家安全观纳入新时代坚持和发展中国

---

①　参见《习近平谈治国理政》第三卷，外文出版社 2020 年版，第 154—158 页。

②　王沪宁：《市场发育和权威基础：保护和开发政治资源》，《复旦学报》1995 年第 2 期。

③　中共中央文献研究室编：《习近平关于社会主义社会建设论述摘编》，中央文献出版社 2017 年版，第 169 页。

特色社会主义的基本方略，从全局和战略高度对国家安全作出一系列重大决策部署，强化国家安全工作顶层设计，完善各重要领域国家安全政策，健全国家安全法律法规，有效应对了一系列重大风险挑战，保持了我国国家安全大局稳定。[①]

一、总体国家安全观提出的背景

新时代的治国理政是在一个复杂的国内外环境中展开的。"面对波谲云诡的国际形势、复杂敏感的周边环境、艰巨繁重的改革发展稳定任务，我们必须始终保持高度警惕，既要高度警惕'黑天鹅'事件，也要防范'灰犀牛'事件；既要有防范风险的先手，也要有应对和化解风险挑战的高招；既要打好防范和抵御风险的有准备之战，也要打好化险为夷、转危为机的战略主动战。"[②]在中共十九届五中全会关于《中共中央关于制定国民经济和社会发展第十四个五年规划和二〇三五年远景目标建设》的说明中，习近平总书记指出："当前和今后一个时期是我国各类矛盾和风险易发期，各种可以预见和难以预见的风险因素明显增多。我们必须坚持统筹发展和安全，增强机遇意识和风险意识，树立底线思维，把困难估计得更充分一些，把风险思考得更深入一些，注重堵漏洞、强弱项，想恰好先手棋、打好主动仗，有效防范化解各类风险挑战，确保社会主义现代化事业顺利推进。"[③]这两段话实际上明晰了对国家安全构成挑战的国内外风险点和风险源。从国内层面来看，随着社会主义市场经济体制改革的深度推进，个体化的力量日益彰显，个人自主性日益增强，并且传统社会调控模式的式微带来了社会流动性的增加，社会的异质性与多元性

[①] 习近平：《坚持系统思维构建大安全格局　为建设社会主义现代化国家提供坚强保障》，《人民日报》，2020 年 12 月 13 日。

[②] 《习近平谈治国理政》第三卷，外文出版社 2020 年版，第 219—220 页。

[③] 习近平：《关于〈中共中央关于制定国民经济和社会发展第十四个五年规划和二〇三五年远景目标的建议〉的说明》，人民出版社 2020 年版，第 55—56 页。

容易产生社会的不稳定性；同时，随着改革的深度推进，改革越来越走向深水区，触及或剥夺人不当利益的改革举措会遭遇到强大的社会阻力，这也可能引发某些利益相关者的不满与怨愤，这也是引发社会不稳定的重要因素。另外，由于科技革命日新月异，经济社会发展一日千里，改革的渐进性，制度成熟、定型的过程性等，再加上是在一个超大型的国度推进社会主义现代化，在发展过程中面临着不确定性问题日益增加，这些不确定性问题也是引发风险问题的重要点位。从国际层面来说，随着全球化的深度推进，各主权国家包括中国均裹挟其中，不可能置身于外。"全球化概念指出了一个方向，而且只有一个方向：经济活动的空间在扩大；它超越了民族国家的边界，因此重要的是政治调控空间也在扩大。"① 对中国来说，由于中国日益融入全球化的浪潮之中，异域的事件与问题可能会影响到国家的安全、发展和主权利益的实现，因而政治调控的空间可能会跨越国家疆界。"全球化作为一种外在力量，已经成为分析中国近年来变迁的重要变量和维度。尽管在国家管理者看来，积极参加全球化进程，不等于接受'西化'，走进'陷阱'，并不意味着'资本主义的胜利'，而是意味着中国与整个世界相互联系和相互依存日益加深。但是，一个不容否认的事实就是，中国参与全球化和国际社会的程度的提高也同时意味着它受国际规则的制约程度也在提高，外部力量介入和渗透中国的机会和空间也就随之增大，这是相辅相成的。"② 另外，无论是国内的安全问题还是国际安全问题，随着网络技术的发展及其强大的动员能力，两个领域中的安全问题日益遥相呼应，相互借力、相互推动和相互支持，因而，国家安全形势比以往更加严峻、复杂。在这种复杂的态势下，既要防范于未然（"黑天

---

① ［德］拉尔夫·达伦多夫：《论全球化》，参见［德］乌·贝克、尤尔根·哈贝马斯：《全球化与政治》，中央编译出版社 2000 年版，第 212 页。

② 刘建军、周建勇、严海兵：《创新与修复：政治发展的中国逻辑》（1921—2011），中国大百科全书出版社 2011 年版，第 337 页。

鹅"与"灰犀牛"），又要当危机到来时予以应对的有效手段；既要能够预警，又要能够有效处置和快速恢复常态，这实质上是对安全能力建设提出的具体要求。

二、总体国家安全观的结构性特征

新时代总体国家安全观与安全道路，源于对国内外各种风险挑战的回应，同时也受中国制度环境的强烈影响与塑造，因而具有鲜明的中国特色。

首先，总体国家安全观强调系统性。总体国家安全观关键在"总体"，强调的是做好国家安全工作的系统思维和方法，突出的是"大安全"理念，涵盖政治、军事、国土、经济、文化、社会、科技、网络、生态、资源、核、海外利益、太空、深海、极地、生物等诸多领域，无所不在，而且将随着社会发展不断拓展。[1] 但是，总体强调的是全面而不是全部，不能把安全问题泛化。同时，总体安全观中的"总体"是一种方法，强调的是对国家安全的科学统筹协调，谋求的是构建集各个领域安全于一体的国家安全体系，防止安全战略推进的碎片化与单兵突进，在中央的统一领导下，形成能整合各种安全资源的强大合力。

其次，总体国家安全观体现了人民至上的价值理念。在中共中央政治局第二十六次集体学习时，习近平总书记指出要坚持有中国特色的国家安全道路，提出要"坚持政治安全、人民安全、国家利益至上有机统一，以人民安全为宗旨，以政治安全为根本，以经济安全为基础，捍卫国家主权和领土完整，防范化解重大安全风险，为实现中华民族伟大复兴提供坚强安全保障"，同时直接提出"坚持以人民安全为宗旨，国家安全一切为了人民、一切依靠人民，充分发挥广大人民群众积极性、主动性、创造性，切实维护广大人民群众安全权益，

---

[1]　中央宣传部：《习近平新时代中国特色社会主义思想学习纲要》，学习出版社、人民出版社 2019 年版，第 178 页。

始终把人民作为国家安全的基础性力量，汇聚起维护国家安全的强大力量"。①
实际上，无论是政治安全、国家安全，还是经济、社会、文化等领域的安全，
归根结底都是要保障人民的安全，人民的安全是国家所有安全的价值指向。就
政治安全而言，其实政治并不神秘，它同经济与社会关系紧密相连，也就是同
人们的物质生产和利益增进密切相关。马克思、恩格斯在《德意志意识形态》
中指出："以一定的方式进行生产活动的一定的个人，发生一定的社会关系和政
治关系。经验的观察在任何情况下都应当根据经验来揭示社会结构和政治结构
同生产的联系，而不应当带有任何神秘和思辨的色彩。"② 习近平总书记直接将
"政治"等同于"民心"。"人民是党执政的最大底气，也是党执政最深厚的根基。
正是从这个意义上讲，民心是最大的政治。"③ 而要赢得民心就必须满足民众对
美好生活的需求。这就是"以人民安全为宗旨"的理论缘由。

最后，坚持党对国家安全工作的绝对领导。"在当代中国，党、国家和社会
的关系，是以权力组织网络确立的，这个权力组织网络的载体是党的组织体系。
这个权力组织网络把党、国家和社会连接在一起，其中任何一种力量都无法离
开这个权力组织网络而存在。这就决定了中国社会的党与国家、国家与社会关
系的发展规律，不同于体现在其他社会中的一般发展规律，而是有自己的特殊
性。"④ 这种权力组织网络散布于中国社会的每一个角落。"我们党建立了包括党
的中央组织、地方组织、基层组织在内的严密组织体系，其中地方党委 3200 多
个，党组、工委 14.5 万个，基层党组织 468.1 万个。这是世界上任何其他政党
都不具有的强大优势。"⑤ 不仅如此，党依托这些布设到中国社会每一个角落的

---

① 习近平：《坚持系统思维构建大安全格局　为建设社会主义现代化国家提供坚强保障》，《人民日
报》，2020 年 12 月 13 日。

② 《马克思恩格斯选集》第 1 卷，人民出版社 2012 年版，第 151 页。

③ 《习近平谈治国理政》第三卷，外文出版社 2020 年版，第 137 页。

④ 林尚立：《中国共产党与国家建设》，天津人民出版社 2017 年版，第 185 页。

⑤ 习近平：《贯彻落实新时代党的组织路线　不断把党建设得更加坚强有力》，《求是》2020 年第 15 期。

庞大组织网络，通过对党员、党组织"初心""使命"的唤起，通过服务型党组织建设，将党的影响力渗透到党所嵌入的任何一个组织。无论是从实现党的全面领导、扩大党的影响力而言，还是从保证国家安全工作推进的有效性而言，坚持党对国家安全工作的绝对领导都是现实的必然选择。基于此，"坚持党对国家安全工作的绝对领导，坚持党中央对国家安全工作的集中统一领导，加强统筹协调，把党的领导贯穿到国家安全工作各方面全过程"①。党对国家安全工作的绝对领导，既是我们国家总体国家安全观的重要特色，也是其落实、落地的基本保证。

三、总体国家安全的制度保障与能力体系建设

新时代的总体国家安全观，关键是要落实与推进。"国家安全工作要适应新时代新要求，一手抓当前、一手谋长远，切实做好维护政治安全、健全国家安全制度体系、完善国家安全战略和政策、强化国家安全能力建设、防控重大风险、加强法治保障、增强国家安全意识等方面的工作。"②在推进过程中，既有新的组织机构的设立，相关规划、制度的制定，还有工作侧重点的安排、斗争精神的强调，所有这些举措保证了总体国家安全观在整个国家治理中的落地生根。

（一）设立组织机构。上面论述过，我们的国家安全是总体性的国家安全，体现了系统性、全局性和战略性，因而除了原有的国家安全体系外，需要设立一个更高层级的国家安全机构，其职责主要是制定国家安全战略，推进国家安全法治建设，研究解决国家安全工作中的重大问题。"当前，我国面临对外维护国家主权、安全、发展利益，对内维护政治安全和社会稳定的双重压力，各种

---

① 习近平：《坚持系统思维构建大安全格局　为建设社会主义现代化国家提供坚强保障》，《人民日报》，2020 年 12 月 13 日。

② 《习近平谈治国理政》第三卷，外文出版社 2020 年版，第 218 页。

可以预见和难以预见的风险因素明显增多。而我们的安全工作体制机制还不能适应维护国家安全的需要，需要搭建一个强有力的平台统筹国家安全工作。设立国家安全委员会，加强对国家安全工作的集中统一领导，已是当务之急。"①国家安全委员会就这样应运而生。

（二）推进制度建设。弗朗西斯·福山（Francis Fukuyama）认为："成功的现代化还得依靠政治制度、经济增长、社会变化和思想的并行发展。绝对不能说，有了发展的某个方面，其他方面就一定会伴随而来。实际上，为了启动经济增长，强大的政治制度往往是必需的；恰恰是它的缺席，将失败或脆弱的国家锁进了冲突、暴力和贫困的恶性循环。"②国家安全领域的制度，就是属于强大的政治制度，其出台与有效运作一方面满足了民众对相关政治参与制度需求，避免了出现在不少发展中国家的"政治参与爆炸"问题；另一方面，通过"健全国家安全法治体系、战略体系、政策体系、人才体系和运行机制，完善重要领域国家安全立法、制度、政策"③，为国家安全体系的有效运转和能力建设提供制度与政策支撑。中共十九届五中全会通过的《中共中央关于制定国民经济和社会发展第十四个五年规划和二〇三五年远景目标的建议》专辟一部分来部署这个问题，体现了中央对国家安全领域的制度与政策供给问题高度重视，该建议中相关制度建设的内容本身就是一种"强大的政治制度"供给。

（三）发扬斗争精神。中华民族伟大复兴，绝不是轻轻松松、敲锣打鼓就能实现的，实现伟大梦想必须进行伟大斗争。之所以在新时代还强调增强"斗争"意识、提高"斗争"本领，一个非常重要的原因就是"各种敌对势力绝不会让

---

① 习近平：《关于〈中共中央关于全面深化改革若干重大问题的决定〉的说明》，《〈中共中央关于全面深化改革若干重大问题的决定〉辅导读本》，人民出版社 2013 年版，第 82 页。

② ［美］弗朗西斯·福山：《政治秩序与政治衰败：从工业革命到民主全球化》，毛俊杰译，广西师范大学出版社 2015 年版，第 44 页。

③ 《中共中央关于制定国民经济和社会发展第十四个五年规划和二〇三五年远景目标的建议》，人民出版社 2020 年版，第 36—37 页。

我们顺顺利利实现中华民族伟大复兴，这就是为什么我们要郑重提醒全党必须准备进行具有许多新的历史特点的伟大斗争的一个原因。这场斗争既包括硬实力的斗争，也包括软实力的较量"①。这就要求我们对国家安全问题要足够重视，时刻保持警醒；并且当风险、挑战真正来袭时，要有敢战能胜的气魄、精神与本领。"防范化解重大风险，需要有充沛顽强的斗争精神。领导干部要敢于担当、敢于斗争，保持斗争精神、增强斗争本领。年轻干部要到重大斗争中去真刀真枪干。"② 因此，新时代对斗争精神与斗争本领的强调也构成了国家安全能力建设的重要组成部分。

（四）作出重点安排。"当前我国国家安全内涵和外延比历史上任何时候都要丰富，时空领域比历史上任何时候都要宽广，内外因素比历史上任何时候都要复杂，必须坚持总体国家安全观，以人民安全为宗旨，以政治安全为根本，以经济安全为基础，以军事、文化、社会安全为保障，以促进国际安全为依托，走出一条中国特色国家安全道路。"③ 在这里，习近平总书记指出了在维护国家安全的过程中，既要全面掌控国家安全的发展现状与态势，又要维护重点领域的国家安全，将维护国家安全的资源更多地投向主阵地、主战场。"坚持把政治安全放在首要位置，维护政权安全和制度安全，更加积极主动做好各方面工作。"④ "共产党人的斗争是有方向、有立场、有原则的，大方向就是坚持中国共产党领导和我国社会主义制度不动摇。"⑤ 同时，经济安全是国家安全的基础，要保障关系国民经济命脉的重要行业和关键领域安全；维护金融安全，守住不

---

① 中共中央文献研究室编：《习近平关于社会主义文化建设论述摘编》，中央文献出版社 2017 年版，第 208 页。

② 《习近平谈治国理政》第三卷，外文出版社 2020 年版，第 223 页。

③ 习近平：《在中央国家安全委员会第一次会议上的讲话》，《人民日报》，2014 年 4 月 16 日。

④ 习近平：《坚持系统思维构建大安全格局　为建设社会主义现代化国家提供坚强保障》，《人民日报》，2020 年 12 月 13 日。

⑤ 《习近平谈治国理政》第三卷，外文出版社 2020 年版，第 226 页。

发生系统性风险底线；确保国家的粮食安全，把中国人的饭碗牢牢端在自己手中。国土安全是立国之基，注重筑牢国土安全的铜墙铁壁。注重维护社会安全，积极预防、减少和化解社会矛盾，妥善处理公共卫生、重大灾害等影响国家安全的突发事件。维护网络安全，没有网络的安全就没有国家安全，就不可能有经济社会的稳态运行；切实保障国家数据安全和网络空间国家主权安全；等等。

参考文献

著作

1.《马克思恩格斯选集》第 1 卷，人民出版社 2012 年版。

2.《马克思恩格斯选集》第 2 卷，人民出版社 2012 年版。

3.《马克思恩格斯选集》第 3 卷，人民出版社 2012 年版。

4.《马克思恩格斯选集》第 4 卷，人民出版社 2012 年版。

5.《马克思恩格斯全集》第 29 卷，人民出版社 1972 年版。

6.《列宁全集》第 24 卷，人民出版社 1957 年版。

7.《列宁全集》第 43 卷，人民出版社 1987 年版。

8.《列宁选集》第 4 卷，人民出版社 1995 年版。

9.《列宁专题文集·论马克思主义》，人民出版社 2009 年版。

10.《毛泽东文集》第 1 卷，人民出版社 1993 年版。

11.《毛泽东文集》第 2 卷，人民出版社 1993 年版。

12.《毛泽东文集》第 3 卷，人民出版社 1993 年版。

13.《毛泽东文集》第 4 卷，人民出版社 1996 年版。

14.《毛泽东文集》第 5 卷，人民出版社 1996 年版。

15.《毛泽东文集》第 6 卷，人民出版社 1999 年版。

16.《毛泽东文集》第 7 卷，人民出版社 1999 年版。

17.《毛泽东文集》第 8 卷，人民出版社 1999 年版。

18.《毛泽东选集》第 1 卷，人民出版社 1991 年版。

19.《毛泽东选集》第 2 卷，人民出版社 1991 年版。

20.《毛泽东选集》第 3 卷，人民出版社 1991 年版。

21.《毛泽东选集》第 4 卷，人民出版社 1991 年版。

22.《毛泽东著作专题摘编》（上下），中央文献出版社 2003 年版。

23.《毛泽东早期文稿》，湖南出版社 1990 年版。

24.《周恩来选集》下卷，人民出版社 1984 年版。

25.《邓小平文选》第 1 卷，人民出版社 1994 年版。

26.《邓小平文选》第 2 卷，人民出版社 1994 年版。

27.《邓小平文选》第 3 卷，人民出版社 1994 年版。

28.《邓小平年谱（1975—1997）》（上下），中央文献出版社 2004 年版。

29.《邓小平思想年谱（1975—1997）》，中央文献出版社 1998 年版。

30.《江泽民文选》第 1 卷，人民出版社 2006 年版。

31.《江泽民文选》第 2 卷，人民出版社 2006 年版。

32.《江泽民文选》第 3 卷，人民出版社 2006 年版。

33.《胡锦涛文选》第 1 卷，人民出版社 2016 年版。

34.《胡锦涛文选》第 2 卷，人民出版社 2016 年版。

35.《胡锦涛文选》第 3 卷，人民出版社 2016 年版。

36.《习近平谈治国理政》，外文出版社 2014 年版。

37.《习近平谈治国理政》第二卷，外文出版社 2017 年版。

38.《习近平谈治国理政》第三卷，外文出版社 2020 年版。

39.《十一届三中全会以来重要文献选编》（上），人民出版社 1982 年版。

40. 中共中央文献研究室编：《三中全会以来重要文献选编》（上），中央文献出版社 2011 年版。

41.《建党以来重要文献选编（1921—1949）》第一册，中央文献出版社2011年版。

42.《建党以来重要文献选编》（1921—1949）第二册，中央文献出版社2011年版。

43. 中共中央文献研究室：《十二大以来重要文献选编》，人民出版社1988年版。

44.《中共中央关于全面深化改革若干重大问题的决定》，人民出版社2013年版。

45.《中共中央关于制定国民经济和社会发展第十四个五年规划和二〇三五年远景目标的建议》，人民出版社2020年版。

46. 中共中央宣传部：《习近平新时代中国特色社会主义思想学习纲要》，学习出版社、人民出版社2019年版。

47. 中央文献研究室编：《习近平关于全面建成小康社会论述摘编》，中央文献出版社2016年版。

48. 中央文献研究室编：《习近平关于青少年和共青团工作论述摘编》，中央文献出版社2017年版。

49. 中共中央文献研究室编：《习近平关于社会主义文化建设论述摘编》，中央文献出版社2017年版。

50. 中共中央文献研究室编：《习近平关于社会主义社会建设论述摘编》，中央文献出版社2017年版。

51. 中共中央文献研究室编：《习近平关于全面深化改革论述摘编》，中央文献出版社2014年版。

52. 中央文献研究室：《习近平关于社会主义政治建设论述摘编》，中央文献出版社2017年版。

53.《〈中共中央关于全面深化改革若干重大问题的决定〉辅导读本》，人民出版社 2013 年版。

54. 《〈中共中央关于坚持和完善中国特色社会主义制度、推进国家治理体系和治理能力现代化若干重大问题的决定〉辅导读本》，人民出版社 2019 年版。

55. 人民日报社评论部编著：《"四个全面"学习读本》，人民出版社 2015 年版。

56. 《中华人民共和国第八届全国人民代表大会第四次会议文件汇编》，人民出版社 1996 年版。

57. 《陈独秀文集》第 1 卷，人民出版社 2013 年版。

58. 《梁启超全集》第 11 卷，北京出版社 1999 年版。

59. 金冲及主编：《毛泽东传》（一），中央文献出版社 2011 年版。

60. 金冲及主编：《二十世纪中国史纲》（第一卷），社会科学文献出版社 2009 年版。

61. 斯诺等：《早年毛泽东：传记、史料与回忆》，三联书店 2011 年版。

62. 王沪宁主编：《政治的逻辑——马克思主义政治学原理》，上海人民出版社 2004 年版。

63. 费孝通：《美好社会与美美与共》，生活·读书·新知三联书店 2019 年版。

64. 林尚立：《建构民主——中国的理论、战略与议程》，复旦大学出版社 2012 年版。

65. 林尚立：《中国共产党与国家建设》，天津人民出版社 2017 年版。

66. 林尚立：《当代中国政治：基础与发展》，中国大百科全书出版社 2017 年版。

67. 王家范：《中国历史通论》增订本，生活·读书·新知三联书店 2019 年版。

68. 李强：《当代中国社会分层》，生活·读书·新知三联书店 2019 年版。

69. 李琪等：《和平发展与中国共产党》，中央党校出版社 2007 年版。

70. 刘建军、周建勇、严海兵：《创新与修复：政治发展的中国逻辑》（1921—2011），中国大百科全书出版社 2011 年版。

71. 刘建军、邓理：《国家治理现代化：新时代的治国方略》，上海人民出版社 2020 年版。

72. 曾峻：《坚持和加强党的全面领导研究》，上海人民出版社 2019 年版。

73. 罗峰：《嵌入、整合与整合权威的重塑——对中国执政党、国家与社会关系的考察》，上海人民出版社 2009 年版。

74. 蒋传光：《马克思主义法学理论在当代中国的新发展》，译林出版社 2017 年版。

75. 唐士其：《西方政治思想史》，北京大学出版社 2002 年版。

76. 张文宏主编：《组织社会学的新制度主义学派》，上海人民出版社 2007 年版。

77. 田毅鹏等：《"单位共同体"的变迁与城市社区重建》，中央编译出版社 2014 年版。

78. 全国干部培训教材编审指导委员会组织编写：《社会主义和谐社会建设》，人民出版社、党建读物出版社 2015 年版。

报纸期刊

1. 毛泽东：《关于正确处理人民内部矛盾的问题》，《人民日报》，1957 年 6 月 19 日。

2. 习近平：《紧紧围绕坚持和发展中国特色社会主义　学习宣传贯彻党的十八大精神》，《人民日报》，2012 年 11 月 19 日。

3. 习近平：《在中央国家安全委员会第一次会议上的讲话》，《人民日报》，2014 年 4 月 16 日。

4. 习近平：《切实把思想统一到党的十八届三中全会精神上来》，《求是》

2014 年第 1 期。

5. 习近平：《在十八届中央政治局第二十次集体学习时的讲话》，《人民日报》，2015 年 1 月 25 日。

6. 习近平：《在省部级主要领导干部学习贯彻党的十八届五中全会精神专题研讨班上的讲话》，人民出版社 2016 年版。

7. 习近平：《决胜全面建成小康社会　夺取新时代中国特色社会主义伟大胜利——在中国共产党第十九次全国代表大会上的报告》，人民出版社 2017 年版。

8. 习近平：《在党的十九届一中全会上的讲话》，《求是》2018 年第 1 期。

9. 习近平：《深化改革开放史坚持和发展中国特色社会主义的必由之路》，该文收入习近平：《论坚持全面深化改革》，中央文献出版社 2018 年版。

10. 习近平：《在纪念马克思诞辰 200 周年大会上的讲话》，《人民日报》，2018 年 5 月 4 日。

11. 习近平：《关于〈中共中央关于制定国民经济和社会发展第十四个五年规划和二〇三五年远景目标的建议〉的说明》，人民出版社 2020 年版。

12. 习近平：《在企业家座谈会上的讲话》，《人民日报》，2020 年 7 月 22 日。

13. 习近平：《在联合国成立 75 周年纪念峰会上的讲话》，《人民日报》，2020 年 9 月 22 日。

14. 习近平：《贯彻落实新时代党的组织路线　不断把党建设得更加坚强有力》，《求是》2020 年第 15 期。

15. 习近平：《坚持系统思维构建大安全格局　为建设社会主义现代化国家提供坚强保障》，《人民日报》，2020 年 12 月 13 日。

16. 王沪宁：《市场发育和权威基础：保护和开发政治资源》，《复旦学报》1995 年第 2 期。

17. 夏志强：《国家治理现代化的逻辑转换》，《中国社会科学》2020 年第 5 期。

18. 郭定平：《政党中心的国家治理：中国的经验》，《政治学研究》2019 年第 3 期。

19. 郭定平：《论中国共产党治国理政的比较优势与国际贡献》，《湖北社会科学》2018 年第 6 期。

20. 赵宇峰、林尚立：《国家制度与国家治理：中国的逻辑》，《中国行政管理》2015 年第 5 期。

21. 李瑜青：《中国共产党治国理政思想历史地位分析》，《北京行政学院学报》2011 年第 5 期。

22. 罗峰：《转型期中国的政党治理：生成、资源与框架》，《毛泽东邓小平理论研究》2014 年第 5 期。

23. 罗峰：《组织的内整合与党内治理——组织理论的分析向度》，《中国治理评论》2019 年第 1 期。

24. 罗峰：《新型政党制度的优势及其发挥——人民政协视角的分析》，《马克思主义与现实》2020 年第 1 期。

25. 汪仲启：《互动与聚合：当代中国基层民主发展的动力与边界》，《学术月刊》2019 年第 3 期。

26. 刘玉安、玄理：《从"让一部人分先富起来"到"共享发展"——中国共产党共享理念发展变化研究》，《当代世界社会主义问题》2016 年第 3 期。

27. 谭晓旭、李群山：《中国共产党发展理念的三重逻辑与实践路径》，《淮北师范大学学报（哲学社会科学版）》2016 年第 5 期。

28. 刘靖北：《为人类对更好社会制度的探索提供中国方案——论中国特色社会主义的基本特征及其世界意义》，《中国浦东干部学院学报》2017 年第 4 期。

29. 鞠华：《中国共产党治国理政能力建设历程回顾及经验启示》，《北京教育（高教）》2016 年第 Z1 期。

30. 季春芳、李正华：《新中国成立初期毛泽东探索国家治理现代化的路径探析》，《党的文献》2019 年第 3 期。

31. 王向清：《毛泽东的人民观在治国理政方面的实践》，《湖南社会科学》2019 年第 3 期。

32. 刘伟、陈锡喜：《邓小平治国理政的历史经验及其启示——基于社会主义意识形态建设的视角》，《邓小平研究》2015 年第 2 期。

33. 黄宝玲：《论江泽民治国理政的鲜明特征》，《社会科学家》2004 年第 4 期。

34. 张忠良、李莉：《论江泽民的法德并治思想》，《湖湘论坛》2008 年第 2 期。

35. 韩庆祥、张健：《破解难题-建构秩序-唱响中国——简析新一届中央领导集体治国理政的脉络与方略》，《毛泽东邓小平理论研究》2015 年第 2 期。

36. 冯国权、刘军民：《正圆中国梦：十八大以来党中央治国理政新理念新思想新战略深度解析》，《全国新书目》2016 年第 8 期。

37. 陈蓉蓉：《习近平治国理政战略体系初探》，《太原理工大学学报（社会科学版）》2019 年第 1 期。

38. 姜华有：《习近平治国理政的历史思维研究》，《科学社会主义》2019 年第 5 期。

39. 周中之、高岫：《习近平治国理政的伦理思想》，《马克思主义研究》2018 年第 5 期。

40. 李瑜青：《中国共产党治国理政思想历史地位分析》，《北京行政学院学报》2011 年第 5 期。

41. 王钰鑫：《习近平治国理政思想是马克思主义中国化的新发展》，《广西社会科学》2016 年第 6 期。

42. 刘玉春、赵绪莹：《改革开放 40 年中国共产党治国理政思想形成的历史条件》,《赤峰学院学报（汉文哲学社会科学版）》2019 年第 9 期。

43. 黄亦君：《新中国成立 70 年中国共产党治国理政的历程、经验与启示》,《学习论坛》2019 年第 8 期。

44. 蔡冬婷：《中国共产党治国理政思想与实践演进脉络探析——"三大规律"辩证法视阈下的逻辑考量》,《人民论坛·学术前沿》2018 年第 6 期。

45. 唐亚林：《从党建国体制到党治国体制再到党兴国体制：中国共产党治国理政新型体制的建构》,《行政论坛》2017 年第 5 期。

46. 谢思熠：《社会主义建设初期毛泽东国家治理思想探析》,《佳木斯大学社会科学学报》2017 年第 3 期。

47. 江宇：《国家治理的中国道路：毛泽东的探索》,《马克思主义研究》2016 年第 7 期。

48. 韩强：《论改革开放以来党的领导体制改革》,《党政研究》2018 年第 3 期。

49. 青海省党建研究会：《邓小平党的制度建设思想及其现实意义》,《青海日报》, 2014 年 10 月 13 日。

50. 胡伟：《邓小平制度建设思想与国家治理现代化》,《解放日报》, 2014 年 8 月 22 日。

51. 志平：《法治：邓小平思想的精髓》,《法制日报》, 2014 年 8 月 22 日。

52. 吴敬琏：《邓小平经济思想的战略意义》,《人民日报》, 1994 年 8 月 22 日。

53. 冷溶：《社会和谐是中国特色社会主义的本质属性》,《人民日报》, 2006 年 10 月 30 日。

54. 文选德、王安中：《"中""和"思想与和谐社会建设》,《光明日报》, 2013 年 11 月 9 日。

55. 国防大学邓小平理论研究中心：《论"三个代表"重要思想的实践基础》,《人民日报》, 2003 年 9 月 8 日。

56. 潘寅茹、王一茹：《西南财大课题组详解基尼系数 0.61 调查过程》，《第一财经日报》，2013 年 4 月 11 日。

57. 刘磊、卢周来：《邓小平关于经济改革和发展论述中蕴含的宏观调控思想》，《党的文献》2019 年第 5 期。

58. 李志萍、韦取名：《邓小平军事战略思想及战略决策》，《中国党政干部论坛》，2014 年 7 月。

59. 季明：《邓小平新时期军队建设思想的基本内容》，《北京党史》2007 年第 4 期。

60. 石广生：《邓小平对外开放思想的理论意义和实践意义》，《党的文献》2007 年第 2 期。

61. 高屹：《邓小平新时期的外交战略思想述论》，《党的文献》1996 年第 2 期。

62. 陈炳辉：《哈贝马斯的民主理论》，《厦门大学学报》2001 年第 2 期。

63. 高兴伟：《构建和谐社会思想浅析》，《辽宁省社会主义学院学报》2006 年第 1 期。

64. 邓东蕙、黄菡：《社会转型期中国民众的相对剥夺感调查》，《苏州大学学报（哲学社会科学版）》1999 年第 3 期。

65. 何显明：《70 年来中国现代国家治理体系的建构及演进逻辑》，《浙江学刊》2019 年第 5 期。

66. 徐国冲：《历史·比较·发展：三重视角下的中国现代化方案》，《科学社会主义》2020 年第 5 期。

译著与外文文献

1. ［美］萨托利：《政党与政党体制》，商务印书馆 2006 年版。

2. ［美］约瑟夫·熊彼特：《资本主义、社会主义与民主》，商务印书馆

1999 年版。

3. ［美］塞缪尔·P. 亨廷顿：《变化社会中的政治秩序》，上海人民出版社 2008 年版。

4. ［美］S.M. 李普塞特：《政治人——政治的社会基础》，上海人民出版社 1997 年版。

5. ［美］J. 米格代尔：《农民、政治与革命——第三世界政治与社会变革的压力》，中央编译出版社 1996 年版。

6. ［美］乔治·H. 萨拜因：《政治学说史》（上册），商务印书馆 1986 年版。

7. ［美］费正清：《伟大的中国革命》（1800—1985 年），世界知识出版社 2000 年版。

8. ［美］费正清：《中国：传统与变迁》，世界知识出版社 2002 年版。

9. ［美］费正清编：《剑桥中华民国史 1912—1949》（上卷），中国社会科学出版社 1994 年版。

10. ［美］道格拉斯·C. 诺思：《经济史中的结构与变迁》，陈郁、罗华平等译，上海三联书店、上海人民出版社 1994 年版。

11. ［德］乌·贝克、尤尔根·哈贝马斯：《全球化与政治》，中央编译出版社 2000 年版。

12. ［美］西内尔·E. 布莱克：《比较现代化》，杨豫、陈祖洲译，上海译文出版社 1996 年版。

13. ［美］弗朗西斯·福山：《政治秩序与政治衰败：从工业革命到民主全球化》，毛俊杰译，广西师范大学出版社 2015 年版。

14. M. Duverger, *Political Parties: Their Organization and Activity in the Modern State*, London: Methuen, 1964, p.xxiii.

15. J. LaPalombara and M.Weiner（eds.）, *Political Parties and Political Development*, Princeton: Princeton University Press, 1966, p.6.

重要活动和文献节点

1919 年 7 月起 李大钊先后发表《法俄革命之比较观》《庶民的胜利》《Bolshevism 的胜利》等文章，热情讴歌十月革命。五四运动后，李大钊发表《我的马克思主义观》系统介绍马克思主义，在当时思想界产生重大影响，标志着马克思主义在中国进入比较系统的传播阶段。

1920 年 3 月 李大钊在北京大学组织成立马克思学说研究会。这既是中国最早学习和研究马克思主义的团体，也为建立中国共产党作了重要准备。

1921 年 7 月 23—31 日 中国共产党第一次全国代表大会在上海举行（当时的法租界望志路 106 号，今兴业路 76 号），会议在最后一天转移到浙江嘉兴南湖的游船上召开。大会确定党的名称为"中国共产党"，通过了中国共产党的第一个纲领，选举产生了党的第一个中央机关。中共一大召开标志着中国共产党正式成立，是中国历史上开天辟地的大事。

1922 年 7 月 中国共产党第二次全国代表大会在上海举行。大会明确提出反帝反封建的民主革命纲领，区分了最高纲领和最低纲领。大会通过了第一部《中国共产党章程》。

1923 年 2 月 4 日 京汉铁路沿线三万多工人京汉铁路工人在中国共产党的领导下举行总同盟罢工。7 日，吴佩孚派军队对罢工工人进行血腥镇压，全国工人运动暂时转入低潮。京汉铁路大罢工是中国共产党领导的第一次工人运动高潮的顶点，罢工最终以失败告终，但它进一步显示了中国工人阶级的力量，扩大了党在全国人民心中的影响。

1923 年 6 月　中国共产党第三次全国代表大会在广州举行。中共三大正确估计了孙中山的革命立场和国民党进行改组的可能性，决定共产党员以个人身份加入国民党，以实现国共合作。中共三大第一次修订党的章程，首次规定新党员有候补期，首次规定党员可以"自请出党"，即自愿退党。

1925 年 1 月　中国共产党第四次全国代表大会在上海举行，提出了无产阶级在民主革命中的领导权问题和工农联盟问题，对民主革命的内容作了比较完整的规定。中共四大对党章作了修订，对支部建设提出了具体要求，规定有三名党员即可成立党支部。

1925 年 5 月 30 日　英帝国主义巡捕在上海开枪屠杀游行的学生和群众，造成震惊全国的五卅惨案。这一事件引起全国人民的公愤，在中国共产党领导下，各地举行游行示威、罢工、罢课和罢市，形成大规模的反帝爱国运动。为了适应大革命高潮到来的新形势，党中央及时提出要在极短时间内将党"从小团体过渡到集中的群众政党"，强调对党员进行教育和训练的重要性，在北京建立了一所高级党校培养干部。

1925 年 12 月　毛泽东撰写了《中国社会各阶级的分析》。该文以马克思主义的阶级分析方法，分析了中国社会各阶级，辨明了中国革命的敌人和朋友，从而集中了当时党内的正确主张，初步提出关于中国新民主主义革命的基本思想，为党领导中国新民主主义革命的实践提供了理论指导。它标志着毛泽东思想的萌芽。

1926 年 7 月　国民革命军誓师北伐。北伐战争是在中国共产党提出的反对帝国主义、军阀主义口号下进行的，其在短期内取得巨大成功，是国共两党合作结出的硕果。

1927 年 3 月 5 日　毛泽东经过 32 天的考察，发表了《湖南农民运动考察报告》，该文批驳了党内外责难农民运动的种种谬论，阐明了农民斗争同革命成败的密切联系，是无产阶级及其政党领导农民革命斗争的纲领性文献，推动了农村大革命运动的继续发展。

1927 年 3 月 21 日　上海工人成功发动第三次武装起义，成立上海特别市临时市政府，这是党领导下的最早由民众在大城市建立起来的革命政权。

1927 年 4 月 12 日　以蒋介石为首的国民党新右派在上海发动反对国民党左派和共产党的武装政变，大肆屠杀共产党员、国民党左派及革命群众。四一二反革命政变，宣告国共两党第一次合作失败，是大革命从高潮走向失败的转折点。

1927 年 7 月 15 日　武汉国民党中央执行委员会正式决定"分共"，大批屠杀共产党员和革命群众。汪精卫集团的反革命政变，表明第一次国共合作最后破裂，孙中山的三大政策被国民党完全抛弃。

1930 年 5 月　毛泽东撰写了《反对本本主义》，这篇文章是为了反对当时红军中的教条主义思想而写的。

1934 年 1 月　毛泽东在于江西瑞金召开的第二次全国工农兵代表大会上作报告，阐述了《我们的经济政策》。

1937 年 5 月 2—14 日　毛泽东在延安召开的中国共产党全国代表大会上作了《为争取千百万群众进入抗日民族统一战线而斗争》的结论，这次会议统一了思想，增强了团结，为即将到来的抗日战争作了政治上、组织上的准备。

1937 年 7—8 月　毛泽东在延安抗日军事政治大学讲授马克思主义哲学，撰写了《实践论》和《矛盾论》。这两篇哲学著作运用马克思列宁主义唯物辩证法，总结了党的历史经验和教训，揭露和批判了"左"右倾错误，特别是指出了存在于中国共产党内的严重的教条主义思想，为中国共产党规定了正确的思想路线、领导方法与工作方法，丰富和发展了马克思列宁主义哲学。

1938 年 5 月　抗日战争初期，中国共产党内和党外都有许多人轻视游击战争的重大战略作用，而只把自己的希望寄托于正规战争，特别是国民党军队的作战。毛泽东批驳了这种观点，同时写了《抗日游击战争的战略问题》这篇文章，指出抗日游击战争发展的正确道路。

1938 年 5—6 月 《论持久战》是毛泽东在延安抗日战争研究会上的演讲稿，于 1938 年 7 月首次出版。毛泽东在总结抗日战争初期经验的基础上，针对中国国民党内部分人的"中国必亡论"和"中国速胜论"，进行了有力的驳斥。该著作从思想上武装了全党全军和人民群众，坚定了中国人民争取抗战胜利的信心，是指导全国抗战的理论纲领。

1939 年 12 月 毛泽东和其他几个在延安的同志合作撰写《中国革命和中国共产党》，本书在中国共产党和中国人民中起了很大的教育作用。第一章《中国社会》是由其他几个同志起草，毛泽东修改的。第二章《中国革命》是毛泽东自己写的。毛泽东在 1940 年 1 月撰写了《新民主主义论》，进一步发展了其在第二章中关于新民主主义的观点。

1940 年 1 月 毛泽东在陕甘宁边区文化协会第一次代表大会上作讲演，原题为《新民主主义的政治与新民主主义的文化》，载于 1940 年 2 月 15 日延安出版的《中国文化》创刊号。同年 2 月 20 日在延安出版的《解放》第九十八、九十九期合刊登载时，其题目改为《新民主主义论》。《新民主主义论》是马列主义普遍真理同中国革命具体实践相结合的伟大成果，第一次旗帜鲜明地提出了新民主主义的完整理论，标志着毛泽东思想的成熟。

1941—1945 年 延安整风运动是中国共产党历史上第一次大规模的整风运动。1941 年 5 月，毛泽东同志在延安高级干部会议上作《改造我们的学习》的报告，标志着整风开始，至 1945 年 4 月 20 日中共六届七中全会通过《关于若干历史问题的决议》为止。延安整风运动使全党确立了一条实事求是的辩证唯物主义的思想路线，使干部在思想上得到了提高，使党达到了空前的团结。

1941 年 11 月 6 日 毛泽东在陕甘宁边区参议会上发表演说，论述了《新民主主义的政策》。

1942 年 5 月 在延安整风期间，毛泽东亲自主持召开了有文艺工作者、中央各部门负责人共 100 多人参加的延安文艺座谈会，并发表重要讲话。这次会议，对后来党的文艺政策的制定和文艺工作的健康发展产生了非常深远的影响。

1942 年 12 月 毛泽东在陕甘宁边区高级干部会议上作《经济问题与财政问题》的报告，毛泽东着重批判了那种离开发展经济而单纯在财政收支问题上打主意的错误思想，和那种不注意动员人民帮助人民发展生产渡过困难而只注意向人民要东西的错误作风，提出了党的"发展经济，保障供给"的正确方针。在这个方针之下发展起来的陕甘宁边区和敌后各抗日根据地的生产运动，取得了巨大的成绩，不但使根据地军民胜利地渡过了抗日战争的最困难时期，而且给中国共产党在后来对于经济建设工作的领导积累了丰富的经验。

1943 年 10 月 1 日 毛泽东为中共中央起草《开展根据地的减租、生产和拥政爱民运动》的党内指示，要求各抗日根据地在 1944 年农历正月普遍地开展拥政爱民、拥军优抗（抗日军人家属）的大规模群众运动，并规定以后于每年农历正月都要举行一次。

1944 年 3 月 22 日 毛泽东在中共中央宣传委员会召开的宣传工作会议上作《关于陕甘宁边区的文化教育问题》的讲话。

1945 年 1 月 10 日 毛泽东在陕甘宁边区劳动英雄和模范工作者大会上作报告《必须学会做经济工作》。

1945 年 4 月 21 日 毛泽东在中国共产党第七次全国代表大会预备会议上作报告《中国共产党第七次全国代表大会的工作方针》，指出中共七大的工作方针是团结一致，争取胜利。

1945 年 4 月 23 日—6 月 11 日 中国共产党第七次全国代表大会在延安召开。大会通过了新的党章，确定以马克思列宁主义与中国革命实践相统一的毛泽东思想作为全党一切工作的指针。中共七大总结了中国新民主主义革命20多年曲折发展的历史经验，制定了正确的路线、纲领和策略，克服了党内的错误思想，从而使全党在马克思列宁主义、毛泽东思想的基础上达到了空前的团结。4月24日，毛泽东向大会提交了《论联合政府》的书面政治报告，同时又在大会上作了口头政治报告。

1945 年 11 月 7 日 毛泽东为中共中央起草对党内的指示《减租和生产是保卫解放区的两件大事》。

1948 年 1 月 18 日 毛泽东为中共中央起草决定草案《关于目前党的政策中的几个重要问题》，标志着中共中央开始集中精力研究新形势下包括知识分子政策在内的党的各项政策问题。

1948 年 2 月 27 日 毛泽东为中共中央起草对党内《关于工商业政策》的指示，指出政策是革命政党一切实际行动的出发点，并且表现于行动的过程和归宿。

1948 年 3 月 20 日 毛泽东为中共中央撰写对党内《关于情况的通报》，提出"政策和策略是党的生命"这一著名的论断。同日，毛泽东在转发西北野战军前委指示时还指出，须知政策与策略是我党我军的生命。在这以后，中共中央就离开陕甘宁边区，经晋绥解放区进入晋察冀解放区，在 1948 年 5 月到达河北省西部平山县的西柏坡村。

1948 年 4 月 1 日 毛泽东在山西兴县蔡家崖村晋绥干部会议上讲话，总结土地改革工作和整党工作的经验，阐述了中国共产党在当前历史阶段的总路线和总政策以及党在土地改革工作中的总路线和总政策。

1948 年 4 月 2 日 毛泽东途经晋绥边区时，对《晋绥日报》和新华社晋绥分社编辑人员发表了重要谈话，谈话的内容主要围绕无产阶级党报如何加强党和群众的联系展开，是一篇标志着我党对无产阶级党报性质、作用、任务、文风等马克思主义新闻观认识成熟、具有里程碑意义的经典文献。

1948 年 9 月　毛泽东在中央政治局会议作报告，第一次明确提出新中国的国体是无产阶级领导的以工农联盟为基础的人民民主专政。

1949 年 3 月 5—13 日　中国共产党七届二中全会，又称西柏坡会议，在河北省平山县西柏坡举行，由毛泽东、刘少奇、周恩来、朱德、任弼时组成的主席团主持了此次会议。这次会议是在中国人民革命全国胜利的前夜召开的，是一次极其重要的会议。毛泽东在这次会议上所作的报告，提出了促进革命迅速取得全国胜利和组织这个胜利的各项方针；说明了在全国胜利的局面下，党的工作重心必须由乡村移到城市，城市工作必须以生产建设为中心；规定了党在全国胜利以后，在政治、经济、外交方面应当采取的基本政策，特别着重地分析了当时中国经济各种成分的状况和党所必须采取的正确政策，指出了中国由农业国转变为工业国、由新民主主义社会转变为社会主义社会的发展方向。毛泽东估计了中国人民民主革命胜利以后的国内外阶级斗争的新形势，及时地警告资产阶级的"糖衣炮弹"将成为对于无产阶级的主要危险，强调要加强党的思想建设。七届二中全会为党夺取全国胜利和建设新中国，作了政治上和思想上的准备。

1949 年 6 月 30 日　毛泽东《论人民民主专政》一文正式发表，文中总结了中国共产党领导的无产阶级革命的政治公式、主要经验和主要纲领，是关于构建新中国"四梁八柱"基本政治框架问题的奠基之作。毛泽东在《论人民民主专政》一文中论证了在中国建立人民民主专政的历史必然性，阐明了人民民主专政的基本任务、民主和专政的关系以及各阶级在人民民主专政政权中的地位等问题，系统地形成了人民民主专政的理论，揭示了国家和社会之间关系的秘密。

1949 年 8 月 28 日　毛泽东发表《为什么要讨论白皮书?》一文，文章指出，现在全世界都在讨论中国革命和美国的白皮书，这件事不是偶然的，它表示了中国革命在世界历史上的伟大意义。白皮书是美帝国主义侵华罪行的自供状，是揭露美帝国主义侵略本质、争取中国派和进一步教育人民的很好的反面教材。

1949 年 9 月　第一届中国人民政治协商会议在北平隆重举行，这是一次由中国共产党发起并领导的，有各民主党派、无党派民主人士和人民团体代表参加的，协商成立中华人民共和国有关事宜的会议。会议选举中华人民共和国中央人民政府委员会，选举毛泽东为中央人民政府主席。会议通过了《中国人民政治协商会议共同纲领》，为新中国的政权机关、军事制度、经济政策、文教政策、民族政策和外交政策制定了总原则。会议代行全国人民代表大会的职权，宣告中华人民共和国的成立，发挥了重要的历史作用。

1949 年 10 月 1 日　中华人民共和国中央人民政府成立，典礼在北京天安门举行，被称为开国大典，是中华人民共和国成立的标志。中华人民共和国的成立，开辟了中国历史新纪元。从此，中国结束了一百多年来被侵略、被奴役的屈辱历史，真正成为独立自主的国家。

1953 年 12 月　毛泽东从 1952 年下半年开始提出关于党在过渡时期的总路线，1953 年 6 月 15 日在中共中央政治局会议上作了比较完整的表述，8 月正式写到周恩来在 1953 年全国财经工作会议上的结论中。

1954 年 9 月 15 日　第一届全国人民代表大会第一次会议在北京举行。大会的一个重大贡献是一致通过了《中华人民共和国宪法》。这是一部社会主义类型的宪法，体现了人民民主原则和社会主义原则，以根本法的形式确认了近代 100 多年来中国人民为反对内外敌人、争取民族独立和人民自由幸福进行的英勇斗争，确认了中国共产党领导中国人民夺取新民主主义革命胜利、中国人民掌握国家权力的历史变革，确定了中国人民行使当家作主权利的政治制度，指明了为建立社会主义社会继续奋斗的正确道路。会上，毛泽东作了《为建设一个伟大的社会主义国家而奋斗》的开幕词。

1955 年 7 月 31 日　中共中央召集省委、市委、自治区党委书记会议，毛泽东作《关于农业合作化问题》的报告。

1955 年 10 月 11 日　毛泽东在扩大的中共七届六中全会上作结论时提出《农业合作化的全面规划和加强领导问题》。

1955 年 10 月 27 日　毛泽东同工商界代表的谈话，提出"工商业者要掌握自己的命运"。

1956 年 1 月 25 日　毛泽东在最高国务会议第六次会议上讲话，强调"社会主义革命的目的是解放生产力"。

1956 年 4 月 25 日　毛泽东在中共中央政治局扩大会议上发表重要讲话，后以《论十大关系》为题刊登在《人民日报》上。这次会议于 1956 年 4 月25—28 日在北京召开，各省、市、自治区党委书记也参加了会议。这篇讲话，以苏联的经验为鉴戒，总结了中国的经验，提出了调动一切积极因素为社会主义事业服务的基本方针，对适合中国情况的社会主义建设道路进行了初步的探索。

1956 年 9 月　中国共产党第八次全国代表大会召开，毛泽东致开幕词。党的八大正确分析国内形势和国内主要矛盾的变化，明确提出党和全国人民在新形势下的主要任务。大会宣布：国内的主要矛盾，已经是人民对于建立先进的工业国的要求同落后的农业国的现实之间的矛盾，已经是人民对于经济文化迅速发展的需要同当前经济文化不能满足人民需要的状况之间的矛盾。党的八大坚持党中央提出的既反保守又反冒进，即在综合平衡中稳步前进的经济建设方针。大会肯定"三个主体，三个补充"思想，即以国家经营和集体经营、计划生产、国家市场三者为主体，而以个体经营、自由生产、自由市场三者作为补充。

1957 年 2 月 27 日　毛泽东在最高国务会议第十一次（扩大）会议上讲话，后根据原始记录加以整理，并作了若干重要的补充和修改，以《关于正确处理人民内部矛盾的问题》为题在《人民日报》发表。这篇讲话在我国生产资料私有制的社会主义改造已经基本完成的情况下，明确指出革命时期的大规模的急风暴雨式的群众阶级斗争基本结束，并把正确处理人民内部矛盾作为我国政治生活的主题提了出来，具有重大的理论和实践意义，是中国共产党第八次全国代表大会的正确方针的继续和发展。

1957 年 11 月 6 日 毛泽东在苏联最高苏维埃庆祝十月革命四十周年会上发表讲话。

1958 年 1 月 中共中央起草了内部文件《工作方法六十条（草案）》。

1958 年 3 月 中共中央在四川成都召开有部分中央领导人、部分地方负责人、中央有关部委负责人参加的会议，毛泽东共作六次讲话。

1962 年 1 月 11 日—2 月 7 日 为进一步总结"大跃进"以来的经验教训，统一认识，增强团结，党中央在北京召开扩大的中央工作会议（七千人大会）。刘少奇代表中央提出的书面报告草稿，总结了"大跃进"以来经济建设工作的经验教训，分析了产生缺点错误的原因。1 月 30 日，毛泽东在大会上发表讲话，作了自我批评。七千人大会在当时历史条件下取得了重要成果。虽然会议未能从根本指导思想上清理"大跃进"和"反右倾"的错误，但对待缺点错误的比较实事求是的态度，以及发扬民主和进行自我批评的精神，给全党以鼓舞，增强了党的凝聚力，在动员全党团结奋斗战胜困难方面起了积极作用。

1978 年 12 月 18—22 日 党的十一届三中全会在北京召开。全会冲破长期"左"的错误的严重束缚，彻底否定"两个凡是"的错误方针，高度评价关于真理标准问题的讨论，重新确立了党的实事求是的思想路线。在党的十一届三中全会上，邓小平关于《解放思想，实事求是，团结一致向前看》的重要讲话提出了把全党工作的重心转到实现四个现代化上来的根本指导方针，特别是提出"要真正实行无产阶级的民主集中制"，"为了保障人民民主，必须加强法制。

1979 年 3 月 邓小平在党的理论工作务虚会上发表《坚持四项基本原则》

的讲话。他指出，必须在思想上政治上坚持社会主义道路、坚持无产阶级专政（后表述为人民民主专政）、坚持共产党的领导、坚持马列主义毛泽东思想这四项基本原则。这是"实现四个现代化的根本前提"。

1981 年 10 月　党中央、国务院在《关于广开门路，搞活经济，解决城镇就业问题的若干决定》中指出："在社会主义公有制经济占优势的根本前提下，实行多种经济形式和多种经营方式长期并存，是我党的一项战略决策，决不是一种权宜之计。"

1982 年 9 月 1—11 日　中国共产党第十二次全国代表大会在北京举行。邓小平在开幕词中响亮提出："把马克思主义的普遍真理同我国的具体实际结合起来，走自己的道路，建设有中国特色的社会主义。""建设有中国特色的社会主义"的重大崭新命题的提出，回答了进入改革开放新时期后走什么样的道路这一全党和全国人民最为关心的重大问题，它成为指引改革开放和社会主义现代化建设的伟大旗帜。中共十二大是进入改革开放新时期后党召开的第一次全国代表大会。自这次大会起，按照党章规定，党的全国代表大会每五年召开一次，实现了制度化。

1982 年 12 月 4 日　五届全国人大五次会议通过新修改的《中华人民共和国宪法》。这部宪法以 1954 年宪法为基础，纠正了 1978 年宪法中的缺点，内容更加完备。新宪法正确总结新中国成立以来的历史经验，明确今后国家的根本任务是集中力量进行社会主义现代化建设，用根本法的形式对我国的根本政治制度和基本政治制度、基本经济制度、公民的基本权利和义务、国家机构的设置和职责等重大问题作出明确规定。

1984 年 10 月　十二届三中全会通过《中共中央关于经济体制改革的决定》，明确改革的基本任务是"建立起具有中国特色的、充满生机和活力的社会主义经济体制，促进社会生产力的发展"。

1987 年 10 月 25 日—11 月 1 日　中国共产党第十三次全国代表大会在北

京举行。中共十三大报告提出，必须以公有制为主体，大力发展有计划的商品经济。商品经济的充分发展是社会经济发展不可逾越的阶段，是实现生产社会化、现代化的必不可少的基本条件。

1992 年 1 月 18 日—2 月 21 日 88 岁高龄的邓小平先后到武昌、深圳、珠海、上海等地视察。他一路走，一路看，发表了一系列重要谈话。对如何推进改革开放，邓小平在谈话中指出，革命是解放生产力，改革也是解放生产力。改革开放胆子要大一些，敢于试验。看准了的，就大胆地试，大胆地闯。改革开放迈不开步子，不敢闯，说来说去就是怕资本主义的东西多了，走了资本主义道路。要害是姓"资"还是姓"社"的问题。判断的标准，应该主要看是否有利于发展社会主义社会的生产力，是否有利于增强社会主义国家的综合国力，是否有利于提高人民的生活水平。

1992 年 10 月 12—18 日 中国共产党第十四次全国代表大会在北京举行。江泽民作题为《加快改革开放和现代化建设步伐，夺取有中国特色社会主义事业的更大胜利》的报告。大会作出了三项具有深远意义的决策。一是抓住机遇，加快发展，集中精力把经济建设搞上去。二是确定我国经济体制改革的目标是建立社会主义市场经济体制。三是提出用邓小平同志建设有中国特色社会主义的理论武装全党的任务。

1993 年 11 月 党的十四届三中全会审议通过《中共中央关于建立社会主义市场经济体制若干问题的决定》，把十四大提出的经济体制改革目标和基本原则进一步具体化，制定了建立社会主义市场经济体制的总体规划，其基本框架为：在坚持以公有制为主体、多种经济成分共同发展的基础上，建立现代企业制度、全国统一开放的市场体系、完善的宏观调控体系、合理的收入分配制度和多层次的社会保障制度。我国经济体制改革开始向着建立社会主义市场经济体制的目标整体性推进。

1997 年 9 月 12—18 日 中国共产党第十五次全国代表大会在北京举行。

江泽民作题为《高举邓小平理论伟大旗帜，把建设有中国特色社会主义事业全面推向二十一世纪》的报告。大会指出，旗帜问题至关紧要。旗帜就是方向，旗帜就是形象。大会首次使用"邓小平理论"这个概念，把这一理论作为指引党继续前进的旗帜。大会提出了党在社会主义初级阶段的基本纲领，阐明了建设有中国特色社会主义的经济、政治、文化的基本特征和基本要求。

2000 年 2 月 21—25 日　江泽民在广东考察工作时明确提出"三个代表"要求。他指出："我们党所以赢得人民的拥护，是因为我们党在革命、建设、改革的各个历史时期，总是代表着中国先进生产力的发展要求，代表着中国先进文化的前进方向，代表着中国最广大人民的根本利益，并通过制定正确的路线方针政策，为实现国家和人民的根本利益而不懈奋斗。"

2000 年 5 月 14 日　江泽民在上海主持召开江苏、浙江、上海党建工作座谈会时进一步指出，始终做到"三个代表"，是我们党的立党之本、执政之基、力量之源。

2001 年 7 月 1 日　江泽民在庆祝中国共产党成立 80 周年大会上发表的讲话中，系统阐述了"三个代表"重要思想。

2002 年 11 月 8—14 日　中国共产党第十六次全国代表大会在北京举行。江泽民作题为《全面建设小康社会，开创中国特色社会主义事业新局面》的报告。党的十六大的一个历史性贡献，是把"三个代表"重要思想同马克思列宁主义、毛泽东思想、邓小平理论一道，作为党必须长期坚持的指导思想写入党章。

2003 年 8 月底 9 月初　胡锦涛在江西考察时提出"科学发展观"概念，指出要牢固树立协调发展、全面发展、可持续发展的科学发展观。10 月，党的十六届三中全会第一次在党的正式文件中完整地提出了科学发展观，强调"坚持以人为本，树立全面、协调、可持续的发展观，促进经济社会和人的全面发展"。

2004 年 3 月 10 日　胡锦涛在中央人口资源环境工作座谈会上对科学发展观的科学内涵、基本要求和指导意义作了全面阐述。科学发展观，是党中央对20 多年改革开放实践的经验总结，是战胜非典疫情的重要启示，也是推进全面建设小康社会的迫切要求。科学发展观提出以后，在实践中不断得到丰富和完善，对中国特色社会主义事业发展发挥了重要的指导作用。

2004 年 9 月　党的十六届四中全会明确提出了构建社会主义和谐社会的重大战略任务，把提高构建社会主义和谐社会能力确定为加强党的执政能力建设的重要内容。

2006 年 10 月　党的十六届六中全会通过《中共中央关于构建社会主义和谐社会若干重大问题的决定》，提出按照民主法治、公平正义、诚信友爱、充满活力、安定有序、人与自然和谐相处的总要求，构建社会主义和谐社会。构建社会主义和谐社会重大战略目标的提出，使中国特色社会主义事业总体布局增加了"社会建设"这一重要方面，从而由经济建设、政治建设、文化建设"三位一体"扩展为经济建设、政治建设、文化建设、社会建设"四位一体"。

2007 年 10 月 15—21 日　中国共产党第十七次全国代表大会在北京举行。胡锦涛作题为《高举中国特色社会主义伟大旗帜，为夺取全面建设小康社会新胜利而奋斗》的报告。大会对科学发展观的时代背景、科学内涵、精神实质和根本要求进行了全面系统的阐述。创造性地提出并深刻阐述马克思主义中国化的第二次飞跃的理论成果——中国特色社会主义理论体系，是中共十七大的重大理论贡献。

2012 年 11 月 8—14 日　中国共产党第十八次全国代表大会在北京召开。胡锦涛作了题为《坚定不移沿着中国特色社会主义道路前进，为全面建成小康社会而奋斗》的报告。中共十八大把科学发展观正式确立为党的指导思想，完善了中国特色社会主义事业总体布局的内容，把生态文明建设纳入中国特色社会主义事业总体布局，充实了经济建设、政治建设、文化建设、社会建设的内容，形成了"五位一体"的总体布局。

2012年11月29日 习近平在参观《复兴之路》展览时首次提出并阐述实现中华民族伟大复兴的中国梦。"实现中华民族伟大复兴，就是中华民族近代以来最伟大的梦想。"

2013年3月 习近平在莫斯科国际关系学院发表演讲，倡导构建人类命运共同体。中共十九大报告把坚持推动构建人类命运共同体作为新时代坚持和发展中国特色社会主义的基本方略之一，并写入新修改的《中国共产党章程》。

2013年11月 党的十八届三中全会对全面深化改革进行了系统部署，作出关于全面深化改革若干重大问题的决定，明确了当前和今后一个时期改革的方向、目标和任务。党的十八届三中全会把市场在资源配置中的"基础性作用"修改为"决定性作用"。

2014年10月 党的十八届四中全会专题研究法治建设问题，通过关于全面推进依法治国若干重大问题的决定，对法治中国建设进行了战略部署，明确了全面推进依法治国的重大任务。

2014年12月 党的十八届四中全会闭幕后不久，习近平在江苏调研时首次提出协调推进全面建成小康社会、全面深化改革、全面依法治国、全面从严治党。

2015年2月 习近平在省部级主要领导干部学习贯彻十八届四中全会精神全面推进依法治国专题研讨班开班式上的讲话，明确将"四个全面"定位为"战略布局"。

2015年2月 中共中央印发《关于加强社会主义协商民主建设的意见》，提出社会主义协商民主包括政党协商、人大协商、政府协商、政协协商、人民团体协商、基层协商、社会组织协商七种形式。

2015年10月 党的十八届五中全会召开，在深刻认识和把握经济发展新常态的基础上，明确提出创新、协调、绿色、开放、共享的新发展理念。全会审议通过的《中共中央关于制定国民经济和社会发展第十三个五年规划的建议》，以新发展理念为统领，明确了"十三五"时期我国的发展思路、发展方向、发展着力点。

2015 年 11 月 10 日 习近平在中央财经领导小组第十一次会议上首次提出供给侧结构性改革。

2015 年 11 月 29 日 中共中央、国务院发布了《关于打赢脱贫攻坚战的决定》，明确提出到 2020 年实现现行标准下农村贫困人口"两不愁三保障"，确保现行标准下农村贫困人口实现脱贫，贫困县全部摘帽，解决区域性整体贫困。

2016 年 10 月 党的十八届六中全会专题研究全面从严治党问题，为新形势下严肃党内政治生活、净化党内政治生态、完善党内监督体系提供了基本遵循，为全面从严治党提供了重要制度保障。

2017 年 10 月 18—24 日 中国共产党第十九次全国代表大会在北京举行。报告明确指出，中国共产党人的初心和使命，就是为中国人民谋幸福，为中华民族谋复兴；我国社会主要矛盾已经转化为人民日益增长的美好生活需要和不平衡不充分的发展之间的矛盾。大会提出两阶段的奋斗目标：第一个阶段，从 2020 年到 2035 年，在全面建成小康社会的基础上，再奋斗 15 年，基本实现社会主义现代化；第二个阶段，从 2035 年到本世纪中叶，在基本实现现代化的基础上，再奋斗 15 年，把我国建成富强民主文明和谐美丽的社会主义现代化强国。将习近平新时代中国特色社会主义思想写进党章，实现了党的指导思想的又一次与时俱进；大会报告用"八个明确"和"十四个坚持"全面阐述了习近平新时代中国特色社会主义思想的科学内涵和实践要求。中共十九大将"中国特色社会主义最本质的特征是中国共产党领导，中国特色社会主义制度的最大优势是中国共产党的领导，党是最高政治领导力量"确立为习近平新时代中国特色社会主义思想的重要内容，同时把这一重大原则写入党章，把"坚持党对一切工作的领导"作为新时代坚持和发展中国特色社会主义的基本方略的第一条。

2018 年 2 月 党的十九届三中全会通过了《中共中央关于深化党和国家机构改革的决定》和《深化党和国家机构改革方案》，从完善党的全面领导的制度、优化政府机构设置和职能配置、统筹党政军群机构改革、合理设置地方机构、推进机构编制法定化五个方面对改革进行了整体部署。

2019 年 10 月 党的十九届四中全会审议通过《中共中央关于坚持和完善中国特色社会主义制度，推进国家治理体系和治理能力现代化若干重大问题的决定》，系统总结我国国家制度和国家治理体系的巨大成就和显著优势，深入回答在我国国家制度和国家治理体系上应该"坚持和巩固什么、完善和发展什么"这个重大政治问题，深入阐释了支撑中国特色社会主义制度的根本制度、基本制度、重要制度，对新时代坚持和完善中国特色社会主义制度，推进国家治理体系和治理能力现代化作出顶层设计和全面部署。党的十九届四中全会指出，必须坚持党政军民学、东西南北中，党是领导一切的；把党的领导落实到国家治理各领域各方面各环节。

2020 年 10 月 党的十九届五中全会通过的《中共中央关于制定国民经济和社会发展第十四个五年规划和二〇三五年远景目标的建议》，明确了 2035 年基本实现社会主义现代化的远景目标，明确了"十四五"时期经济社会发展的指导思想、基本原则和主要目标，阐述了"十四五"时期经济社会发展和改革开放的重点任务，作出了加快构建以国内大循环为主体、国内国际双循环相互促进的新发展格局的战略抉择。《建议》是开启全面建设社会主义现代化国家新征程、向第二个百年奋斗目标进军的纲领性文件，是此后五年乃至更长时期我国经济社会发展的行动指南。党的十九届五中全会提出了"有为政府""有效市场"的概念。

2020 年 12 月 习近平在中央政治局第二十六次集体学习时指出，中共十八大以来，党中央加强对国家安全工作的集中统一领导，把坚持总体国家安全观纳入坚持和发展中国特色社会主义基本方略，从全局和战略高度对国家安全作出一系列重大决策部署，强化国家安全工作顶层设计，完善各重要领域国家安全政策，健全国家安全法律法规，有效应对了一系列重大风险挑战，保持了我国国家安全大局稳定。

后　记

近代以来，面对内忧外患的深重危机，中国人民在苦苦探寻着实现国家富强、人民幸福的现代化路径。"自从有了中国共产党，中国革命的面貌就焕然一新"，从此，中国在现代国家构建中就有了政党推动的鲜明特色，并且这个党是被马克思列宁主义理论武装起来的政党。在中国共产党百年风雨历程中，其推动国家建设是在党的革命、建设和改革的不同历史时空中展开的，其治国理政不可能不受马克思主义政党的价值属性、时代要求、现实问题、文化传统以及过往做法的路径依赖的影响，因此我们可以得出党的治国理政思想有鲜明的阶段性特征，其与毛泽东思想、邓小平理论、"三个代表"重要思想、科学发展观、习近平新时代中国特色社会主义思想密切相连，是马克思主义中国化在国家治理现代化征程中的具体显现与渐进展开，体现了前后相依的继承与创新关系。因而，探讨百年来中国共产党的治国理政思想，尽管是一个宏大的主题，但我们仍可以从大的理论脉络、大的历史视角出发，聚焦不同阶段的重大主题与重大举措，来归纳其中带有穿透力、影响力的思想元素，并找寻出各种元素间的逻辑关联，以期从中发现中国共产党之所以能从小到大、由弱到强的价值密码，以及之所以能引领中国实现从站起来、富起来到强起来的思想武器。

基于此，我们在研究这一主题的过程中，注意遵循政治性、历史性、学术性和现实性这四大原则。所谓政治性原则，就是在资料的选取上，我们都是选

后　记

用已有明确政治定论的史料，以百年来马克思中国化的理论成果为依凭，且在具体演绎过程中运用了马克思主义的立场、观点和方法。所谓历史性原则，包括治国理政阶段的划分，每一阶段重大主题与重大举措的确定等都有权威的史料支撑，且这些史料都来自中央权威出版物，包括国家领导人的选集、文集、文选等，以及公开出版的党的历史文献等。所谓学术性原则，就是在论述过程中，既运用马克思主义关于政党、国家、社会以及革命等方面的理论，又接通现代政治学关于政党政治、集体行动和国家建设等一般理论，力图体现一定的学术性。所谓现实性原则，就是在归纳、提炼每一历史时期（萌芽期、奠基期、改革期、完善期和成熟期）的治国理政思想时，注意从思想规律的角度切入，在一定意义上具有跨越时空的价值，它们构成了现时期和今后时期党的治国理政思想发展的路径依赖，因而具有很强的现实性。

本书是集体合作的产物，具体分工如下：第一章（李琪、罗峰、汪仲启）；第二章（罗峰）；第三章（李琪、孔磊）；第四章（汪仲启）；第五章（汪仲启）；第六章（罗峰）。全书由罗峰、李琪提出写作框架，并进行统稿、修改和定稿，由汪仲启协助工作。本书受上海市哲学社会科学规划课题"中国共产党建党百年"专项资助，感谢上海社科规划办老师热情周到的服务。感谢本书的责任编辑、上海人民出版社项仁波女士的辛勤付出。

本书的部分内容在《学术月刊》《学习时报》《解放日报》和《社会科学报》等报刊上发表过，感谢这些学术平台的支持。当然，本书还有很多不足之处，真诚地欢迎来自各方的批评与建议！

作者

2021 年 5 月 6 日于沪上

图书在版编目(CIP)数据

中国国家治理现代化的探索与实践/罗峰等著.—
上海:上海人民出版社,2021
(人民至上·中国共产党百年奋进研究丛书)
ISBN 978 - 7 - 208 - 17070 - 4

Ⅰ.①中…　Ⅱ.①罗…　Ⅲ.①国家-行政管理-现代
化管理-研究-中国　Ⅳ.①D630.1

中国版本图书馆 CIP 数据核字(2021)第 075248 号

责任编辑　　钱　　敏　　项仁波
封面设计　　汪　　昊

人民至上·中国共产党百年奋进研究丛书

上 海 市 哲 学 社 会 科 学 规 划 办 公 室
上海市中国特色社会主义理论体系研究中心　组编

中国国家治理现代化的探索与实践
罗　　峰　等　著

出　　版　上海人民出版社
　　　　　(200001　上海福建中路 193 号)
发　　行　上海人民出版社发行中心
印　　刷　商务印书馆上海印刷有限公司
开　　本　787×1092　1/16
印　　张　16.5
插　　页　3
字　　数　220,000
版　　次　2021 年 6 月第 1 版
印　　次　2021 年 6 月第 1 次印刷
ISBN 978 - 7 - 208 - 17070 - 4/D·3757
定　　价　68.00 元